此岸彼岸

《星云大师全集》读后

星云文化教育公益基金会 编

新星出版社　NEW STAR PRESS

# 目 录

星　云　　　《星云大师全集》自序 / 1
王文章　　　大德本怀，以文化人 / 7

## 一、经义类

楼宇烈　　　读星云大师《六祖坛经》 / 3
李四龙　　　"安心"的金钥匙 / 6
李广良　　　般若、生活与自由 / 9
钱文忠　　　从"唯识"观照迷惘的心 / 12
广　兴　　　以出世思想，做入世事业 / 15
克能法师　　通达如来真实要义 / 18
李利安　　　世界上最美丽的人 / 21
王雪梅　　　觉悟幸福之道 / 24
韩国茹　　　极高明而道中庸 / 27
陈剑锽　　　从娑婆世界走向人间净土 / 30
钱光胜　　　甘露洒心 / 34
董　平　　　涵摄妙理，契合当代众生根机 / 37
邱高兴　　　恍悟自身佛法富贵人 / 41
程恭让　　　为当代佛教的佛理诠释困境探寻出路 / 44

## 二、论丛类

赖永海　　读星云大师《人间佛教佛陀本怀》／ 49

龚　隽　　和会中印，平章华梵／ 55

徐湖平　　博观约取化人心／ 58

唐忠毛　　从"心"出发的管理学／ 61

王　颂　　自力和他力的统一／ 64

净因法师　自利利他，僧伽的双重责任／ 68

## 三、教科书类

陈永革　　教理通识教科书的智慧启迪／ 73

方广锠　　法藏津梁／ 77

陈　坚　　问渠那得清如许？为有源头活水来／ 80

张家成　　何谓"佛弟子"？／ 83

张文良　　点亮心灵的智慧明灯／ 87

吴忠伟　　无诤之法，并立之宗／ 90

夏德美　　佛光普照三千界／ 93

心保和尚　佛法世法，不一不二／ 96

陈　兵　　人间佛教的累累硕果／ 99

魏道儒　　令人欢喜赞叹的《佛学教科书》／ 103

温金玉　　栖心修道，衲子家风／ 109

钱超尘　　佛门亲家／ 112

杜保瑞　　重现佛陀在菩提树下的证悟／ 115

纪硕鸣　　金玉满堂，智慧满贯／ 119

李德民　　永远的星云／ 124

任　之　　心地善良，家国天下／ 127

## 四、演讲集类

| | | |
|---|---|---|
| 刘水明 | 妙语智言接踵至，忧悲苦恼随风散 | / 133 |
| 王能宪 | 禅诗的意味 | / 136 |
| 江　迅 | 读书是星云大师生命中的重要资粮 | / 139 |
| 王　彬 | 佛光会，现代化"人间与实践"新模式 | / 142 |
| 王守常 | 星云大师印象记 | / 145 |
| 罗世平 | 发恒常心，成难能事 | / 149 |
| 安虎生 | 佛教有我 | / 153 |
| 段玉明 | "四的"：人间佛教的精要解答 | / 156 |
| 高文强 | 文学即佛学，书写亦修行 | / 159 |
| 韩金科 | 佛手托两岸，雷音震五洲 | / 162 |
| 田　青 | 佛光普照，法音宣流——我与星云大师的佛乐因缘 | / 165 |
| 曹照琴 | 环保与心保 | / 170 |
| 刘传铭 | 不容易——北齐佛首回归的一声浩叹 | / 173 |

## 五、文丛类

| | | |
|---|---|---|
| 蒙　曼 | 鸳鸯绣了从教看，"且"把金针度与人 | / 179 |
| 郑欣淼 | 矻矻总是人间事 | / 183 |
| 范　翎 | 我是佛 | / 187 |
| 董　群 | 《星云禅话》的六大特色 | / 190 |
| 麻天祥 | 人间、人生、人情、人伦、人心与人文——"佛教的福音书"解读 | / 194 |
| 李　丽 | 退步原来是向前 | / 202 |
| 魏常海 | 点亮心灯 | / 205 |
| 何燕生 | 一部"佛光百喻经" | / 209 |
| 张志清 | 读《星云大师全集·怀古慨今》随感 | / 213 |

| | | |
|---|---|---|
| 蒋元明 | "1"和"0"的关系 | / 216 |
| 刘敏君 | 利万物而不争 | / 219 |
| 卓新平 | 人生如是自有缘 | / 222 |
| 邢东风 | 修身养性、开启智慧的"无尽藏" | / 228 |
| 谭　盾 | 从众生的角度礼赞慈悲 | / 231 |
| 狄其安 | 诗以言志，诗以道志 | / 235 |
| 李向平 | 人间佛教开启"生命权利"新时代 | / 239 |
| 吴光正 | 从文学创作证悟菩提正道 | / 242 |
| 濮存昕 | 真佛只说家常 | / 245 |
| 刘国昌 | 《星云序跋》一书读后 | / 247 |

## 六、传记类

| | | |
|---|---|---|
| 易中天 | 佛教本该在人间 | / 253 |
| 吕章申 | 一代名僧，功德圆满 | / 255 |
| 萧灏东 | 一烛光燃千盏灯 | / 257 |
| 叶小文 | 富有恒沙界，贵为人天师 | / 260 |
| 邱永辉 | 从星云大师朝圣到人间佛教回传印度 | / 263 |
| 李焯芬 | 真诚的告白，殷殷的叮嘱 | / 267 |
| 任毓骏 | 践行恩师教诲，发扬光大佛教事业 | / 270 |

## 七、书信类

| | | |
|---|---|---|
| 刘爱成 | 再忙都要读书 | / 275 |
| 裴　勇 | 润物无声，行化无痕 | / 279 |
| 李虎群 | 星光云水，照润众生 | / 282 |

## 八、日记类

| | | |
|---|---|---|
| 张静之 | 佛陀安住我心 | / 287 |
| 冯文丹 | 去西方传法 | / 290 |
| 成建华 | 解行并重，理事圆融 | / 293 |
| 史江民 | 感受经典的力量 | / 296 |
| 董　岩 | 心怀度众慈悲愿，身似法海不系舟 | / 299 |
| 周广荣 | "人间性"与星云大师的期刊编辑理念琐谈 | / 302 |
| 尚　荣 | 佛艺弘道，翰墨因缘 | / 306 |
| 张雪松 | 世界佛学会考——给众生带来欢喜的考试 | / 310 |
| 纪华传 | 谈圆融精神 | / 313 |
| 龙达瑞 | 《佛光大藏经》在中国大藏经中的地位 | / 316 |
| 李建欣 | 佛光山不拘一格的"师徒时间" | / 320 |

## 九、佛光山类

| | | |
|---|---|---|
| 郑固固 | 随喜人间 | / 325 |
| 邓子美 | 传奇史话徐徐铺展 | / 328 |
| 李继武 | 一部划时代的佛门清规 | / 331 |

## 十、年谱类

| | | |
|---|---|---|
| 何建明 | 圆满的佛学人生 | / 337 |

## 十一、影谱类

| | | |
|---|---|---|
| 徐忆农 | 在这里，点亮心灵的灯光 | / 347 |
| 张新鹰 | 大师心海的无尽意象 | / 351 |
| 孙　霞 | 数点梅花天地心，是则名为报佛恩 | / 355 |
| 李自健 | 文化生命，缘源不绝 | / 358 |

杨曾文　　举世瞩目的佛光山全球弘法 / 361

## 十二、附录类

洪修平　　入经藏之门径，了佛理之津梁 / 367
彭明哲　　《星云大师全集》出版琐记 / 371

编者的话：启迪智慧的钥匙 / 375

# 《星云大师全集》自序

　　这是一部非常复杂的《全集》，因为在我个人成长的九十年岁月中，于时间上，经历了北伐时期、军阀割据，以至抗战、内战、两岸对峙等；于地理上，我走遍世界五大洲，几乎平均每年环绕地球一两次；于人事上，上至国王大臣，下至贩夫走卒，我一概平等对待，视为朋友。尤其在我一生的时光之中，于佛教里，凡事不推诿，举凡弘法建寺、安僧办道、创办学校、成立协会、养老育幼、救济孤苦、社会服务等，皆尽力而为。也因此，成就了我多元的人生。

　　当然，这许多点点滴滴，表露在文字上，也是复杂、多样的。所以，现在出版的这一部《全集》，虽不敢说它像百科全书，但说是我个人一部内容庞杂的《全集》倒是不为过，记录我一生弘法行佛的历程，共计有三六五册。（编者注：三六五册，指台湾地区出版的中文繁体版《星云大师全集》的总册数。中文简体版整理编辑为一〇八册）

　　一般来说，《全集》应该是等到当事人往生之后，才由学生、门徒、朋友或后代弟子对编纂有兴趣者编辑出版，以兹纪念。但是我的徒众很多，大家意见不一，其中有一个文编团队就表示，一定要提早进行汇集编印。或者说，他们对我也是一片孝心，希望让我在有生之年就能看到自己的《全集》。

这许多内容之中，搜罗了我青年时期的写作，一直到老年阶段的开示、讲话、行文及在世界各地的讲演、待人接物的言谈，或者设立道场、事业机构的章程办法等，包括我对佛教发展、国家社会时势的一些看法、建言。想想，与其在我往生以后看不到这些往事回忆，现在能于老朽之年，由弟子编辑出书，让我回顾自己的一生，也是一件值得纪念的好事，我也就随喜弟子们的美意孝心了。

过去的人寿命大都只有六七十岁，正当文字功力要发挥时，就撒手人寰，连带的，所有智慧的累积、努力的成果也一并带走了。所以，我要感谢各种因缘，让我比古人多活了几十年，现在我九十多岁了。特别是，一些弘法事业、文章著作，还能有很多弟子给予助缘完成，就更为不容易。

比方在兴办教育上，一个人一生办一所佛学院、一所学校就已经很不简单。但是我办的大学、中学、小学、幼儿园等，总数就不止数十所；在文化事业上，我编辑过学报、杂志、书刊，并且创办了报社和电视台；在全世界创建几百个寺院道场等。可以说，不只是我的《全集》，佛光山一切佛法事业在百千万人共同护持之下，都有了成果。

我童年失学，二十岁以前从未进过学校。十二岁出家，在寺院里成长，虽然丛林教育并不完善，但那种专制、打骂的教育，对一个人的人格还是有增上的作用。

在十年寺院的苦行生活中，我承受了种种委屈、打骂。打理杂物、担柴挑水、出坡劳动，也在所不辞。虽然在学识上没有什么增长，但是在为人处世上，确实领受到一些心得。尤其因为信仰的坚定，个人的智慧虽然有限，也曾获得佛菩萨的加持，内心感受到宇宙世界与我的关系是一体的。因此，自己这一生很庆幸能进入佛教，做一个出家的僧侣。

有人问我："此生有遭遇到什么辛苦的事情？"回忆起来，困难是有，但是我并没有觉得辛苦。也有人问我："来生要做什么？"我毫不犹豫地就说："我来生还要做和尚。"我这一生做和尚，虽然已经实现了我大部分理想、目标和希望，总感到不够完美。因此，如佛经所说"成佛须经三大阿僧祇劫"，我想来生还是要再做和尚，为建设人间净土的平安幸福，继续努力。

说到这一部《全集》里的文章内容，有几个要点值得向大家报告：

第一，关于"人间佛教"这个名词，其实说的就是"佛教"。佛陀是人不是神，佛陀说法是对人而说，名之为"人间佛教"也是理所当然。尤其近现代以来，人间佛教在太虚大师、慈航法师以至赵朴初长老等人的大力提倡之下，已经蔚为气候，不叫"人间佛教"，又要叫它什么佛教呢？

再者，现今举世的学者或通达佛教义理的人士，也都认为人间佛教才是适应这个时代的名称，应该予以尊重、奉行。所以，很希望传统佛教的各宗各派，不要把人间佛教误会成异端邪说，应该共遵之。在人间佛教的共识基础上，团结起来，才能展现未来宣扬佛教的实力，以人间的性格服务社会。在利他的同时，开显我们的佛性能源，才能慢慢走上成佛之道。

第二，对于有人问及人间佛教的理论和架构，我只不过是一个人间佛教的随喜者，不敢以倡导者自居。我只是主张弘扬人间佛教，并不是研究人间佛教的学者专家。不过，我虽然是传统佛教出身的佛门弟子，但深知佛教的发展，必然要依靠现代的方式更进一步开展。因此，期望有心于佛教信仰的人，都能共同努力发扬人间佛教，惟有如此，佛教才有未来。

人间佛教并不是哪一个人、哪一派的，是全佛教的宗要，这在拙作《人间佛教佛陀本怀》一书中已有说明。事实上，关于人间佛教的理论，在这部《全集》中也都提到不少，希望提供教界作为未来发展佛教路线和目标的参考。

另外，在这部《全集》里，有一些文章，像散文、杂说等，在我的意思，那还不够入流，不必收集到《全集》里，但是徒众们总觉得，我这一生的一字一句都应该公诸大众，留下历史。由于我的性格，凡事也都摊在阳光下，一生从来没有离开过信众，所谓"我在众中，众中有我"，因此对于这部书的编辑，就都依照徒众的建议去做了。何况我现在年老，眼睛看不见，耳朵也听不清晰，就随他们自由发挥。至于里面内容的得失如何，也不太去计较了。

在这套书里，我比较有表达意见、看法的，应该就是对《佛法真义》《佛教管理学》的叙说，那是我有感而发的言论，甚至对于本山辖下各道场、事业机构设立的办法等，我也有一些用心琢磨之处。诸如此类，我只是提供给佛教界参考，并不敢说自己的想法完全正确。不过我想，这个世间上，"对"与"不对"是一半一半的，仅在于各人看法的不同。所谓"有志一同"，如果大家同意我的看法，不妨把它作为起点，再予发扬光大，对佛教的未来必然具有重要的意义。

说到这一部《全集》的成就，免不了要有佛光山长老慈惠、慈容法师的指导。另外，历年来在我文书室服务的一些徒众，则分担了文字整理的责任。尤其在《全集》进入编纂期中，又有主编蔡孟桦小姐等人所组成的编辑小组，共同发挥佛光山倡导的"集体创作"精神，才终于让这套书顺利付梓。

当然，除了《全集》之外，在佛光山，还编辑过几本大书。现今已出版《佛光大藏经》二七七册，《中国佛教经典宝藏精选白话版》一三二册，《佛光大辞典》十册，《世界佛教美术图说大辞典》中、英文版各二十册，《法藏文集·中国佛教学术论典》一一〇册。我这一生，五六十年来所编印的书籍，应该不止几千万字，发行也不止几百万本了。

这当中，有一些出版的书籍是不收费的。例如《贫僧有话要说》，就捐印了一百万册以上，让民众免费索取，甚至在大陆发行简体字版，我也不要它的版税。再者，《献给旅行者365日——中华文化佛教宝典》，也印刷千万册以上,分送到世界各地。现在《人间佛教学报·艺文》,每期出版几万本,也是采取赠阅的方式,每次印刷出版都一扫而空。最近出版的《人间佛教佛陀本怀》,已印刷几十万本,也不知道今后还需要多少万本,才足够与大家广结善缘。

总而言之,我们认为,佛教是要奉献国家、社会,带给民众法喜充满。我们不是只收信徒的供养,而是要把一生的心血奉献给佛陀以及法界众生。这大概就是我们佛光人的愿心吧!

关于这部《全集》的出版,编辑部有意找一些名家来写序,据说也已经有很多人看过此书的《初编目录》,但都因为觉得庞杂而不敢为书作序,不得已就由我自己来饶舌,略述一些因缘如上,敬请各位指教。

星云

于佛光山开山寮

2016 年 9 月 11 日

# 大德本怀，以文化人

## ——《此岸彼岸》序

《星云大师全集》简体中文版新书发布会于2019年6月11日在南京图书馆隆重举行，时光荏苒，距今已是一年时间，但情景仍如在眼前。当时有文化、出版、佛教等社会各界人士和许多热情的读者出席。星云大师亲临发布会并向中国国家图书馆、中国国家博物馆、北京大学、中国佛教协会等机构致赠《全集》。《全集》的出版，成为传播中华文化和两岸文化交流的盛事。

大陆出版《全集》简体中文版之前，繁体中文版已在台湾出版。《全集》出版发行后，在海峡两岸社会和读者中引起热烈反响。很多专家学者和热心读者从研究和体悟出发，撰文抒发研读《全集》的感受，从各个方面表达了独特的见解。中国国际出版集团新星出版社和星云文化教育公益基金会在协力出版《星云大师全集》简体中文版之后，又汇集百位作者分别阅读《全集》的文章，以《此岸彼岸——〈星云大师全集〉读后》书名出版，对深入阐发《全集》的深厚内涵、促进中华文化的传播有更进一步的意义。

百位作者从各自的角度，以个人的体味理解，写出对大师文字的独特感受。《星云大师全集》不仅是大师致力弘扬人间佛教的智慧结晶，也是蕴集中华传统文化的智慧宝典。《全集》卷帙浩繁，涵盖佛教经义、人间佛教论丛、教科书、演讲集、文丛、传记、书信、日记、佛光山系列、年谱、影谱、附录等十二大类，是一部内容丰厚的皇皇巨著。大师从对佛教经义的阐释、论述、解读中，系统地阐发人间佛教的思想、学说、理论，总结实践的结果及思考。大师与时俱进的佛法阐发和革故鼎新的开拓气度，深入浅出、"给人懂"的应机说法、随缘开示，显示出佛教理论与实践的时代推进。大师秉持"做好事，说好话，存好心"的大德本怀，以"人间佛教"锲而不舍地实践"给人信心，给人欢喜，给人希望，给人方便"。

大师出家八十余年、弘法六十余载，以人间佛教为宗旨，愿力弘大，解行相应，正如大师自己所讲，在"一生的时光之中，于佛教里，凡事不推诿，举凡弘法建寺、安僧办道、创办学校、成立协会、养老育幼、救济孤苦、社会服务等，皆尽力而为。也因此，成就了我多元的人生"。《全集》是大师在"生命的时间里累积的成果"，有的文字甚至是在"飞机、火车、腿上"写成。这些文字记录着他过往弘法的行佛历程，体现着他致力于弘扬人间佛教的思想文化精髓和爱国利民、和平向善的毕生追求。

大师的实践化作心语，把最深刻的道理，都融汇在他最生动朴素的文字里流淌出来。《全集》出版发行，心香乍爇，人间同熏。大师智慧深广，信众自可以从中得到回归佛陀本怀、自度度人的体悟。可贵的是，大师的文字超越法界，成为雅俗共赏的美文，相信可以让我们更多的读者从中品味大师星河般灿烂的智慧。《全集》内含的家国情怀、社会人生、人事态度和中华文化、两岸和平的理念，值得广大读者开卷阅读、掩卷体味。既从中汲取人生的营养，也从这样一部集佛学、哲学、历史、文学、艺术等为一体的百科全书，了解、感受星云大师对中华文化传承的独特贡献。

星云大师说："我们不光说传教，应该说是传播中华文化。"毫无疑问，星云大师作为一位高僧大德，身体力行发扬"人间佛教"，以经义的阐发，特别是自身的实践，丰富了"人间佛教"的理论和架构。在佛教教育、文化、慈善、弘法事业等的现代建设中厥功甚伟。星云大师讲传播中华文化，我认为，这也是把握"佛法为体，世学为用"的精髓，以更高阔的胸襟，以更厚实的根基与时俱进，既是对佛教文化因应时代要求的回归，也是对佛教文化因应时代要求变革的呼唤。

已故中国佛教协会会长赵朴初曾概括"人间佛教"的五个特性，即群众性、长期性、国际性、民族性、融和性。从这些特性看，"人间佛教"是一个很具有现代性的课题。星云大师不止从佛教的立场，也是从中华文化的立场，去看待世间万象，并以坚守根柢的意志和无畏的创新精神，以高僧大德实实在在的修行，做出了闪耀思想智慧的答案。正因如此，我们不仅从大师的书中得到丰富的知识，也会得到修为向善、纯洁心地、启迪心性的洗礼。

我们喜爱大师的文字，当然与他带给我们会心的启悟分不开；而另一个重要的方面是大师作为佛界高僧的爱国情怀素来令人钦敬。他以有生之年，努力推动祖国统一和两岸文化交流，用心之坚、用力之勤，都使我们感动。

记得2003年年中，实际是由星云大师立意，中国艺术研究院邀请佛光山梵呗赞颂团访问北京演出。由于当时历史的原因，直到演出前几天批复手续还不能完备。因时间紧促，无疑从演出团人员行程、演出准备到具体安排都会有更多的困难。但佛光山相关部门表示再多的困难也能克服。中国艺术研究院经再三争取，有关部门最终在演出前几天批复了这次演出。佛光山梵呗赞颂团联合大陆宗教团体共同以最短的时间准备，在中山公园音乐堂的演出获得圆满成功。当然，其中演出准备工作的紧张艰难可想而知，没有一种忘我的奉献精神是做不到的。

星云大师在 2015 年 11 月 3 日接受《环球时报》专访时谈到了这次演出。他说："过去所谓的两岸未通，佛教就先通了。"他讲道：大陆佛指舍利迎请到台湾供奉，还有我们组织佛光山梵呗赞颂团到北京中山音乐堂、上海大剧院表演，并邀大陆佛教界一起以梵呗、佛乐的音乐来和世界结缘，所以十几年前两岸佛教界就已经来往了。——星云大师推动两岸文化交流的良苦用心由此可见一斑。

2010 年 5 月，由中国艺术研究院邀请，"星云大师一笔字书法展"首次在北京中国美术馆展出，引起轰动。大师罹患眼疾之后，为了弘法利生，以书法结缘，独创"一笔字"。现在大师的一笔字书法展已经在全国各地和海外展览交流，人们看到大师特殊的一面：作为书法家的高僧，或作为高僧的书法家。但更重要的是，大师的书法展搭起了两岸文化交流的一座桥梁。那次书法展，大师邀我为之作序。看大师的一笔字书法，我想到苏轼在《小篆般若心经赞》中的那句话："心忘其手手忘笔，笔自落纸非我使。"大师因年老而目力不及，听笔所至，心手相忘，才有天然绝逸之美。因之，我借用孔子的音乐主张"尽善尽美"形容大师的一笔字书法。

前言的开首我写了这样几句话："几年前，应星云大师之邀，与文化、艺术、哲学界和教育界的学者在钓鱼台国宾馆餐叙。席间，星云大师讲起两岸文化的同根同源，讲起梦中思乡之情，那沉郁恳切之音容，至今令人难忘。"后来，又有数次与大师相见或餐叙，每每听他讲起两岸文化之根脉相连，讲起两岸要以文化交流搭起心灵之桥，那恳切、动容之情景，也每每在我脑海浮现。星云大师说过，经过这样许多活动，两岸人民你来我往，我往你来，"本来是一个中国，都是有血缘关系，都是同一种语言，都是炎黄子孙，将来就如习近平主席所说的：两岸一家亲"。正是这样的深刻认知，使星云大师和佛光山推动两岸文化交流，就会润物无声、沁人心脾。从这个意义上讲，《星云大师全集》在海峡两岸的出版发行，确实具有两岸文化交流和弘扬中华文化里程碑式的意义。

最后，衷心祝愿星云大师思想长青，身体康健！

王文章

2020年6月9日

**王文章**

研究员，博士生导师。文化部原副部长兼中国艺术研究院院长、中国非物质文化遗产保护中心主任。重要著作：《艺术当代性论评》《汇真集》等。主编有《非物质文化遗产概论》《昆曲艺术大典》等。曾获中国出版政府奖等学术奖。

# 一、经义类

# 读星云大师《六祖坛经》

**楼宇烈**

北京大学哲学系教授

星云大师前后给信众们讲过多部佛教基本经典的经义，如《金刚经》《心经》《维摩诘经》《六祖坛经》等，其中尤其重视《六祖坛经》。此次编辑大师《全集》又特意将《六祖坛经讲话》放在了"经义"篇的首篇，乃至《全集》的第一册，可见大师对此经的重视程度。

大师之所以如此推崇《六祖坛经》，自有他充分的理由。首先，大家都知道，在佛教文献中，只有佛陀亲自口述的，弟子们通过"如是我闻"记录下来的，才可称之为"经"。其他的典籍，如讲述各种清规戒律的，或弟子和后学们的著作，通常只能称之为"律"或"论"。然而，这部记述六祖惠能生平事迹、讲述佛法理论与实践以及中国禅宗法脉传承的典籍，却被冠之以"经"的称号。它既是所有佛教典籍中惟一非佛陀亲自口述而被称为"经"的典籍,更是中国所有佛教著作中惟一被称为"经"的典籍。中国近代高僧太虚大师曾说:中国佛教的特质在"禅"。这里所说的"禅",指的就是以六祖惠能为代表的中国"禅宗"所弘扬的佛法和"禅"的理念与实践,而《六祖坛经》正是阐明中国佛法"禅宗""禅"理念和实践的根本经典。

那么,中国"禅宗"所弘扬的"禅"的"特质"又体现在哪里呢?这诚如大师在《讲话》"自序"中所概括总结的:"一、禅的人间社会性;二、禅的时空普遍性;三、禅的自尊规范性;四、禅的生活实践性。"大师引用了许多《六祖坛经》中的论点来说明,这里不再赘述。中国佛教中的"禅",既不是教条式的死扣经文"名相",也不是形式化的拘泥于"静坐"的"禅那(禅定)",而是如惠能弟子永嘉玄觉在其《证道歌》中所说那样,"行亦禅,坐亦禅,语默动静体安然"。也就是说,"禅"在人间、社会、生活的时时处处、方方面面。又,中国禅的宗旨是要人们"觉悟人生""了脱生死",诚如宋苏轼所言,学习佛法要"遗文以得义,忘义以了心"(《书楞伽经后》)。正是领悟了这一"中国禅"的特质,所以大师又谆谆教导大家说:"禅,是人间的一朵花,是人生的一道光明。禅,是智慧,是幽默,是真心,是人的本来面目,是人类共有的宝藏。"

此外,大师提到"禅的自尊规范性"这一点也十分重要,这把佛教在印度发展过程中受本土"婆罗门教"影响而发生的某些"异化",重新回归到佛陀的"本怀"。佛陀在世时,一直强调,世人"自性本自清净",解脱全靠"自觉""自律""自度",佛陀临终("涅槃")前,弟子们围着他,求他长住世间,度化众生。然而佛陀的回答是:万物"有生就有死,有会就有离,有聚就有散",不是他来度众生,而是众生自度。所以他对弟子们说,我离世后,大家可以"以戒为师""以法为依""自作明灯"。而在《六祖坛经》中,惠能强调的"迷时师度，悟时自度"的观念，一直是中国"禅"秉承的宗旨，其中的根本精神也正是佛陀强调众生"自度"的独立性、自尊性、自觉性。

大师在讲解《六祖坛经》时还特别注意到中国禅与中国本土文化的融合，以及它对中国本土文化的深刻影响，因此文中多次引述钱穆先生的观点，并说："钱穆先生将之与《论语》《孟子》等书并列为探索中国文化的经典之一，是中国第一部白话文学作品，是中国文化中的一朵奇葩……"

大师的这部《六祖坛经讲话》可以说是当今最为全面系统、详实通俗、生动机智、富有启发的一部解读《六祖坛经》经义的作品。望大家有时间仔细读读此书，以便更多地了解中国佛教的特质，更全面深入地了解中国文化的多元包容，丰富多彩！

# "安心"的金钥匙

生活的烦恼，或许源于社会的变迁，但论其根本，还在于我们的内心。《金刚经》五千多字，是一部安心的宝典；星云大师《金刚经讲话》，则是打开这部宝典的金钥匙。

"善男子善女人，发阿耨多罗三藐三菩提心，应云何住？云何降伏其心？"大师说，这是两个安心的问题：如何保住我们所发的菩提心？如何调理我们生起的妄想心？佛门常说"上求菩提，下化众生"，其实浓缩了《金刚经》的基本目标，落实自利利他的菩萨精神。在家居士从日用处切问近思，大师勉励大家要有信心，"众生诸佛，本自一如"：我们内而根身，外而器界，皆是真如实相的流露，哪里还有生佛之别？哪里还有真心与妄心的分别？

## 李四龙

北京大学哲学系教授

北京大学人文学部副主任、研究领域为佛教哲学、中国宗教史。

重要著作：《欧美佛教学术史：西方的佛教形象与学术源流》《天台智者研究：兼论宗派佛教的兴起》《中国佛教与民间社会》等。译著《佛教征服中国》《当代学术入门：神学》。

生佛一如，众生与佛平等，是大师对我们的慈悲接引。我们不能就此贡高我慢，而应心知其意，老实用功，做大师讲的"三好学生"：做好事、说好话、存好心。凡事着相，念念不忘我相法相，是烦恼的根源。《金刚经》谆谆告诫，"凡所有相皆是虚妄"。我们在滚滚红尘，总是忘不了人天福报、金银财宝、功名利禄，念念攀缘，殊不知这些现象都有各自的因果。不在因地下苦功，岂能果地得福报！

《金刚经》的根本，是揭示了"无相"的道理：我相、法相，乃至福德、功德，皆是缘起的假相。美好与烦恼，本性是空，只是因缘不同而有种种差别。我们在乎彼此的差别相，却不在乎自己的内心深处，本自清净。传说，六祖惠能听到"应无所住而生其心"，顿时明心见性。我们读了多少遍《金刚经》，还是似懂非懂，因为不敢相信自信清净，从小到大早已习惯了随波逐流。

这个世界变化无方，最真实的状态是"无相"。即使是佛的丈六金身，也不是佛的真相。实相非相，法身无相。佛菩萨随缘示现，人世间最宝贵的是有一颗真心。星云大师劝发菩提心，此心应无所住，犹如桶底脱落。但我们好像心里总有事情，想过去的成功，想曾经的苦难，梦想自己的未来，还感叹眼前的平庸。

大师说，三际妄心不可得。过去、现在、未来一切诸法，缘起缘灭，如梦幻泡影，本无所有，我们的内心为何念念不忘？如果内心清净，六根随之清净，山河大地刹时清净，哪里还会怨天尤人？随其心净，国土庄严。如果心中有佛，应机接物，那就不会患得患失，惟有一颗随顺众生的悲心。内心明白了，就不会纠结"我是谁"，而以无我的精神利益众生、服务社会，成就别人是自己的立身之本。教不出好学生，怎么会是好老师？大师说，舍即是得。

翻阅此书，宛如亲耳聆听大师讲经。大师说法，善用譬喻，幽默风趣，这在华人佛教界家喻户晓。《金刚经讲话》充分体现了大师的这种善巧方便，精彩的小故事信手拈来，有些是佛经的寓言，有些是佛门的公案，大师拿来当作打开般若智慧的"敲门砖"，深奥的佛法变得清新简明。读者如果闲暇不多，随手翻读一则小故事，肯定也会开卷有益。

《金刚经》译成中文以后，素有三十二段的分法。大师给三十二分起了新的标题，疏通关节，剖析要点。每部分先有大师的"讲话"，提纲挈领，娓娓道来，这是全书最主要的部分；每一讲还留习题，供大家温故知新；随后有"译文""原典""注释"，想省心直接读译文，想诵经直接读原典，想研究认真查注释。历史上《金刚经》注释很多，现代人的讲解更是常见，但能像大师这样深入浅出，又能解深入密，实在难以举出第二人！

《金刚经讲话》体例精当，行文流畅，含义隽永，堪称当代讲经典范。

# 般若、生活与自由

**李广良**

云南师范大学教授

重要著作：《心识的力量——太虚唯识学思想研究》《佛法与自由》等。

疫情肆虐之下，在家静心读书，人与书之间乃有一种特殊的因缘际会。

读《星云大师全集》至第三册。此册收大师经论讲记四种，分别为大师对《般若心经》《八识规矩颂》《阿含经》及《维摩诘经》之"通俗讲解"，不同于前人之"讲记"也。大师深得人间佛教"契理契机"之精髓，故其讲经时，既能深入经典之大智慧，又能契合现代在家居士之机宜，处处针对众生之根本烦恼和现代人生之困扰，而予以方便开示。初读之感觉浅显，再读之则别有意趣，三读之则发人深省，不由想象自己在大师讲经现场，聆听其直透人心之声音也。

大师一生多次讲《心经》，收于此册者乃《般若心经的生活观》。《般若心经》乃《般若波罗蜜多心经》之简称，是

《般若经》的纲要和般若教义的核心。此经篇幅短小，但在汉传佛教历史中，却有着无与伦比的影响。自三国以来，此经至少有二十多种汉文意译、音译本，为《心经》作注疏者更逾百人，留存至今的注疏也在八十种以上，现代高僧和著名居士亦多讲此经，从而形成了一门独特的"中华心经学"。

星云大师之讲《般若心经》，既直承"中华心经学"之正统，又别开"心经学"生面。他"透过一则又一则生动的故事，以及佛法的真义"，开示"般若心经的生活观"，在"心经学"的历史上，第一次鲜明而透彻地揭示了"般若""生活"与"自由"的关系。

大师说："《般若心经》讲的是每一个人最切身紧要的一部经，要认识自己，就要读《般若心经》。我们听过很多道理，拥有很多常识，但是曾深入了解'讲自己的经'吗？曾深入了解自己的心吗？"《心经》之"心"，学者一般都解作"核心""精要"，大师却解作"自己的心"，此乃误读乎？其实，大师之讲演中，既有作为"中心""宗要"之"心"，又有作为"自性心"或"真心"之"心"。就此经与《大般若经》之关系而言，其为《大般若经》乃至整个佛法之"中心""宗要"；就此经之旨趣而言，此心为"真心""本心"。故《心经》者，"修行般若之总纲要"也，"心的道路"也，依此真修实证，即可离苦得乐，解脱成佛，到达终极自由之境。

对此"修行般若的总纲要"，大师以"生活"为中心而阐发之。人活在世间，难免"三苦""八难"，终有挫折与风浪，而般若就是"让我们在人间更自在的法门"。般若是什么？般若是对知识智慧的超越，"就是我们的本来面目，就是真我"。"现在我们读《般若心经》，就是为了认识自己，找到自己回家的道路，把每一个人自己的本源探究出来。"只要把般若融入生活之中，去体会与实证般若的真义，就能实现人的根本自由，实现"人间的大自在"。

"编者的话"中提出三个根本问题："什么是比知识、智慧更高的状态？

心如何才能自由自在？人如何通达生死而出于生死？"大师说："'般若'佛法的中心，是我们生活的心要，追求般若、得到般若，就能心无罣碍，自由自在！"这是大师对上述三个问题的回答，亦是大师"佛法自由主义"之精髓所在。

经典的生命，活在不断地"言说"和"书写"之中。对经典的"言说"与"书写"，不应是为了核心期刊的发表而书写，为了迎合时代的虚伪而言说，而应是为了"生命""生活"，为了真正的精神信仰。

# 从"唯识"观照迷惘的心

佛教是个讲"心法"的宗教,其中又以"唯识学"对心的分析最为缜密透彻。"唯识"的主张与实际生活多所相应,完全掌握了人类的心理状态,可谓"佛教的心理学"。

"唯识"是最细微、最贴近人心的思想学说。过去,"唯识学"因繁琐的名相、结构,加上古今对它的研究和论述过于深奥,而落入学院式的佛学,难以普及一般大众,让人从中受益佛法,实在是可惜。

星云大师一生讲经说法都以能让人听得懂为期许,希望佛法真理,以亲切白话或贴近生活的方式表达出来,使有缘者都能听得懂、用得上。事实上,大师在弘扬佛法上一个非常重要的贡献,就是用浅显易懂又能深入人心的语言,

**钱文忠**

复旦大学历史系教授、中国文化书院导师

北京大学东方语言文学系梵文巴利文专家。师从著名文学家、语言学家、教育家和社会活动家季羡林先生。大一起,撰写并发表学术论文,获"季羡林东方学奖学金"一等奖。1980年代中期,留学德国汉堡大学印度与西藏历史文化学系,师从著名印度学家A.Wezler教授、著名佛教学家L.Schmithausen教授、著名伊朗学家R.E.Emmerick教授,主修印度学,副修藏学和伊朗学。重要著作:《末那皈依》《季门立雪》《天竺与佛陀》《国故新知》《玄奘西游记》《巴利文讲稿》《钱文忠解读〈三字经〉》《我的老师季羡林之学生时代》。

说出非常深刻的道理。

这本《在人间自在修行》著作，大师就是运用浅白通透的般若文字，流畅地阐述"唯识"的传承，"八识"的内涵、功能及修行方式，"八识"与根、尘之间的关系，识的意义与功能，识与根、尘的关系，前五识与第六识的关系等环环相扣、千丝万缕的唯识纲领——"八识"的概念。此一生动灵活又充满禅机的方式，指引读者一窥"唯识"思想，从中探究自我和世间相互的关联，是学习"唯识学"的必读之书。

星云大师受过中国传统文化滋养，他的语录具有佛性和哲理性，饱含智慧的文字，很容易打动人心。在诠释"八识"时，大师引用了许多禅门典故或人间日常故事，在在反映出当今社会的写实心态：现代人一方面非常浮躁，自以为是，狂妄自信；另一方面又非常自卑。这是一个矛盾体。因为太自信，缺少敬畏，同时又找不到自信的支撑点在哪里。当这些道理由一位大师说出来时，才能促使人们去反思这些话，在这个反思的过程中，得到提升。

"八识"是指人类的眼、耳、鼻、舌、身、意、末那（思量）、阿赖耶（藏）等识。星云大师说："八识"可以说是每分每秒都在我们身心上作用的元素，弄懂"八识"，等于了解一半"唯识"，也可以说是认识自我的最佳途径。为此，大师还作了一首偈，说明"八识"的相状和功能："五识眼耳鼻舌身，心识能合又能分；末那传达作使者，赖耶如山似海深。"

诠释"佛眼"真义时，大师引用了一则禅门观机逗教的故事：

有一次道吾禅师问云岩禅师："观世音菩萨有千手千眼，请问哪一只眼才是他的正眼？"

云岩反问他："就像你晚上睡觉，枕头掉到地下去时，你没睁开眼睛，手往地下一抓就抓起来了，继续睡觉，请问你是用什么眼去抓的呢？"

道吾马上说："我懂了！"

"你懂什么？"

"遍身是眼。"

云岩禅师摇头说："你只懂了八成！"

道吾疑惑地问："那应该怎么说呢？"

云岩禅师笑着说："通身是眼！"

以此典故，大师的批注是："遍身是眼"是从分别意识上说的；"通身是眼"却是从心性上无分别智慧上显现的。当一个人大彻大悟时，语默动静中，全是如来正法眼藏，其心无执无惑，安然自得。既然我们有一个通身是眼的真心，为什么不好好地利用它来通天彻地的观照一切呢？

学佛者都知佛经从"如是我闻"开始，所以"多闻熏习"便成为佛教徒的必修法门。在论及修持"耳"识时，大师提出要从善如流的"善听"，要注意听、用心听的"谛听"，要多方了解的"兼听"，要全面听闻、了解的"全听"等四法门。

讲到"要善听"，大师借用他和中国佛教协会会长赵朴初相聚逸事作为幽默的譬喻：1993年新春，大师返乡探母，赵朴初会长诚意接待，还从北京专程到南京。畅谈正欢时，赵会长夫人感到不解，说："赵老平日耳朵重听，为什么今天却听得到星云大师讲的话？"赵朴老说："我的耳朵只用来听要听的话，凡是不该听的话，我都听不到。"为此，大师下的注脚是：听而不听，不听而听，应该是听闻的最高艺术了。

我觉得星云大师非常了不起的一点是，将庞杂微妙、艰涩难懂的"唯识"，化为条分缕析、简明扼要的"从心转"。静下心，细读咀嚼，逐字推敲，践行各个法门，必能从容愉悦地在人间自在修行。

# 以出世思想，做入世事业

**广兴**

香港大学佛学研究中心总监、副教授

研究领域为早期佛教、佛教伦理等。

重要著作：中文论著《人间佛陀——历史佛陀观》，英文论著 *The Concept of the Buddha: its Evolution from Early Buddhism to the Trikaya Theory*。

喜闻《星云大师全集》简体中文版在大陆出版发行，这真是大陆读者的福气，有幸能够阅读大师一生弘法的精华。我相信，大师对佛教深奥义理精辟、活泼而简明的阐述，会使成千上万的读者受益。本文就大师全集的第三册《阿含经与人间佛教》写一篇个人的读后感。

星云大师常说：人间佛教就是佛教，并且一生以弘扬人间佛教为家务。许多人有疑问：人间佛教是不是佛陀的本怀？人间佛教是不是太世俗化甚至庸俗化而失去佛教的神圣性？为此大师又写了《人间佛教佛陀本怀》一书。我从《阿含经》的角度谈谈我个人对以上问题的认识。

首先，人间佛教是佛陀的本怀，因为佛陀的本怀就是为了解脱人生的痛苦，所以佛陀一生所要解决的是人的生、老、病、死之苦的人生大问题。佛陀在成道后的四十五年当中主要讲的是"苦、集、灭、道"四正谛，而四正谛所要解决的中心问题就是"苦"。因此，《阿含经》中提到，佛陀说："无论过去还是现在，我只宣讲苦和苦灭。"也就是说，佛陀一生的弘法生涯是以解决人间"苦"的问题而展开的。

其次，人间佛教不是世俗化，更不是庸俗化，而失去佛教的神圣性。《增壹阿含经》讲道："佛世尊皆出人间，非由天而得也。"这是印顺导师提倡人间佛教的理论依据。印老说，读到此"有现实人间的亲切感、真实感"。

佛陀的教法不是"神启说"，它是佛陀的发现，因此学习佛法不是为了升天，而是求得解脱。要求得解脱，我们在人间就可以获得。所以佛教与神无关系。

许多人对人间佛教有误解。因为他们认为，佛教是讲"出世"的，而人间佛教的提法有违佛教"出世"的精神。其实这是对佛教"出世"思想的误解。佛教所讲的"出世"也不是要离开现在我们所住的这个器世界，而是要超越这个烦恼的世间。超越世间指的是，住在这个器世界，但不被世间的烦恼所染污。因此达到解脱的人，对世间不执着、不贪求，他们随缘任用。用佛教的话来讲，他们达到了"出世""与世无争"和"八风不动"的境界。

佛教所讲出世的世间有两种：第一是指出离五蕴或五阴世间，第二是指出离五欲的世间。前者是指我们对自我的认识，后者是指我们对所感所知的世间的认识。如《别译杂阿含三〇六经》讲道："我今但以一寻之身，说于世界、世界集、世界灭、世界灭道迹。赤马天子，何等为世间？谓五受阴。何等为五？色受阴、受受阴、想受阴、行受阴、识受阴，是名世间。"这是讲五蕴的世间。再如《杂阿含二三〇经》讲道："世尊！所谓世间者，云何名世间？"佛告三弥离提："谓眼、色、眼识、眼触、眼触因缘生受，内觉若苦、若乐、不苦不乐。耳、鼻、舌、身、意、法、意识、意触、意触因缘生受,内觉若苦、若乐、不苦不乐,是名世间。所以者何?六入处集则触集,如是乃至纯大苦聚集。"如南传《增支部·顺世论者经》讲道:"在圣者的戒律中,五欲就叫作世间。是哪五项呢?由眼认知的、渴望的、诱人的、快乐的、可爱的、被激情所缚的形态,由耳认知的……声音,由鼻认知的……香,由舌认知的……味,由身认知的、渴望的、诱人的、快乐的、可爱的、被激情所缚的触。就是这五项。"这是讲五欲的世间。

佛教认为,由于我们对自我和世间的无知,我们的心被外界所牵引,因此生起贪欲,烦恼由此而来。如《杂阿含一〇一经》讲道:"欲能缚世间,调伏欲解脱,断除爱欲者,说名得涅槃。"南传《相应部》也讲道:"世间为欲限,去欲得解脱,抛弃爱欲者,断除一切缚。"(南传《相应部》,第一册,第六十九页)而心则是世间的主宰,《杂阿含一〇〇九经》讲道:"心持世间去,心拘引世间,其心为一法,能制御世间。"因此《增壹阿含经》讲道:"诸比丘,此心不可降伏,难得时宜,受诸苦报。是故,诸比丘,当分别心,当思惟心,善念诸善本。"

所以佛教所讲的"出世",不是离开我们所住的这个器世界,而是就住在这个世间,以一种不执着、不攀比、不计较的心态看世间,超越这个充满烦恼的世间,达到心如止水、八风不动,对器世间的一切随缘自在,心不贪着。因此,就是达到解脱的人、达到出世的人,也不一定要离开这个器世界。这样的解脱不离人间,我们认为这就是印顺导师、星云大师等大德所说的人间佛教。因此佛教界常说,以出世的思想,做入世的事业。

# 通达如来真实要义

读罢《星云讲经1》的《在人间欢喜修行》，掩卷沉思，顿觉获益良多。

星云大师本着佛陀四十五年说法的"缘起正理"的精神实质，将《维摩诘所说经》之"人间净土、不二法门"等精神要义彰显得淋漓尽致。所以大师为与众生方便，故主要从如下八讲内容对整部经典之精髓进行精辟的梳理和论证：

（一）有关《维摩诘经》

首先，星云大师提纲挈领地对有关《维摩诘经》的结构内容和思想价值等开示，并深入浅出地引领读者对本经总纲要义的胜解：因全经依通例区分为序、正宗和流通三部分共十四品的结构，此经共七种译本，即现存的三国吴支谦、姚秦鸠摩罗什译和唐玄奘译三种译本以及佚失的四种译本。其中，鸠摩罗什所

**克能法师**

鉴真佛教学院教务长

曾任河南佛教学院训导长。1990年，礼慧生法师剃度出家，后分别就读重庆佛学院、四川省佛学院和成都中医医科大学。2004年至2008年，就读中国人民大学哲学院宗教学系。

译《维摩诘所说经》属意译本,通称为旧译,其行文流畅易懂,类似叙事的小说体,其文学价值被学界誉为"开启了明清小说的先河";更何况其思想价值尤为中国佛教各宗所重。所说不二法门,尤其为禅宗奉为不易的圭臬。

其次,主要注疏有东晋僧肇、慧远、隋智𫖮、吉藏、唐湛然、窥基和智圆等七种。随后势范、凝然、凤潭等也各著疏钞流通。在中国还有藏语译本。最后着重介绍译师鸠摩罗什法师传记。

**(二) 维摩诘其人及不可思议**

大师再进一步以维摩诘居士居家行益之"其人、其病、其处和其法"等四点特性,归纳了该部经典的重要意趣:因维摩诘居士系东方世界阿閦佛金粟如来的化身,烦恼已断,障缚亦除,诸漏永尽,今生倒驾慈航,方便示现于五浊恶世,对凡夫染有而沉沦生死,二乘着空而安住涅槃的偏执病都已远离等特征广为众人宣说。又居士智慧深广,悲愿无穷,神通广大,威德无边,能于无量众生,随机说法;雨大法雨,断一切疑。随后还分别概括出"谈话中有智慧"等七点的"维摩诘居士的思想特色"和"是因果的都是缘起的"等十点"维摩诘居士的人生观"之诸多内涵。

故星云大师结合自己的修学体验和佛教史上的诸多公案典故给予例证。此即经云:"辩才无碍,游戏神通,逮诸总持,获无所畏。善于智度,通达方便,大愿成就,明了众生心之所趣,又能分别诸根利钝……"如是一切,总显维摩智、悲、行、愿的不可思议。

在《菩萨的病,圣者的心》《维摩示疾,文殊探病》《天女散花与香积佛饭》《不二法门的座谈会》《人间净土的内容》《总结》等七讲中,星云大师再以佛陀、维摩诘居士、慧远大师、邓隐峰禅师、昙照禅师、慈航法师、东初法师等诸佛如来以及历代祖师对"病痛"深刻认知的典故公案等为着力点,阐述整部经典的主旨和要义:因维摩诘假托身疾,独寝于床,佛陀慈悲,特派以文殊师利为代表的慰问团前往问疾。宾主之间盘桓酬唱，真显如来甚深之真实义。

特别是经中的"入不二法门品"，维摩诘藉众人和文殊论说不二法门的情境，"一默如雷"，把众人从有言说上接引到无言说，从有分别上接引到无分别，因指见月，而入于不二法门，这就是维摩诘的方便善巧，能使众生从生死海，入涅槃城，去烦恼缚，证离系果，达到彻底解脱的不可思议。故此经又名《不可思议自在神变解脱法门经》。

关于此经的主旨，它深刻地阐发了般若性空的理趣和不住生死；不住涅槃的菩萨行。初示"心净则佛土净"指出"佛土即众生之类"，表达了佛法不离世间，诸佛菩萨不舍众生的"人间净土""唯心净土"的大乘精神。经中又说"一切法皆是佛道""一切烦恼皆为佛种""一切施为无非佛事"等思想，揭示了大乘佛法烦恼即菩提，生死即涅槃的要旨。正如僧肇法师在《维摩诘所说经·序》中概括此经内容时说："此经所明，统万行，则以权智为主。树德本，则以六度为根。济蒙惑，则以慈悲为首。语宗极，则以不二为门。凡此众说，皆不思议之本也。至若借座灯王，请饭香土，手接大千，室包干象，不思议之迹也……非本无以垂迹，非迹无以显本。本迹虽殊，而不思议一也。"

综上所述：凡有志学佛、欲通达如来的真实要义而自觉觉他者，不能舍此经而他求；欲掌握学佛成佛最究竟正确的行持方法而绍隆三宝者，亦不能舍此经而他求；欲得大解脱、大涅槃、自在往来无所障碍而获得如维摩诘那样的智慧辩才及大神通者，更不能舍此经而他求。

故今日有幸围绕大师所开示《在人间欢喜修行》而撰写读后感，实则是倍感诚惶诚恐，爰藉时余，精加拜读，特撰拙文，以飨读者。同时大师具以中道了义的观点，平易近人的语言，行之立见卓效的堪能。但愿诸佛欢喜，菩萨赞叹，龙天拥护，而众生见闻受持，速得解脱。

# 世界上最美丽的人

**李利安**

西北大学教授

西北大学玄奘研究院院长、佛教研究所所长，兼任中国宗教学会理事、中国统战理论研究会理事。

重要著作：《观音信仰的渊源与传播》《金刚经般若思想初探》《中国十大高僧》《真谛大师传》《世亲大师传》《白话金刚经》《南北朝佛教编年》等。

观世音是谁？真的存在吗？真的有求必应吗？观世音在中国既家喻户晓，也疑团重重。

曾经，我也这样回答：观世音是宗教幻想出来的神，这个世界原本没有神，又哪来的观世音。所谓救苦救难，不过是一厢情愿的幻想罢了。

曾经，我也这样回答：观世音是大乘佛教信仰的一个菩萨，按照佛教经典的说法，他的情怀是大慈大悲的，他的智慧是超凡脱俗的，他的能力是无边无际的。不过，作为一种宗教信仰的对象，心诚则灵。信仰的世界，超越了理性范畴，是科学无法证明也无法证伪的。

2020年春节期间，新冠肺炎疫情在武汉出现，并迅速波及整个中国。武汉封城，全国紧张，世界震惊，人们都躲进屋里，急切地期盼着瘟疫的离去。旷野的寒风，空荡的街道，焦虑的心情，交织成一个史无前例的春节画面。就在这个特殊的日子里，一本深红色的书——《星云大师全集》第四册《星云讲经2》——摆到了我的案头。这是一本美观、大方、清爽的书，更是一本厚重、温馨、动人的书。

这一册的主体部分是《法华经观世音菩萨普门品讲话》和《人海慈航》。正文最前面是一篇情真意切的《向观世音菩萨祈愿文》。"慈悲伟大的观世音菩萨，每当我仰望您的慈容时，我的心灵才感到清凉自在；每当我称念您的圣号时，我的精神才得到解脱舒畅。……祈求您以慈云覆我，我要学习您利济群生的精神，用慈眼观察众生的需求，用耳朵倾听众生的痛苦，用美言安慰众生的烦忧，用双手抚平众生的创伤……"

这让我想起星云大师还专门为本次疫情做了祈愿文，一开头的几句便能深深打动人心："慈悲伟大的观世音菩萨！这次从武汉发生的新型肺炎疫情，许多人受到委屈、苦难和惊吓，祈求你的慈悲加被，让我们具备勇气与智慧，面对疫情，能够处变不惊，面对疾病，能够冷静宽心……"字里行间，流淌的都是大师的悲愿慈心！

带着这种感动，继续向下翻看，似乎听到，大师正在谆谆告诉我们：观音的法身遍及十方世界和所有空间，在在处处，及时化现，为众生解脱痛苦。所以，世界上最美丽的人是观世音，最慈悲的人也是观世音。当我们内心生起为别人解决问题的善念并化为实际的行动，那就是观世音菩萨和我们印心的"拈花微笑"之时！大师将观音菩萨的慈悲从虚无缥缈的天边拉到生活的当下，种进每个人的心田，并以此建构众生与菩萨之间的关系。这样的关系是慈悲的交融，是美丽的激荡，是人性的重塑。

在大师看来，观音之所以能展现无比的神通威力，正是他的发心升华为一种大慈大悲的境界，而这种境界赋予他方便善巧的力量，从而能千处祈求千处应，苦海常作渡人舟。这是一种令诸佛菩萨和众生共同感动的力量，并因此而创造了无限的感应奇迹。通过大师的解读，一种外在的神秘力量转变为一种内在的精神力量，氤氲着一股沁人心脾的清新之气，给受伤的人们带来温暖的抚慰，给苦难中的人们带来自信、勇气和希望。

与此同时，大师也一再告诉我们，观世音菩萨的出现，最大的意义不在于解决我们一时的困境，而是开启我们的心。所以，我们既要有勇气去经验痛苦，更要有智慧超越痛苦，从而做到观事自在，观人自在，观处自在，观声自在，观理自在，观心自在。果能如此，则必然时时清净自在，处处安稳吉祥。

古人云："求人不如求自己。"大师将此作为观音法门的重要内涵，进而倡导每个人都应该训练自己，使自己成为能够面对各种挑战的观世音。不仅如此，还要做一个具有慈悲情、智慧心、勇猛力的众生保护者。这样一来，人人做观音，处处有观音。

大师一生实修，亲历无数感应，与观音菩萨早已心心相印。大师的讲述，可谓字字动心，句句含情。开卷而阅，你会为观音的慈悲和智慧而欢喜赞叹；掩卷思，你会因大师的悲愿和胆识而感慨万千。值此瘟疫肆虐之时，愿遵从大师教诲，内参观音之心，外行观音之事，不负大师的一片苦心，作世界最美丽的人。

# 觉悟幸福之道

《十种幸福之道》是星云大师藉由《妙慧童女经》妙慧的提问与佛陀的开示,为安顿世人身心烦恼、希求幸福而特别诠解的一部人生修行宝典。以他深入浅出的解读,揭示了佛陀所说之奥义,在古典与今用之间为我们架起了一座通往幸福人生的桥梁。

**女性的觉悟**

《妙慧童女经》以童女妙慧向佛陀提出十个人生修行问题的讨论,印证了修行成就不分男女老少,只要有承担的勇气与决心,修行所及,即幸福所抵。古往今来,虽然杰出的女性不乏其数,但世间两性未臻平等,女性追求幸福之路尤显坎坷。一生秉持两性平等真义的大师,在书中直言想藉由这部向女性致敬的经典来提高女性的地位,唤起女性的

**王雪梅**

西北大学教授

西北大学哲学学院、玄奘研究院教授。主要从事佛教及相关宗教文化研究。

重要著作:《弥勒信仰研究》《陕西神德寺塔出土文献》(合著)等。

觉悟。大师对世间女性境遇的洞见，超迈古今。现代社会，女性在职场和家庭承担的越来越多，身份地位也越来越高，但距离真正的幸福可能也愈来愈远。女性的觉悟之路，道阻且长，值得每一位女性思之念之力行之！

**终极的幸福**

妙慧所提十大问题，涵括了人生自处到处人、色身到心灵、入世到出世的种种进阶修行的困惑，实为如何获得现世出世的人生幸福问题。大师据此将幸福概略为两类，即现世富足（得端正身、大富尊贵、眷属不坏、处世无怨、说话人信）与出世安乐（佛前受化身、命终见佛等）。"现世富足"为人生幸福之始端，渐进至"出世安乐"才是人生最终之幸福。世间生活始于衣食住行之物质，但幸福之道远不止于此，还当有心灵层次的提升，进而希求内心的自在与解脱，从而过上真善美的慈悲而清净的生活。在高度物化的今天，只有向内的自性开发，才会不为外物所羁绊，才可拥有幸福的自主权，及至抵达幸福的终极之道。

**幸福人生，何处开启？**

要获得现世富足、出世安乐的圆满人生，首要的是建立一个幸福目标，然后努力去践行。幸福之道种种，何处起步？透过大师的妙解，从"妙慧大哉问"我们觉悟到"一切美好的开始在学会赞叹"。诚哉斯言！当我们学会赞叹之时，美好的因缘、幸福的生活往往从此开展。幸福之道的开启，原本也可如此至微极简，殊不知，不经意的言语之间，尽可关闭幸福之门，丢掉人生所有的福慧。要知道，这人世间多少的疏离隔膜，乃至爱恨情仇，又何尝不是吝于善言美语而起呢？

**幸福人生，利他人生**

佛陀对妙慧提出的每个问题，都给予四个解决的方法。人生困惑的所有解答，都在佛陀为之开示的四十法门修行之中。其修行的核心理念是行菩萨行，即利他精神，"利他"是获得世间出世间幸福的重要因素。创造现世富足、出世安乐的人生，是为了实践利他服务的精神，不仅求个人的享乐解脱，更求众生的安乐解脱。大师说命运不是定型的，修善、修福都能改变命运。以"众成就"来经营人生，以菩萨利他精神践行幸福之道，必然能改变命运，成就"现世富足、出世安乐"的圆满。幸福人生，何尝不就是利他人生呢？

　　庚子初的疫难，对于很多人来说，活着本身，足矣！岂能侈谈幸福人生？但对于活着的我们，着眼于个体和人类生活永续的发展，更当叩问：活下来之后该怎样生活才能过上幸福的人生而不是相反？捧读《十种幸福之道》，觉悟幸福之道，践行于日常，人人都可以成就幸福的人生。大师讲论"幸福之道"，其言娓娓，其意也殷殷，希望人人能够觉悟幸福之道，从佛陀的智慧中得到现世安稳与出世安乐，成为人间最幸福的人。

　　人生不过是一场修行，你的修行所及，即是你的幸福所抵。愿读《十种幸福之道》的你，最终能够抵达那个终极的幸福。

# 极高明而道中庸

**韩国茹**
中国社会科学院出版社副编审
主要从事现代新儒家研究以及人间佛教研究。

《胜鬘经》是大乘佛教极重要的一部经典，也是影响中国佛教和中国社会(广而言之，可以说是影响整个东亚佛教和东亚社会)极深刻的一部经典，其中诸多教导在现代社会也具有强烈的指导意义。

佛教强调众生平等，强调诸佛之非男相非女相，但是在一些经典中，仍然强调女性必须先转成男身才能成佛，智慧如舍利弗也在不止一部经典中对于女性成佛表达了诸多之疑虑，更遑论佛教之历史发展中所出现的轻视女众之诸多事实。

在现代社会，女性自我意识、独立意识等逐渐觉醒，《胜鬘经》以胜鬘夫人这一在家女性之形象而可被佛陀授记未来必定成佛，以及其母末利夫人劝导波斯匿王信佛等，可以破除历史中佛教对于女性所形成之偏见,可对于现代女性(尤其是在家女性)亲近佛教、修持佛法产生一种天然的亲近,可给予现代女性修持佛法之信心和鼓励,当然现代之女性学者(广而言之,一切佛教学者)也可以依据此一类经典重新梳理、阐释佛教发展中女性之作用。

胜鬘夫人所讲之修行之道具有极高明而道中庸的特质。在胜鬘夫人十大受中,最后一受乃摄受正法终不忘失,此乃十大受之极高明之处。正法即指本经后面所讲之一乘思想和如来藏思想,也就是星云大师所言"正法是每个人具备的真如佛性"。

摄受佛陀所证之正法,乃是判断一个人之所行所为是否一佛教徒之标准,是佛教徒发菩提心、决定趣入大乘之根本要求,也是当代佛教徒正知正见之重心。同时,这一极高明之正法,以胜鬘夫人其他之九受而可以落实于现实生活之中。更加值得一提的是,在此经中,乃是落实于社会生活之中,体现了佛教之人间性与社会性,非常契合现代人之根机。

以第六受为例,"世尊!我从今日乃至菩提,不自为己受蓄财物,凡有所受,悉为成熟贫苦众生"。经济生活乃是现代社会之重要或主要特征,乃至于西方之管理学等学科即建立在人之本性乃是一经济人之建设之上。过去佛教中过于强调金钱、财物对于修持佛法之障碍,而《胜鬘经》此说,则可以重新建立佛教徒尤其是在家众对于经济活动以及由此带来的财物等利益之正知正见,即佛教亦鼓励其信徒之经济行为,但是要破除为"我"而经营和发展。由此引申,则佛教徒可以从事符合正命之经济、政治及社会之诸多职业,只要破除为"我"之心即可,其中所含之人间性与社会性非常值得赞叹。

又如,其中第二受,"世尊!我从今日乃至菩提,于诸尊长不起慢心"。这一受,也有其现实重要性。胜鬘夫人是已经达到七地或八地的大菩萨了,仍然在受持不慢尊长之戒,由此可以教导对于自己信心不足之信徒,皈依佛陀，发菩提心后，我们在日常生活中坚持尊重尊长，即是在修持佛法了。而星云大师则以更加简易明白的道理告诉我们，在日常生活中，我们以不见过失、不嫌落伍、不计斥责、不疑成就的态度和行为对待尊长，即是在修持佛法，何其简易，又何其不易！以与长辈相处为例，在科技发展如此迅速的今天，做到不嫌落伍，恐怕就是一件不容易的事。广而言之，我们佛教徒深发菩提心，深信一切众生皆有如来藏，因此不仅不应轻慢尊长，而且应该学习常不轻菩萨，不轻慢一切众生。

　　星云大师说，所谓"受"，就是承担、受持的意思。也就是说，胜鬘夫人所教导之十大受，是实践中的智慧，我们应该于日常生活中时时修持之、践履之，这就是现代人间佛教倡导的不离于人间的修行方式。

# 从娑婆世界走向人间净土

《星云大师全集》于2019年6月在大陆发行简体中文版,这巨大工程值得赞叹再三!

近日承蒙星云文化教育公益基金会之邀,就《星云讲经3》里的《谈净土法门》一书分享看法。

星云大师《谈净土法门》一书,共有七讲,分别介绍"弥陀净土""弥勒净土""琉璃净土"等相关经典,对于各尊佛所发的誓愿以及所成就的净土,一一作出阐述。书中还特别提及"华藏净土""唯心净土""人间净土"。星云大师倡导人间佛教,建设人间净土、佛光净土的种种施设及成就,有目共睹。而且,倡导"人间佛教"离不开"人间净土","人间净土"是"人间佛教"的终极关怀。

此外,有关历代大德论及的净土核

**陈剑锽**

香港中文大学人间佛教研究中心主任、佛学研究硕士课程主任

主要研究领域为弥陀净土法门、人间佛教及宋明理学等。

重要著作:《凝视人间,悲智双运:星云大师的人间佛教性格与实践范型》《禅净何争?——圣严法师的禅净思想与体证》《禅净修持与静坐体认》《无上方便与现行法乐:弥陀净土与人间净土的周边关系》《佛学经典100句:净土三部经》《行脚走过净土法门:昙鸾、道绰与善导开展弥陀净土教门之轨辙》《净土或问·导读》《圆通证道:印光的净土启化》等。

心问题，在"第五讲"里通过对问题的释疑解惑，令学者知其意、明其理，从问题中发掘、引申出净土的教理、教义。在"第六讲"里从历代往生事例中，挑选具有代表性的案例，以劝勉学者精进念佛。

在"第四讲"的《念佛法门》讲述一段重要的念佛心境问题，举出四项"不同心境的念佛方法"，对于修持念佛法门的信众而言，这是极为重要的开示，鞭辟入里的教导。我们尝试引用大师《全集》里其他有关念佛方法及思想要义，解释这四项念佛心境。

首先，大师认为念佛要**"欢欢喜喜地念"**。带着愉快的心情念佛，要念得很欢喜，要念到手之舞之、足之蹈之，发出至心的微笑。欢喜念佛的心境是"念念不离佛号，把一声'阿弥陀佛'念到一切时、一切处，走到哪里都能欢喜自在"。大师指出这种"欢欢喜喜地念"是"如历净土"的情境，念佛行者在念佛的当下即已亲临极乐净土，这须具有无比的信心和决定心。

第二，大师认为念佛要**"悲悲切切地念"**。从悲切的心态下手，容易和阿弥陀佛相应，这跟《大势至菩萨念佛圆通章》里教示的"母子相忆"的比喻，有异曲同工之处，因而大师指出这种"悲悲切切地念"是"母子相忆"的情境。因而，念佛行者须"把阿弥陀佛当作自己的母亲，能把一句句的佛号念得像是对他哭诉，甚至涕泪悲泣，就很容易和阿弥陀佛相应了"。众生孤苦无依地在苦海轮回，内心呐喊，真诚渴望，是最原始的一种渴求，这种渴求一旦真切，便能去除我执，步步趋近无我，逼显出真如本性。

第三，大师认为念佛要**"空空虚虚地念"**。大师曾说："'阿弥陀佛！阿弥陀佛！'要心无罣碍，一心称念佛号，念到头也没了，手足也没了，天地粉碎了，世界不存在了，悠悠扬扬、缥缥缈缈，只有一句'阿弥陀佛'，如游丝般充塞于整个宇宙虚空。"能够念到去除手足身体、天地空间的执着，便是念出成果。例如星云大师说："'阿弥陀佛'之意是没有空间的限制及时间的影响，每个人都有一个自性的佛，将一句'阿弥陀佛'念熟、念热，届时就会感受到佛的庇佑感应，而非虚无不可及。"去除我执，眼、耳、鼻、舌、身，都不晓得在哪里了，空诸所有，佛菩萨自然会现前的境界。念佛心态须如此，才能证得一心不乱，证入空性。

第四，大师认为念佛要"诚诚恳恳地念"。由于至诚恳切，而能广大圆融。这是发决定之心，速证一心不乱的修持要方。星云大师依据实修经验，曾教导信众："要把一句'阿弥陀佛'念熟、念热，念到全身发热冒汗，像烧热水把水烧开一样，能念到这种地步，自然有感应。"念佛达到念熟、念热而发汗，即是至诚恳切的表现，大师指出这种"诚诚恳恳地念"是"如见弥陀"的情境。

上述四种念佛心态是星云大师所创之说，初学者选择与自己相应的方式，必能彰显出念佛的功效。一如大师自言："星云主张在不同的心境也可以有不同的念佛方式来修持。"根机各异之众生，及情境各别之时处，皆能自由自在地择机、择法而用，大开善巧方便之门。

此外，尤须注意的是，星云大师说："阿弥陀佛就是真理。念'阿弥陀佛'，就是为了和真理相应，为了能超越对待的时间、空间，超越人我是非，超越一切，最终得到解脱，这就是念佛的意义。"净土行者对此教说，应三致意焉。

这样的修持理念亦进一层联系到建设"人间净土"的关系。大师强调："佛光山提倡人间佛教，是一个菩萨的道场……以菩萨慈悲为共愿，结合僧、信二众的力量，将这个五浊的娑婆世界，建设成清净的人间净土。"讲求人间现世，行菩萨道，上求下化，广利诸有情众生，是积极推动"人间佛教"，完成建设"人间净土"的弘愿。在入世与出世之间的菩萨道，即出世而入世，即入世而出世，二者不相舍离。在星云大师《谈净土法门》一书里能读到相应的教导，祈望大雅君子皆能人手一册，息心阅读，讽诵其深意。

# 甘露洒心

我们第一次读到《八大人觉经》，都会立刻产生几个非常直观的问题：

第一，"大人"是指谁或什么？这部经文的名称是什么意思？

第二，为什么这部经开头没有一般经文的"如是我闻"，结尾也没有"信受奉行"？

所以，进一步的问题就又产生了：

第三，这部经是讲给什么样的对象？

第四，这部经到底是讲什么？

第五，这部经重要吗？

星云大师知道我们的疑惑，为我们娓娓道来。

首先，大师在开篇就告诉我们："大人"是指"办了生死及广度众生大事业的人"，亦即"菩萨"之意。菩萨有很多

**钱光胜**

北京社会管理职业学院副教授

历史学博士。主持国家社科基金项目和教育部项目各一项。在《民俗研究》《敦煌研究》《敦煌学辑刊》等杂志发表学术论文多篇。

重要著作：《唐五代宋初冥界观念及其信仰研究》。

阶位，发心办了生死、度众生大事业的人，也可称作菩萨，但是是初发心的菩萨或对佛教才刚有了信心的菩萨。此经有八条修行成佛的方法，是办了生死、度众生的大事业的人所应该觉悟的经典，所以叫"八大人觉经"。所以，我们通过对经名的讲解，立刻就明白了《八大人觉经》的讲述对象是在家学道的信徒。

其次，大师通过讲述在祇园精舍法会中，佛陀和阿那律尊者的问答情节，向我们解释了另一个问题：因为这部经是由问答片段而来，所以经前没有"如是我闻"，经后没有"信受奉行"。

我们最直观的疑惑，就在大师的寥寥数语中得到了解读，如春风轻拂柳枝，在水面掀起涟漪，让我们有兴趣进一步读下去，了解作为在家众该如何求得觉悟，进入涅槃。

经文的讲解部分，大师既逐字逐句地解释，又旁征博引诗文、偈子、典故来说明。在每一"觉"的末尾，大师都把凡夫和菩萨的不同进行了对比，比如"多欲"为凡夫，"少欲无为"为菩萨；"惟得多求"为凡夫，"安贫守道"为菩萨；等等。大师的讲解，通俗易懂，举的例子如发生在我们身边，即便是一个教育程度有限的人，也能充分理解如何从凡夫转化为菩萨；一个对佛教不甚了解的人，也能感觉到像有一颗小小的成为菩萨的种子在心里开始发芽。

最精妙的部分，是大师对这部经中八种觉悟的概括。大师把整部经分为三部分：第一部分，即第一"觉"，是讲"世间观"；第二部分，即第二"觉"至第八"觉"是讲"人生观"；第三部分，即结语，为本经的结论。大师把"世间观"概括为"国土危脆""世间无常"和"四大苦空"；把"人生观"概括为"多欲为生死的根本""知足为守道的根本""精进为降魔的根本""智慧为化愚的根本""布施为度人的根本"和"持戒为节欲的根本"。最后大师在结论中告诉我们,"大乘心为普济的根本"。

大师的概括,如他对本经的形容:像航海的指南针,指示人生的前程;像午夜的钟声,惊醒人生的迷途。于我而言,如甘露洒心,滋润淋漓。所谓明心见性,直指人心,大师的概括就是最好的诠释了。

大师是人间佛教的伟大实践家,他认为在家佛教是人间佛教的重要组成部分,所以对这部适合在家众受持的经典非常推崇,称其为"入世应用的人生宝典"。愿这部"人生宝典"和大师的讲解成为照亮我们人生道路的一盏明灯。

# 涵摄妙理，契合当代众生根机

**董平**

浙江大学"求是"特聘教授、中国哲学博士生导师

浙江大学中国思想文化研究所所长、浙江大学佛教文化研究中心主任、浙江大学马一浮书院副院长，中国哲学史学会副会长，中华孔子学会副会长，中华孔子学会阳明学研究会会长，浙江省文史研究馆馆员，政府特殊津贴获得者。重要著作：《陈亮评传》《陈亮文粹》《天台宗研究》《浙江思想学术史——从王充到王国维》《王阳明的生活世界》《传奇王阳明》《老子研读》《先秦儒学广论》《宋明儒学与浙东学术》等。古籍整理著作多种，如《王阳明全集》《邹守益集》《甘泉先生文集内外编》《杨简全集》等。

收录在《星云大师全集·星云讲经3》的《法华经大意》，共分五个部分：《法华经》的轮廓、《法华经》的思想内容、《法华经》的方便法门、《法华经》的人间思想以及《附录》。在不多的篇幅中，赅摄《法华经》二十八品大意，特为畅演"唯一佛乘"究竟谛理。大师之所述，可谓古来关于《法华经》讲释篇幅最为短小之著作，而言简意赅，涵摄妙理，复有时代高度，契合当代众生根机。若非对佛陀教义体悟甚深，体之于心而见之于行，则断不易为此也。

《法华经》在中国佛教发展史上的影响及作用是巨大的。智者大师承其师慧思之思想理路，对诸大小部经融液贯通，又以《法华经》为终极依归，而创立天台宗。天台宗是由中国僧人所创立的第一个佛教宗派，是传入的印度佛教完成其中国化历程的显著标志，佛教异域的色彩自此淡去，而取得其独特的中国形态。

正是天台宗的创立，佛教的义理体系融入了中国文化母体，实现了文化语境的中国转换，自此佛教在义理上不再与中国传统文化圆凿方枘，而成为中国传统文化适时更新不可或缺的思想资源，成为"有意义的他者"。非但如此，"中国化"的佛教作为中国文化之整体的有机构成，开始实现其对外传播，中国不再只是佛教的输入国，同时是"中国佛教"的输出国，是独特文化传播的信源地。在特定的意义上来说，中国文化的对外传播及其世界性影响，正是从天台宗开始的。仅就此而言，则《法华经》之于中国佛教及传统文化的贡献，岂曰小裨也哉！

关于《法华经》的核心义旨，智者大师特重"弹偏斥小""叹大褒圆""会三归一"。所谓"弹偏斥小"，即是弹呵声闻、缘觉二乘之偏于空，贬斥小乘之偏于私；"叹大褒圆"，是赞叹大乘之普度情怀，褒扬圆顿之大小兼摄；"会三归一"，则揭明无论声闻、缘觉、菩萨诸乘，唯应对众生根机生熟而说法有异，令一切众生皆得开示悟入佛之知见之本旨不异，故皆得会通而归于"一佛乘"。唯究竟"一佛乘"，无二无三，故为会通大小诸部，兼摄不同教法，圆融世出世间一切法界及空有诸相，而揭示以"十如是"为本末究竟等的诸法实相，则为《法华经》最具特色的义理宗旨。

在某种意义上说，"会三归一"弥合了佛教内部不同部派之间可能的教义隙裂，以"成佛"这一本原目的为权衡大小诸乘之基点，乃充分凸显了佛教作为宗教之目的的惟一性及其教理体系的完整性与统一性。无论声闻、缘觉、菩萨一切大小诸教，其成佛的目的并无不同，正是目的的同一性使三乘会归于究竟"一佛乘"成为可能。

佛为此一大事因缘故出现于世，乃为一切众生开示悟入佛之知见；佛之所知，蕴在众生，故生性即佛性。号为众生，只因心迷；称之为佛，原于心悟。故心是迷本，也是悟本。正因迷悟本体为一，故谓"无明即法性""烦恼即菩提"。正因无明与法性、烦恼与菩提之相即，虽相有差异而体一不二，故十界升沉互具，六凡四圣一切诸道相互含具兼摄，百界千如皆于一心中现。

十界互见之说，深刻地重建了佛教关于"法界"的理念，同时也为众生的现实生存构建了一个无限广大、相互涵摄、境界各别而又本质一如的生存世界。不同众生究竟落了何种生存世界，则全然取决于独特的心灵状态，心即实相。天台宗以"观心"为入道之要，缘故在此。

法界的相互圆具及其所展开的生存世界之无限广大，同时也就突破了世间出世间的碍隔。在中国语境之中，这一点恰好意味着"形而上"与"形而下"、"先天"与"后天"、现实存在与存在境界、生存实况与生存价值等之间绝对性界限的消泯，而转向于相互之间的浑沦圆具。

在这一意义上，佛教不再是必以出世间之彼岸世界，为达成其宗教目的的安住之所，而转向一切众生之心体本觉的开显，即生即佛，即人间即出世间。《法华经》断言"是法住法位，世间相常住"，"世间一切治生产业皆与实相不相违背"，其意最为浑厚，而对中国佛教的自身发展所产生的意义也最为广大而悠远。

星云大师之讲释经义，最善于将经义之深奥转换为百姓的日常语言，既契经义之玄理，又契众生之根机，而将经义、根机统摄于时代实情的独特观审之下，深刻体现了《法华经》的"时教"之义。

在《法华经大意》中，星云大师最后落实于《法华经》的人间性"阐明，在我看来，正体现了大师对于中国佛教之"人间性"转向的一种历史洞见。"以人为本的人间佛教，注重入世而非出世，重视利他而非自利"，乃为《法华经》所体现的人间性思想之总要。而具体分说，则出之以人间性、生活性、利他性、喜乐性、时代性、普济性，可谓融贯经旨，直达根源，赅摄普遍，实现了佛陀为一切众生开示悟入佛之知见，这一本原目的的现代语境转换与活化。

星云大师说："佛陀在人间出生，在人间修行、成道，不疲不累地为六道众生说法，度众圆满之后，也在人间涅槃。佛陀的一生没有离开人间。我为人间佛教下了一个简单的批注：'佛说的、人要的、净化的、善美的'。整部的《法华经》皆在阐扬此一观点。"由此而为"人间佛教"的正当性及其合法性确立了经典根据，更为"人间佛教"的现代开展重浚渊源，充分体现了对于佛教这一独特文明形态之当代承续的历史担当意识。

# 恍悟自身佛法富贵人

**邱高兴**

中国计量大学教授、博士生导师

中国计量大学人文与外语学院院长，兼任吉林大学博士生导师，中国宗教学会理事，中国哲学史学会理事。

重要著作：《李通玄佛学思想评述》《清代禅宗隆兴》等。

"不读《华严经》，不知佛法之富贵。"《华严经》作为一部呈现佛陀觉悟境界之经典，恣意汪洋，浩瀚无垠，难以言喻。历代高僧从"果分不可说，因分可说"的角度，以契理契机的原则，不断地尝试对华严教法与精神做出因应时代的诠释。本书是星云大师以人间佛教的角度，对《华严经》、华严宗、华严思想，特别是普贤十大愿进行的又一次当代解读与实践。

本书分《华严大意》和《普贤十大愿》两篇，用简明扼要、通俗易懂的语言把华严思想的精华，呈现给大家。本书约略可概括出以下特色：

**第一，圆融无碍的善巧说法**

华严思想甚深难测，法界缘起自在难名，六相十玄抽象玄妙，即使如华严三祖法藏这样的华严宗师，在向武则天阐述华严义理时，也不免出现前者讲得天花乱坠，后者听得云山雾罩之窘境，故而才有法藏大师以殿前的金狮子为喻的方便说法。

星云大师深知众生接受这些义理的难度，基于对华严思想的圆融理解，他采用了一些善巧之说法，解释华严义理。比如谈到法界缘起，他说："一个不算少，万亿不算多。微尘不算小，虚空不算大。"谈到"事法界"，他会以"张三不是李四，李四不是王五"的千差万别来说明。论及"信为道元功德母"，他会以佛光人"四给"中"给人信心"为例子。将深奥的佛理，通过信手拈来的生活中的点点滴滴，明白清楚地展现了出来。

第二，诸法平等的现代意识

星云大师指出，佛教主张事理圆融，不仅从事相上看，更要从理上来会。就世间的相上来说，有男女老少种种不同，但是就理上来说，佛性都是平等如一。他认为《华严经》是一部提倡人我平等、僧信平等、生佛平等，男女平等的经典。星云大师还进一步将平等观念推衍到在当今世界秩序中，指出没有平等的心态，就没有世界和平。

第三，深入法界的生活修行

星云大师指出，佛教和一般的哲学理论不同，不单单讲理论、讲义理，而且更加重视修行、重视实践。而修行就不能停留在口号的层面，而是要身体力行地将佛法应用在生活中。因此，善财五十三参的深入世间的实践修行，就为佛光山人间佛教从求法开始到"用慈悲的语言应人，用慈悲的眼光待人，用慈悲的面孔对人，用慈悲的手助人，用慈悲的心祝福人"，等等，将佛法融于生活之中的实践活动确定了根基和模板。

第四，立身处世的格言金句

星云大师善于将宗教语言转化为日常语言，将立身处世的法则，化为格言金句，娓娓道来。比如，他将"礼敬诸佛"解释成人格的尊重，将"称赞如来"解释成语言的赞美，将"请转法轮"解释成真理的传播，将"恒顺众生"解释成民意的重视等，普贤行愿成为家庭夫妻父子相亲之道、学校老师与学生教学相长之方、职场同事部属相处之法、朋友地久天长之则。星云大师书中更是详细列出上百条可直接拿来应用的金句，把佛法变成了生活的办法，体现了人间佛教生活化的特色。

**第五，不忘初心的佛光四句偈**

星云大师重视华严思想，强调"初发心即成等正觉"的价值，将广大精深的华严佛法，概括成"慈悲喜舍遍法界，惜福结缘利人天，禅净戒行平等忍，惭愧感恩大愿心"的"佛光四句偈"，作为人间佛教修行的重要内容。

"一花一世界，一叶一如来"，透过星云大师对华严义理的善巧解读，我们不仅可以参解、体会繁华庄严的佛境界，而且也可以在大千生活世界中落实、践行华严圆融之精神，"认识重重无尽华严会，恍悟自身佛法富贵人"。

《佛法真义》

# 为当代佛教的佛理诠释困境探寻出路

从 2000 年《往事百语》中的《重新估定价值》、2011 年《合掌人生》中的《我的新佛教运动》、2013 年《百年佛缘》行佛篇中的《佛法新解——让真理还原》、2015 年《贫僧有话要说》中的《我的新佛教改革初步》《我订定佛教新戒条》，到 2017 年的《佛法真义》，均可视为大师晚年阶段系列发表佛法"新解"之成熟作品的共同风格。

《佛法真义》一书的主要理论旨趣，也是探问佛陀的本怀是什么，佛教思想义理的正确理解是什么，佛法的根本精神是什么，佛教的根本价值是什么，这与《人间佛教佛陀本怀》追问佛教教法根本精神、佛教思想根本价值的理论旨趣，是完全相通的。区别只是在于：《人间佛教佛陀本怀》以"人间佛教"的价

**程恭让**

上海大学文学院历史系教授

上海大学道安佛学研究中心主任。主要研究领域有梵语佛教典籍、佛典汉译与理解、中国佛教思想史、中国近现代佛教、现代人间佛教、中国文化哲学等。

重要著作：《欧阳竟无佛学思想探微》《华梵之间》《星云大师人间佛教思想研究》《佛典汉译、理解与诠释研究——以善巧方便一系列概念思想为中心》等。

值方向作为思想引领，来探问佛法的真义，其思想重心是落在"人间佛教"的概念思想上；而《佛法真义》是以"佛法真义"的理论诠释作为思想引领，来证成"人间佛教"，其思想重心是落在"佛法真义"的概念思想上。

从写作方法上看，两本书也有一定的区别：《人间佛教佛陀本怀》是以历史与逻辑的一致作为线索，来展开人间佛教思想义理的建构；《佛法真义》则是以一个个具体的诠释问题为导向。大师书中共收罗了三百零七个问题，来展开其关于佛法真义的思考和辨析。

我们在大师这部书序言的结束处，可以读到下面几段话：

> 本书收罗了三百个主题，这只是平时所遇偶感，其实佛教的问题，岂止于这么简单。希望有志者，来为佛教重新做一次结集，正本清源，让佛陀真正的教化，普现在人间。
>
> 当然我们也知道，佛教的发展遍满世界，由于各地的地理、文化、语言、风俗、民情、气候，都各有不同，需要一些方便，这些都可以说明。
>
> 在中国佛教里，只有历代的禅师们还有一些正见，还有一些佛法，其他像三论宗真正佛法的"缘起中道"，反而少人去研究、宣说了。所谓"正教不昌，邪教横行"，所以，不得不用这一本小书，来提供大家做一点另类的思考。或者有些说得不完全，只有惭愧、忏悔，惟愿契合佛心，希望大家对佛法的真义要重新估定价值，也请有心人与诸方大德谅解我的苦心，给予多多指教。

上面三段话中的第一段话，大师提出要"为佛教重新做一次结集"，也就是说他是在佛教结集的高度来理解他有关佛法"真义"的诠释活动的。我们知道，结集，按照佛教的学术思想传统，是代表了佛教全部知识和思想的合法性、权威性的实践和制度，所以大师所理解的"佛法真义"，不是简单地提供一些个人对于佛教的"新解"而已，而是谋求现代人间佛教视角下佛教思想义理新诠释的系统化、合理化与权威化，而这样一种理想抱负，也正是佛教诠释学应有的理想抱负。

在上面的第二段话中，大师提出了佛教的世界化和全球化传播所引起的理解问题。我们知道释迦牟尼的佛教，在佛灭三百年之后的阿育王时代，已经成长为一个具有世界品格的宗教。而今天的佛教更是一个全球化的世界性宗教。佛教的世界化，必须引起文化调适的问题，也必然引起诠释和理解的问题。大师这段话中提到了"方便"的概念，而大乘佛教的善巧方便一系列概念思想的重要功能之一，就是应对佛教的世界性成长和多元诠释的一系列问题。所以可见大师佛法真义的诠释活动，对于佛教世界化引起的诠释学难题，是有充分自觉的反思和考量的。

在上面的第三段话中，大师提出了中国佛教的诠释学问题。中国佛教由于宋元明清以后边缘化、底层化的特殊社会历史处境，带来的诠释学负担甚为沉重。尤其是佛教的迷信化、鬼神化发展，更是引起佛法真义的深厚遮蔽，因而是自太虚大师以来现代人间佛教的佛法诠释始终必须予以正视的严肃课题。

正如星云大师在本书中所表达的："可怜的佛陀，两千多年来给很多不当的信徒，披上了多少迷信的外衣、神鬼的面具，让佛陀失去了本来的样子，不禁令人深为浩叹。"大师《佛法真义》的写作，从其基本的动机和深层的考量来看，重点还是在为当代中国佛教的佛理诠释困境探寻出路。

所以，人间佛教佛理诠释的结集考量，佛教世界性发展的理解问题考量，中国佛教佛理诠释困境的考量，是构成大师此书三个重要的学术思想旨趣。这些学术思想旨趣，也都可以证明《佛法真义》一书的佛教诠释学底蕴和特质。

# 二、论丛类

# 读星云大师《人间佛教佛陀本怀》

**赖永海**

南京大学教授

现任南京大学中华文化研究院院长、南京大学人文社会科学资深教授,被国务院学位委员会评为"在工作中做出突出贡献的中国博士",享受国务院特殊津贴。第五届、第六届国务院学位委员会哲学学科评议组成员,第七届全国博士后流动站评审专家组成员。出版《中国佛性论》《中国佛教文化论》等二十多部著作。其中,《中国佛性论》2017年获百部优秀中国图书输出奖。所主编的全球首部完整《中国佛教通史》获教育部人文社会科学优秀成果一等奖,第三届中国政府出版奖,第四届国家"三个一百"原创图书奖,江苏省优秀哲学社会科学成果一等奖,江苏省首届政府出版奖。

《人间佛教佛陀本怀》一书,共六章,总十四万字,分别讲述了佛陀的一生,佛法在世界各地的流传和影响,佛法的基本教义,近百年来人间佛教的发展,今后人间佛教应该如何与时俱进,融入中华文化之中,成为推动世界文明发展的一个重要组成部分。

本书的核心思想和基本精神,是在揭示近百年来兴起的人间佛教,如何既遥契佛陀的创教本怀,又怎样因应现当代的社会条件,成为一种把传统与现代圆融统一起来的、既契理又契机的佛教。

星云大师在本书的"自序"中开宗明义指出:对于佛教的基本教义,"过去大多从消极上说,今日我们要从积极面去阐释"。

究竟何为"消极"?何为"积极"?

大师在书中是这样说的：传统的佛教"'只有一半的佛教'，例如在根本教义上只有消极的解释，缺乏积极的作为；重视出家，不重视在家；重视出世，不重视入世；重视寺院，不重视家庭……"与此相应，佛教史上，"佛教曾经退守到出世的清修，失去了佛教入世的精神；退守到山林的遁世，失去了佛教对信众的服务；退守到玄妙的空谈，失去了对佛化事业的实践；退守到消极的讲说，失去了佛教积极奋斗的真义"。

传统佛教这一系列的"退守"和"失去"，遂使佛教与社会日隔，佛教自佛教，人生自人生。佛教退出社会、人生的结果，是社会、人生抛弃了佛教。到了晚清民初，中国佛教进入了一个"历史上最黑暗的时刻"。值此中国佛教生死存亡之秋，以太虚大师为代表的一批高僧大德，吹响了对传统佛教进行"革命"的"海潮音"，举起了人间佛教的大旗，终于挽狂澜于既倒，使中国佛教起死回生。

20世纪下半叶，在海峡两岸佛教界的共同努力下，中国佛教沿着人间佛教的道路继续向前推进，并逐渐发展成为汉传佛教的主流。其中，以星云大师为代表的人间佛教，可以说是最具代表性和影响力的其中一股佛教思潮。从某个角度甚至可以说，星云大师人间佛教的理论和实践，把人间佛教发展到一个新的阶段，如星云大师在全世界建立的数百个分别院，一定程度地实现了"佛光普照三千界，法水长流五大洲"，这在中国佛教史上如果不能说"后无来者"，但绝对是"前无古人"！

那么星云大师人间佛教的理论和实践，何以能取得如此历史性的发展？大师的《人间佛教佛陀本怀》一书，从某种角度说，就是在回答这个问题。

佛教在其发展过程中，在不同的地区、国家和不同历史时期，自然会有不同的表现形态。但有一点是不能改变的，即必须坚持佛教的基本精神。如果改变了佛教的基本精神，也就不能称之为佛教了。同时，如果不能因应不同的社会历史条件和思想文化背景，而只会墨守成规、滞守经文，甚至于守指忘月，那么，佛教在当时当地也只有在"博物馆"里能找到其价值。因此佛教的历史发展，"契理""契机"缺一不可！

近百年来兴起的人间佛教是如何做到既"契理"又"契机"的呢？大师在《人间佛教佛陀本怀》里是这样说的：近百年来兴起的人间佛教，力倡人生佛教、人间佛教，融合出世与入世、传统与现代，以文化、教育、弘法、慈善各种方式，积极推动从僧众到信众，从寺庙到社会，从自利到利他，逐渐使佛教回归到佛陀的本怀。

所谓"佛陀的本怀"，如用一个通俗话讲，也就是佛陀创教的"初心"——"不为自身求安乐，但求众生得离苦"。近百年来兴起的人间佛教，秉承佛陀遗训，把如何增进现实人生、建设人间净土，作为一个主要目标。星云大师曾用这样一段话来界定人间佛教：所谓人间佛教，也就是"佛说的、人要的、净化的、善美的；凡是有助于幸福人生之增进的教法，就是人间佛教"。在《人间佛教佛陀本怀》一书里，大师一再强调，该书的主要思想旨趣，就是"揭示佛教重视家庭伦理，建构和谐社会，乃至安邦兴国，以慈悲与智慧教化人间的菩萨情怀"。

如果说坚持佛陀的本怀是人间佛教"契理"的一面，那么人间佛教又是如何做到既"契理"又"契机"呢？《人间佛教佛陀本怀》是这样谈论传统佛教的现代化：

> 其实人间佛教是以出世的精神做入世的事业，是传统和现代的融合……人间佛教所说的现代化，其实是以现代人可以接受佛法的方式，"依义不依语"的善巧方便，将佛教教义以人人能懂、能接受的方式，推动"三好四给""五戒十善""六度四摄"的人间净土。

如何处理出世与入世的关系，这确实是现当代人间佛教无法回避的一个重要问题，而能够运用佛法智慧，圆融统一出世与入世的关系，应该是星云大师人间佛教能够不断发展的其中一个重要原因。

星云大师人间佛教非常注重"出世精神"，但是这种"出世"，并不是那种"不食人间烟火"的"隐遁潜修"，而是一种不离当下、不离现实人生、不离现实社会的"出世"！强调的是在入世中出世，在当下的现实人生中的超越！注重的是人格的完善与人生境界的提升，这与太虚大师所说"仰止唯佛陀，完成在人格。人圆佛即成，是名真现实"是遥相符契的。能够把佛陀的本怀与时代的社会历史条件圆融统一起来，这确实是一种智慧，而这种智慧从某种意义上说，也是一种"佛陀的本怀"。

佛陀的本怀，完整地说，应该是"慈悲"与"智慧"。"般若是为诸佛母"，一语道出"般若智慧"在整个佛法中的地位和作用。而星云大师人间佛教的一个十分重要的特点，则是"用佛法智慧去开启人生智慧，从而实现一种智慧人生，超越的人生"！

所谓智慧的人生，从某种意义上说，主要就入世层面而言，换句话说，使自己的现实人生过得很有智慧，活得很有智慧。星云大师的讲演，就经常用许多通俗、易懂的小故事来阐发佛理，教人如何处理"舍"与"得"的关系、"放下"与"提起"的关系、"前进"与"后退"的关系，既深入浅出、形象生动，又让人深受启发、回味无穷。

大师的许多著作、日记、讲演，还有《佛光菜根谭》等，都有许多发人深省的"醒世名言"，其中的很多偈语、格言非常富有人生哲理和人生智慧，诸如："退一步海阔天空，让三分何等清闲。""改变外在的环境，不如改变我们内在的心境。就如一池落花，两样心情。有人怜惜好花飘零，有人却喜花果将熟。"凡此等等，无一不闪耀着人生智慧之光。

此外，这里之所以特别强调"超越的人生"，是因为人间佛教因其强调佛教的人间性和十分注重现实人生，其"超越性"曾经遭到一些人的质疑。正如大师在《人间佛教佛陀本怀》中多次指出的："有人挂念，人间佛教会不会因为太人间化而流俗了？"有人认为："人间佛教是庸俗的、世俗的、是人乘的，没有达到最高成佛的境界。"人间佛教"没有神圣性"，等等。实际上，这完全是一种误解！

对于人间佛教超越性的质疑，在某种程度上是以西方的宗教为标的，以西方宗教的外在超越性来质疑人间佛教的宗教性与超越性。大家知道，在西方，上帝、天主不但是创世主，而且是造物主，它是人格化的神。对上帝、天主的信仰是一种外在的超越。与西方不同，中国古代的天、天命不像西方的上帝、天主那样，而是天道下贯于人道，天道人道化、伦理化，天道内在于人而为人之本性，此诚如《中庸》所说的"天命之谓性"，宋明理学家所说的天道人道化、圣人与天地万物同体。这时天道既高高在上，又是内在于人的伦理道德。所以中国思想家讲"尽心知性以知天"，讲"天地境界"，讲"舍己从天"。

冯友兰就用"天地境界"来说儒家思想的超越性。近现代的宗教学家则用"舍己从天"来界定宗教。可见，人间佛教的宗教性或曰超越性，所注重的是一种内在的超越性，这种内在超越性，实际上是受中国古代宗教、中国古代文化影响的结果，是一种中国化、本土化的宗教性和超越性。因此不能说西方那种外在的超越性才是宗教性，而人间佛教这种具有中国特色的内在的超越性就不具宗教性。

这种内在的超越性最大的特点，是把宗教的超越性、宗教的超越精神内在于人伦道德，注重人格的完善与人生境界的提升。星云大师人间佛教的最大特点之一，也是反复强调"佛法是人生的学问"，他认为，"佛法的主要精神是提高我们的人格"。

星云大师人间佛教的超越性的另一个重要特点，是注重当下的超越，在入世中出世。大师有几句话讲得非常经典："在家容易出家难，出家容易出世难，出世容易入世难。""用入世的事业做出世的资粮。""用出世的精神做入世的事业。"这种在入世中出世的精神就是禅宗所说"三十年后看山还是山"的境界，也是禅宗"当下即是""立处皆真"精神的当代表现。

六祖惠能就说："佛法在世间，不离世间觉；离世觅菩提，恰如求兔角。"星云大师人间佛教与中国古代禅宗都有一个重要的特点，即所注重的不是来世的解脱、出世的超越，而是"既在红尘浪里，又在孤峰顶上"，体现的是一种大乘菩萨道精神。

# 和会中印，平章华梵

**龚隽**

中山大学哲学系教授

中山大学比较宗教研究所副所长、中山大学哲学系佛学研究中心主任、博士生导师。主要研究领域是中国佛教思想史、禅宗思想史、汉传佛教解经学等，多能融合会通中外学术研究的前沿成果与方法，独树一帜。

重要著作：《作史钩沉》《觉悟与迷情：论中国佛教思想》《中国禅学研究入门》等。

星云大师对于佛教前途充满洞见的思考，不仅可以说是汉传佛教智慧法流在现代的体现，更蕴含了一种中华特有的思想传统，我们不妨从中华思想的主流传统来精要地解读大师有关佛教前途的论述。

大师有关佛教前途与方向的指明，大抵包括以下几项内容：不同佛教传统之间的融合互动、兴办文教以及佛教的人间化与现代化等。这些有关未来佛教的发展意见都不能说是空穴来风，而是秉承了中国思想传统的精义，而融会到印度所传的佛教法流当中。

佛教从印度传流到中国，本身就融合了中国本土的思想传统而逐渐成为具有中国化色彩的汉传佛教法流。佛教在不同地域传播而又因地制宜地融合了不同地域的文化思想传统，这并非是说融合的佛教远离了印度佛教的精神命脉，而可以说是契理契机地体现了佛教流传中法义的原则性与灵活性的统一，所谓"道须通流"，佛教的精髓法脉与方便会通两相兼顾，才是真正佛陀的智慧所在。佛教思想的历史，从印度到中国再到东亚与世界，本身就显明了这种生生不息的融合历程。

大师宣导世界不同传统佛教间的融合互动，正是中华思想传统中所谓"和实生物、同则不继"的智慧再现。《中庸》中就说"和也者，天下之达道也"，任何一项宏大的事业都必须经由"和而不同"、有容乃大的气度方能完成。

我以为汉传佛教很重要的一个历史经验就是融合各家思想，而主张学不厌博，勿滞于一方。中国佛教对内则倾向于诸宗并弘，同时主张佛教思想必须博通外学，对于儒道玄理，也采取了"释子既精本业，何妨钻极以广见闻"的原则。融合并不是和稀泥，没有原则的一团和气，或说销佛义于他宗，而是有体有用，有本有末，中国佛教中的判教思想就是很好的融合典范。如唐代宗密大师的《原人论》就指出佛教思想的不同法流，及其与中国传统儒、道都是"同归一源，皆为正义"。

佛教重视心法，但并不一味排斥经教，而是主张恰当地融合经教。实际上，佛教历史的经验告诉我们，佛教的衰微除了戒律的松弛，往往也与不通经教，即与佛门内轻视佛教知识与文化的弊习有关。中国佛教几次衰败的经验，也大都是一味高调地反知识主义而产生了宗门乱象，狂禅现行，于是佛教历史上几次佛教复兴运动都特别强调扶教阐宗，重视经教的意义。这些努力都对于挽救中国佛教走向愚昧与鬼神化的歧途产生过积极的影响。大师对于佛教文教的重视，与提出的各种具体而微，接地气的方案，都包含了对于佛教历史兴衰的智慧洞察。

佛教法境高远，玄理深秘，以出世间为究极关切。于是，没有透彻教义者大都误解佛教法义与行事乃脱世离俗，与世间法无关，这是一种颇为流行的谬见。从大乘佛教，特别是汉传佛教与中国文化思想的传统来看，超越性的道体不是空悬高阁于世外，恰恰是通过世间法来圆满的。儒家虽然表面上重世法，而同样通达先天高远之界，并明确表示"极高明而道中庸"，主张道不离事，"道不远人"。中国佛教更是鲜明标举佛法不离世间觉，只有打通世与出世的藩篱，即世间而离世间，才是究竟的圆教，并贬斥脱离世间去寻求解脱之道为小乘之法。

星云大师对于中国佛教提出的"人间化"理想，即是这一传统的延续。我们不要一看到"人间"，就误以为不究出世之道。所谓"人间佛教"的理想，是透过人间的慈悲善行，去完成出世间的佛教理境，这正是《中庸》所谓"行远必自迩""登高必自卑"之义。

人间性的特征即是流动不居的，因而人间性与现代化是同步开展的。大师对于未来佛教的期待中，贯穿了现代化的人间关怀，这是符合佛教"诸行无常"的法则，无常即是要我们历史地看待法义的变化，而不固守旧义，佛陀的法义是永恒之道，而其在世间的流传也同样是"世谛流布"，契理的同时也有契机的面向。印顺法师认为佛教思想的历史权变才是佛法"恒常普遍的法性"。我认为这同样是中国思想传统中所宣导的"日新之谓盛德"。于是，大师对佛教前途的现代化改革倡议，就可以理解为中国思想传统与汉传佛教思想的谛理流布了。

# 博观约取化人心

我与星云大师相识，要追溯到二十多年前。那时，我担任南京博物院院长，佛光山佛光缘美术馆总馆长如常法师找到我，说是想在南京博物馆举办大师的书法展。大师是江苏人，十二岁在南京栖霞寺出家，后播迁台湾多年。改革开放以后，他回到大陆，希望能在南京举办他个人书法展，以回报家乡父老乡亲。

对于星云大师，我们知道他的善行义举。由于当时海峡两岸的文化交流，举办书法展还是有很多具体情况的制约，但我还是顶着压力接下了展览。在商谈具体事宜中，佛光缘美术馆总馆长如常法师问我收多少场租费？我笑着说，你们是出家人，没有钱，我们不收场租费。当时，总馆长一行，被深深感动了。

星云大师书法展的开幕式，数千位

**徐湖平**

南京博物院原院长

任中国博物馆学会常务理事、文旅部文化市场发展中心艺术品评估委员会委员等职。

重要著作：《徐湖平国画小品》《徐湖平中国画选》等。

佛教界人士云集，也是我们南京博物馆非常热闹的一天。大师的书法展览举办得很成功，影响也非常大。于是，我也松了一口气。

因缘巧合，就在开幕式的那几天，正好是我儿子新婚之喜。我带全家一起到大师下榻的金陵饭店拜访，给孩子们一个当面聆听大师教诲的机会。去时，正值大师在用午餐。大师见到我们进来，立即停止用餐。慈眉善目的大师，满面笑容地迎接我们。

当大师听到我儿子是新婚之喜，便拉着两位年轻人，坐在他两旁。亲切地说，过去你们在恋爱时，是一只眼睛看世界，互相找缺点。现在成婚了，就要闭起双眼，不要再找对方毛病。接着他又说，有一对夫妻，男的是艺术家，天天在家练琴，女的在做家务。一天，男的弹到一半，女的突然说，停下，你那个音符弹错了，男士一听很惊讶地说："你真的有听我在弹琴吗？""怎么没有听你弹，我天天都在听你弹啊。""你怎么都没有告诉我呢？"大师解读说，夫妻在一起就要彼此多沟通、赞美对方，常讲我爱你，你爱我，这就能促进两人之间的感情。临别时，大师还为他们书写"美满姻缘"条幅赠送给他们以示祝福。如今，虽然过去了很多年，但我们仍然记得大师当时的教诲。

由此，我很敬佩星云大师，他能把深奥的道理，用浅显的比喻讲得明明白白，深入人心。而且，还能让人把这些道理运用到生活实际中去。这与他多年潜心于佛教义理，巧妙利用各种形式提倡人间佛教，重视生活的佛法的实践作为分不开。

近来认真拜读了《人间佛教语录》一书。这本书是编者们从大师弘法八十余年，超过数千万字的精彩言论立说中，精选辑录而成。全书虽只有《禅门净土篇》《生活应用篇》和《宗门思想篇》三部分，但内容涵盖面极广。其中，给我印象最深刻的是《生活应用篇》。此篇中的语录涵盖了每个人生活的方方面面，比如"生活观、伦理观、修持观、处世观、生命观"等。大师用朴素的言辞,对这些现实生活问题,依据佛陀的言说和自己弘法多年的经验,为大家提供了很多真知灼见,读之,颇有启迪作用。

在日常生活中,我们常常会勉励自己和他人,对待生活要有平常心。然而,何谓"平常心"?又如何获得"平常心"呢?星云大师说,就是把饭吃饱,把事做好,把话讲好,待人恰如其分,凡事有分寸、尽责任,就是平常心。从做人的基本底线来说,最重要的是要有"惭愧心"。那么,何谓"惭愧心"?大师说,大家做人、说话、处事都要记住,不能对不起自己,也不能对不起别人。瞧,这些做法对每个人来讲,在现实生活中,都是很简单易行之事。

工作着是美丽的,然而,职场中纷繁复杂的人际关系,时常困扰着人们。如何把人管好?什么是管理学的最高境界?星云大师以人间佛教的精义做出了回答:"要把管理学好,自己必须具备'以众为我'的菩萨精神,例如,要能为人着想,能给人利益,肯帮助别人,让每个人'皆大欢喜'就是管理学的最高境界。"大师还提出"给人信心、给人欢喜、给人希望、给人方便"十六字作为佛光人的工作信条,若我们素日在工作中,待人接物,合作任务,也都能践行这十六字箴言,假以时日,在事业上定会有所成就。

"不俗即仙骨,多情乃佛心。"在这本《人间佛教语录》中,处处都能看得见星云大师对天地人的悲悯佛心。他提倡人间佛教,就是以引用佛教四生九有、法界平等的"天下一家,人我一如"的理念,让每个人"懂得保护自然,爱惜资源";让每个人"能自觉觉他,升华自我的生命,为自己留下信仰,为众生留下善缘,为社会留下慈悲,为世界留下光明"。

星云大师曾在日记里写道:"'人生至善'就是对生活乐观,对工作愉快,对事业兴奋,对宗教信仰。"余心有戚戚焉!为了能拥有这样一种"至善人生",获得一些力量支持,经常翻阅《人间佛教语录》一书,定会大有收获和裨益。

# 从"心"出发的管理学

**唐忠毛**

华东师范大学教授、博士生导师

华东师范大学宗教与社会研究中心副主任。

重要著作：《佛教本觉思想论争的现代性考察》《月印万川——佛教平等观》《佛教与中国传统艺术审美思维》《经卷遗存：长江流域民俗文化与艺术遗存》《中国佛教近代转型的社会之维——民国上海居士佛教组织与慈善研究》等。

星云大师《人间佛教管理学》一书辑于《星云大师全集》第十册，全书共收录了大师有关佛教管理学的论文二十七篇，内容涉及佛法的管理法、丛林的管理法、禅门的管理法、人间佛教的"治心十法"，以及大师的佛光山管理实践与日常弘法实践中的具体实例。书中不少论文立足于佛教经典本身，阐幽而发微，既有佛学思想启发的高度，也有随缘善巧的应用广度。

笔者将大师《人间佛教管理学》的核心思想与内容，概括总结为以下四个方面，供广大读者朋友们参考。

其一，般若与方便：人间佛教管理学的"体"与"用"

在星云大师看来，真正有效的管理不是用僵化的理论或教条式的套用能够实现的。要言之，佛法为"体"，管理为"用"，依体而起用，即用而归体。可以说，佛光山井井有条的管理成果，某种意义上就是大师人间佛教管理智慧的"依体显用"的过程，也是大师的般若智慧与善巧方便高度统一的结果。

因此，当很多局外人来探寻、研究佛光山的管理经验或向大师求教管理"秘诀"时，大师常常说："我对佛光山其实并没有什么管理。佛法'横遍十方，竖穷三际'，说起佛法的管理学，法法皆是管理学，如何能将'横遍十方，竖穷三际'的道理应用到管理学上，是非常重要的，因为管理学最主要的就是要关照到所有一切的关系。"笔者以为，这一人间佛教管理学的"体用"关系，是我们解读星云大师人间佛教管理思想的提纲挈领所在。

**其二，物事与人心：人间佛教管理学的"对象"与"次第"**

星云大师对于管理学的对象与次第关系有着清晰的认知与觉察。首先，大师将"物"的管理放在一个层次。大师指出：物是"死的"，你可以根据自己的想法去安排它们，也可以通过专门的技能学习来管理它们，使它们在一定的时间与空间中发挥最大的效用。相对于"物"，"人"的管理则难多了，因为人是"活的"，人心是变化莫测的。相对于他人的管理，自我的管理则更难。

大师指出，对于自我的管理最终还是要落实到"心"的管理，"心"的管理也是最难的管理，而佛教的优势恰恰就在于它能够通过佛法的学习与修持，从"身、口、意"三业入手，来管理自己的身心。由此可见，在星云大师的人间佛教管理学的次第架构中，大师是从"心"出发，以对"心"的管理为统率，进而来推进对人与物的管理。

**其三，慈悲与利他：人间佛教管理学的情感与道德原则**

在大师看来，人间佛教的管理学要从"悲智双运"出发，不仅要有智慧，更要有慈悲心。大师说："管理学不是叫你来管理别人，叫人家来牺牲，而是要给人以因缘，才是管理学的关键。要把管理学学好，先要给当事者欢喜、利益，让他乐于接受。"

因此，人间佛教的管理学就是要关照到他人的需要、满足他人的诉求与愿望，从而激发团队成员心甘情愿、自觉自愿地尽力去做事。大师还指出，我们在制定规章制度时可以严格一些，但在具体的执行时要有慈悲心，要考虑到给别人成长的机会。另外，在大师看来，管理的最终目的是要更好地服务社会，为社会排难解纷，而绝非为了满足一己的利益与私心。星云大师人间佛教管理学的这一情感与道德原则，对于现代管理学而言，无疑是有着重要的启迪意义。

**其四，行胜于言：人间佛教管理学的行动与身教原则**

注重知行合一，注重行动与身教也是大师一以贯之的思想与方法。在大师看来，领导者要想有号召力、有威信，首先你必须从自己做起，从身边的人做起，给团队成员树立榜样，以自己的实际行动去感召、引领有效的管理。研究佛学其目的，就是要学会管理自己的身心；而管理好自己的身心，其意义就在于将自己的行为规范好，将自己的心量打开，从而做到身教胜于言教的榜样作用。总之，一切管理学的根本意义在于能够有效地指导实践，否则流于空洞的理论，就毫无存在的价值和意义。

作为一门综合性的理论学说，现代管理学更多地与经济学、心理学、社会学、数学等紧密结合，并不断注重管理方法与技术的专业化。但与此同时，人们在管理实践中也越来越发现"人"在管理中的核心地位与作用。而在人与人心的管理方面，佛教智慧无疑能发挥独特的作用与启迪。可以说，星云大师的《人间佛教管理学》一书，就是对这一"人本"管理思想的高度关切与回应，是大师将佛教智慧与其亲身管理实践高度融合起来的思想结晶。

# 自力和他力的统一

自新冠肺炎疫情在湖北武汉暴发后，肆虐于整个中国大地，随后在世界几十个国家和地区也相继出现新冠病毒，给人类带来了极大的痛苦。

还在疫情的初始阶段，星云大师就第一时间响应，撰写了《为新冠肺炎疫情向观世音菩萨祈愿文》，亲自录制了《为医护人员祈愿文》，为奋战在抗疫第一线的白衣天使们祈福，为饱受瘟疫折磨的广大民众祈福。在《佛光祈愿文》中，也有一篇《为医护人员祈愿文》，其中说：

　　慈悲伟大的佛陀！
　　说来是多么的恐惧！
　　这个世间上的人多数都患有病苦，
　　有的身体上患了老病死的疾病，

**王颂**

北京大学哲学宗教学系教授

北京大学佛教研究中心主任、中国宗教学会理事、中华日本哲学会常务理事。主要研究方向为中日佛教、华严学。

重要著作：《宋代华严思想研究》《日本佛教：自佛教传入至二十世纪》《华严法界观门校释研究》《中国佛教影像集成·晚清民国》（北京卷、合著第一作者）等。

有的心理上患了贪嗔痴的毛病。

惟有佛陀您是世界上

最伟大的医王,

您不但能助人病体康复,

而且能助人心病痊愈。

甚至,您还鼓励我们探视病苦,

告诉我们:

"八福田中,探病为第一福田。"

慈悲伟大的佛陀!

许多医护人员追随您的脚步,

为人间写下了温馨的历史。

仁心仁术的医生如同佛陀一样,

克尽职责的护士如同观音菩萨,

他们忙碌的身影穿梭在病床之间,

只希望为患者带来安心;

他们不分昼夜辛苦地守护着病人,

只为了让患者早日康宁。

……

愿医护人员以及他们的家人,

都能福寿绵延,

都能平安吉祥。

……

大师慈悲、庄重、亲切的声音,给医护人员和染病患者送来清凉,送来安详，拂去内心的煎熬与不安。我和亿万民众一样，受疫情影响，深居简出，在微信中看到、听到大师的祈愿文，感动不已。在此特殊时期捧读大师的著作，更是别有一番滋味。恰逢星云文化教育公益基金会和佛光山人间佛教研究院邀请我谈谈拜读《星云解惑 1·佛教对宗教之间的看法》一文的心得体会，我就结合新冠肺炎疫情以来的点滴见闻，讲一点自己的浅显看法。

但凡人类流传至今的伟大宗教传统，都祈愿世界的和平与人类的福祉。基于此，在当今时代和世界，我们提倡宗教对话，求同存异，期待宗教为构建人类命运共同体发挥更积极的作用。这一次瘟疫，宗教团体和信众做了不少感动人心的事情。例如 2020 年 2 月 16 日，数百名犹太教拉比和信徒聚集在耶路撒冷哭墙前，为中国民众祈祷。其中一位拉比说："他们与我们的心并不遥远，我们可以感受到他们的痛苦。那些患病的人、被隔离的人，以及因此感到恐惧的人们。我们更加敞开心扉，祈求上帝的怜悯，让他们能完全康复。"

伟大的佛陀创立佛教，就是看到人间生老病死之苦，佛教经典中充满了拔苦与乐、解众生于倒悬的教诲。佛陀被尊为"大医王"，正如星云大师所说，不仅使我们的身体康复，还让我们的心灵痊愈。

在本次疫情中因日本友人引用"山川异域，风月同天，寄诸佛子，共结来缘"的偈颂，让我们想到不畏艰难、东渡扶桑的鉴真大师。鉴真大师传佛法、戒律到日本，同时还带去了医药技术，被日本人尊为"药圣"。星云大师和鉴真大师是同乡，继承了鉴真大师慈悲济世的精神。

从以上事例可以看出，佛教除了倡导慈悲为怀的精神，还倡导身体力行的实践，许多高僧大德悬壶济世，治病救人。佛教团体兴办医院、养老院的善举更成为了一种传统。

这样的特点，我们在闪米特宗教即犹太教、基督教、伊斯兰教中也可以看到类似的例子。这也可以说是宗教之间的共通之处。不过从病患者的角度，佛教与其他宗教的看法并不完全相同。当病患侵袭时，闪米特宗教更强调祷告的形式。《圣经》告诉我们说，"信"不仅是进入天国的手段，也是解除疾病的手段。除了上面提到的犹太教徒的例子，我们还看到美国副总统彭斯被特朗普总统任命为新冠肺炎疫情管理委员会的负责人，当他主持第一次委员会会议时，先率领全体成员进行祷告。这些例子都说明，闪米特宗教仰赖上帝的恩典和力量，他们认为惟有藉此才有奇迹的发生。

而佛教则更强调自力和他力的统一。《大般涅槃经》上说："世尊！如来已免一切疾病，患苦悉除，无复布畏。世尊！一切众生有四毒箭，则为病因。何等为四？贪欲、嗔恚、愚痴、憍慢。"佛教认为，我们所有的疾病都来自四毒，四毒是病因，如果不断除此四毒，就不可能彻底消灭疾病。

因此，正如星云大师《祈愿文》所说，我们向佛陀祈愿，祈求他的加被和祝福，但我们还要自己努力，要靠医务人员的医术和奉献精神，靠患者坚定的信念和良好的心态，才能战胜病魔。最终，我们要靠自身的觉悟，才能彻底摆脱疾病的困扰。

# 自利利他，僧伽的双重责任

中国佛教经历隋唐时期的辉煌，渐趋颓势，降至清末，烽火不断，民不聊生，不少出家人不得不以"超度亡灵"的法事活动为生，成为名副其实的"呷教"的和尚，佛教也被人们误解为"超亡送死"的"死鬼佛教"。太虚大师对此怪异现象有如下评说："此我国僧尼百年来之弊习，而致佛法不扬，为世诟病之一大原因也。"

1928年，不惑之年的太虚，经过十五年的理论探索和实践创新，提出中国佛教应当朝着建设"人生佛教"的方向发展。星云大师在发扬光大"人间佛教"的理论基础之上，将这一理念创造性地付诸实践，成为启迪人生、改造社会的重要力量。"人间佛教"的理念深入人心，兴盛一时，显示着其强大的生命

**净因法师**

南京大学教授、博士生导师香港大学客座教授，中国佛教文化研究所执行所长，香港学术及职业资历评审局学科专家，香港宝莲禅寺方丈，中国佛教协会名誉理事，香港佛教僧伽联合会副会长。曾担任香港大学佛学研究中心总监。

重要著作：《六祖坛经导读及译注》《金刚经·心经导读及译注》《净土三经导读及译注》《逆境中的从容》《安忍精进》《佛智今用》等。

力，太虚大师、星云大师因而也成为世人敬仰的宗师。

如果把《星云解惑2》一书中《我不是"呷教"的和尚》的三篇文章，放在这样的历史背景下进行阅读、思考，将越发感受到星云大师的良苦用心，更能体会到该三文的时代价值。

1982年秋，我在扬州大明寺出家不久，不少人便用同情的口吻问我："年纪轻轻的干什么不好，为什么想不开要选择出家这条路呢？真的看破了红尘？还是家境不好，在社会上遇到了挫折，弄到靠佛吃饭的地步？"

这些问话给我很大的压力。师父得知后开导说："狮子身上虫，还食狮子肉。佛陀早有预言，僧团中靠佛吃饭者过去有，现在有，将来还会有，社会上一般人士只是讲述了自古以来一直存在的现象罢了，有什么好生气的呢？你若不想成为'呷教'的和尚，就应该像星云大师那样，要有'佛教靠我，我不要靠佛教'的志气和气魄。"这是我第一次听到星云大师的名字，大师的话更令我震撼，成为我人生的转捩点。

1982年11月，我来到南京栖霞古寺读书，少数学僧不好好读书，茗山长老、圆湛长老再一次提到星云大师的名字，讲述大师为教争光的故事：星云大师在南京栖霞律学院、焦山佛学院读书时，因学僧多，大师那时看起来很小，又安静，平时基本很难注意到他，但他优良的考试成绩吸引了老师们的注意力。那时他便有绝不做"呷教"的和尚的决心，一心用功读书。而今，星云大师建寺安僧，办学兴教，弘法利生，把佛法传遍五大洲，把佛陀智慧的种子撒遍现代人的心田，生根发芽，茁壮成长。佛教因大师而庄严。

多年来，两位长老的话一直在我耳边回响。大师是扬州人，我以有这样一位老乡而骄傲，大师一直是我心中的偶像。每当我在学习、教学、管理寺院遇到困难时，自然会想起大师的话，"我不是'呷教'的和尚"，这句话看似平淡，却充满力量，时刻激发我为教争光的斗志。

据南传《律部》记载，当佛陀训练出六十位证果的罗汉后，佛陀鼓励他们说："比丘们啊！为了芸芸众生的幸福，为了人天的利益，出于对世间的悲悯，你们每一个人都沿不同的道路去弘法吧！"这一公案揭示了不做"呷教"的和尚的不二法门。首先，我们必须勤学苦修以自利，方能练成不做"呷教"的和尚的基本功；其次，我们必须承担起弘法利生的家业，才有星云大师那种"佛教靠我，我不要靠佛教"的底气与自信。

星云大师用他的一生，生动地诠释了僧伽的双重责任——自利利他，更是对"我不是'呷教'的和尚"这一信念，最具体的践行！

# 三、教科书类

# 教理通识教科书的智慧启迪

**陈永革**

浙江省社会科学院哲学研究所所长、研究员

浙江省宗教研究中心主任，浙江省哲学学会副会长，浙江省级哲学社会科学重点基地"浙学研究中心"学术委员会主任、首席专家。专攻中国佛教与中国哲学。重要著作：《晚明佛学的复兴与困境》《晚明佛教思想研究》《佛行人间：佛教社会观》《人间潮音：太虚大师传》《民国浙江佛教研究》《阳明学派与晚明佛教》《近世中国佛教思想史论》《浙学与佛教》等十余部。

随着佛教被纳入现代知识教育的开放视野，各种类型的教科书各适其用，层出不穷。佛光山向来重视佛教教科书的建设，并曾于1999年出版了由星云大师编著的《佛光教科书》十二册，影响甚巨。《星云大师全集》（以下简称《全集》）收入"教科书"系列，不失为顺理成章之举，尽管在内容编排上全然有别于《佛光教科书》。

"教科书"系列，见录于《全集》第十三册至三十一册。其中，作为起首的第十三册，为《全集》十二大类中第三大类之开篇。本册主题为《佛教·教理》，其他诸册内容则包括经典、佛陀、弟子、教史、宗派、仪制、教用等。于此可见，《佛教·教理》在"教科书"系列的基础地位。而基础性与共同性正是通识类教科书的典型特征。离开了基础性和共同性，就不成其为通识。更进一步说，基础性与共同性最终构成了通识教科书所具备的普遍性。在此意义上说，具有普遍性正是《全集》教科书系列的首要特色。

通识教育可以说是当代佛教教育体系中举足轻重的现实路径。《全集》第十三册作为"教科书"系列之始，其主题确定为"佛教·教理"，这就意味着"佛教·教理"具有从佛教通识到通识佛教的通贯性。既然教理是普遍的，同时也应该是普及世间（普世）的，就完全不必拘泥于传统的大小乘来区分佛教教理。佛教义理，体博思深，但不妨一册在手，即能对"佛教·教理"具备全面而系统的识见，对于佛教教理的学思结构与实践精义，进行完整、通贯，做到一目了然，简洁明确。

佛教通识之通在于贯通。要真正体现佛教教理学结构"连贯性"，殊非易事。本册全篇共分十八章，但在阐释方式上则突出主题明晰的"问题意识"。本书以《怎样做一个佛教徒》为开篇，第三章《佛教的真理是什么》、第十七章《如何实践佛法》，都以要言不烦的提问方式来体现佛法义理的完整结构，具有很强的实践主题，能够充分解答佛教修学者的现实疑惑，同时具有鲜明的与时俱进的时代性。

时代性（或者是现代性），可谓是本册的第三个特色。教理既源于佛教传播的历史传统，同时又根植于佛法修学的时代实践。本册阐述突显"教理"主题，如把缘起、四圣谛、三法印视为根本佛法；把佛教的真理则归结于空、业、因果、中道，所有这些无不是佛教理论体系的核心内容。在此意义上，佛教的教理结构具有超越时空的现代性。于此，本册诸章的相关标题，其耀眼的时代意识，让读者无不具有耳目一新之感，如第四章《佛教的主观与客观》、第五章《佛教的自我》，更不必说第十一章至第十三章分别讨论《佛教的时空观》《佛教的宇宙观》《佛教的人生观》等内容。

基于佛教教理阐释的时代意识，可以自然呈现佛教教理不可或缺的社会关怀，这就是佛教教理一以贯之的人间性。

本册内容在编排方式上通过第十四章《佛教的净土思想》，提出了《人间佛教的净土》（第十四章第三篇），此后第十五章、第十六章则是《人间佛教的建立》《人间佛教的生活》，从而将星云大师一生弘法的人间佛教思想，纳归于佛教教理的整体脉络。星云大师曾经指出："人间佛教的传播，一方面固然要迎合时代的需要，但也要有传统佛法为根据。"教理体系即是佛法传播的根本理据。人间佛教的应世而兴，既随顺于传统佛教教理的历史进程，更呈现出佛教教理的当代形态。

教理之教，既是佛陀的经教、言教，更是佛陀的教化、教导。由经言教，因教理世，是为教理。作为佛教传统的基础构成，佛教教理不仅意味着面对佛陀教法的如理解说，意味着教理传统的概念与辨析，更意味着源于传统教理的信仰实践与修学行动。正是在此意义上，佛教教理最根本的特色，必定立足于现实的佛法实践，佛陀教法的本色必定通过佛教徒的信仰实践而呈现出来。

有什么样的佛教徒就有什么样的佛教，而不是相反。星云大师所说的"人要的（佛教）"，未尝不是"人信而行的（佛教）"。佛教教理之真，意味着佛法大义之真、佛法大义之行、佛法大义之觉、佛法大义之证，信解行证无不在其中。佛法真义，其根本在于"真"，未可须臾脱离于真信、真解、真行、真证、真觉、真理。所有这一切，必然要求佛教突出其无所不在的实践性。

佛教既是行动化的信仰，更是信仰化的行动。信仰的实践性与行动的实践性在回归佛陀本怀的意义上相互贯通。因此，佛教教理的根本，在于如何实践佛陀教法。只有如实、如理、如法地解答如何实践佛法的根本问题，才能回答佛教如何普及人间的行动问题。这正是佛教教理化导人间的普世实践之所在。无论是"教科书式"的通识佛教，还是佛教通识，最终归于充满人间关怀的通行佛教与佛教通行。于此，佛教教理的系统阐释必将影响到时代弘法的实践内容。这正是《佛教·教理》给读者的智慧启迪。

# 法藏津梁

**方广锠**

上海师范大学教授

哲学博士。曾先后在上海、新疆、北京求学与工作。

主要著作：《印度文化概论》《佛教典籍百问》《佛教大藏经史（八—十世纪）》《敦煌佛教经录辑校》《佛教志》《敦煌学佛教学论丛》《印度禅》《英国图书馆藏敦煌遗书目录》《道安评传》《渊源与流变》《敦煌遗书散论》等二十余部。

2019年6月，《星云大师全集》（简体字版）全一〇八册在北京新星出版社出版，成为佛教界、出版界的一件大事，自然也是学术界关注的一件大事。星云大师半个多世纪以来"人间佛教"的实践，已成为中国佛教当代史的重要组成部分，将来，无论谁要研究20世纪下半叶以来的中国佛教，都必须重视这一实践，研究这一实践，总结其丰富经验以及其中蕴藏的中国佛教的发展规律乃至佛教的发展规律。无疑，届时《星云大师全集》将成为研究者不可或缺的宝贵资料。

全集一〇八册，精彩纷呈。其第十四册为《佛教·经典》。该卷分为两章：

第一章，经典之部。收入《八大人觉经》等三十三目三十六部，均为域外传入的翻译佛典，除了现在一般被视为应归为大乘律的《梵网经》外，均为传统意义上的佛教大、小乘"经"。

第二章，祖师著作，收入《八识规矩颂》等三十一部，均为印度、中国历代高僧撰述或编纂的著作。就印度佛教而言，其中既有号称小乘百科全书的《俱舍论》，也有中观、瑜伽行等诸系的基本典籍。就中国佛教而言，既有华严、天台、禅宗等宗门重典，也有《法苑珠林》《经律异相》等佛教类书，《大唐西域记》《高僧传》等佛教史专著，还有《弘明集》《广弘明集》等体现佛教中国化进程的重要著作。

近几十年来，随着社会的发展转型，对佛教感兴趣的人越来越多，但很多人反映佛经很难读。若干年前，我曾经写过一篇小文章《怎样读佛经》，对这一问题做了简单分析，提出佛经难读的七条原因，第一条就是佛经的数量太大。据我粗略估计，仅仅汉文佛教典籍总数大约有四亿五千万字。其中既有可以追溯到释迦牟尼时代的作品，也有其后千百年间不断出现的新的经典。不同经典的思想倾向不同，又各自拥有权威性。

佛教经典的这一特点，反映了佛教的固有品质——包容性。包容性反映了佛教的博大胸怀，善于吸收各种各样不同的思想与观点来充实自己、发展自己，所以佛教能够在不同的时空环境中不断地焕发生命力。从消极的角度来讲，包容性也使佛教内部理论繁杂，派别林立。这自然给学习佛教的人带来极大的困难。这么多的佛教著作，真所谓"法海无涯"，究竟从哪里去着手学习呢？这使很多对佛典感兴趣，希望能够深入经藏，学习佛法的人士感到困惑。

本书对所收的六十七部佛典逐一作了有针对性的疏释诠解，可谓应时应机。

如开篇的《八大人觉经》，全经原文仅五百字左右，论述佛弟子应该时刻持念的八种觉知，可谓佛教修持的基本纲要。由于它十分重要，历来与《佛遗教经》《四十二章经》合称"佛遗教三经"。但它仅五百字，叙述相当简略。本书则用十四页的篇幅，通过列表、文字两种方式，对《八大人觉经》做了详尽的疏解。

本书对所收佛典，有的做疏释，如上《八大人觉经》；有的作科分，如《盂兰盆经》；有的提纲挈领，如《大般涅槃经》《金刚般若波罗蜜经》；有的行文中兼译白话，如《那先比丘经》。无论哪种方式，内容精要周遍、简洁明了，行文直入重点、深入浅出，文字浅显易懂、流畅易晓。

为便于读者掌握，往往附有图示，有的则附有相关注疏目录，处处为读者着想之老婆心，令人心折。如书脊所示，本书最初作为教科书，故每篇后面均附有"习题"。这些习题与本文形成一个整体，可以供学习者复习与深入思考，亦令人赞叹本书构思之周密。

佛教主张：苦海无边，以六度为舟楫。同样，法藏无涯，亦需津梁。本书可谓法藏津梁，人们可以藉此深入法藏，探寻佛法。

时值庚子，天下苦疫。承命撰文，感慨系之。愿疫情早日平复，众生离苦得乐。

《佛教·佛陀》

# 问渠那得清如许？为有源头活水来

皇皇巨著《星云大师全集》，不但是星云大师个人一生佛教生涯的真实写照，而且也是"人间佛教"思想在当代的全景展示，说它是当代"人间佛教"的大藏经亦未尝不可，甚至就应该这么说。

众所周知，星云大师少年出家，筚路蓝缕，百折不挠，以"驀直去"的禅宗精神弘扬"人间佛教"，最终成就了"佛光普照三千界，法水长流五大洲"的"人间佛教"千秋伟业，堪称当代佛教世界的一道美丽风景，而《星云大师全集》就是"人间佛教"这道美丽风景的"写真集"。

《星云大师全集》简体中文版共一〇八册，其中第十五册是题为《佛教·佛陀》。在这一册中，星云大师以一个个生动形象的故事来介绍佛陀一生的

**陈坚**

山东大学教授

山东大学哲学与社会发展学院副院长、佛教研究中心主任、宗教学系主任、宗教学专业博士生导师。

重要著作：《"会三归一"与"开权显实"——天台学研究》、《应用佛学——佛教对中国社会生活方式的影响》、《闻是佛学研究》（主编）、《无分别的分别——比较宗教学视野下的佛教》、赖永海主编十五卷本《中国佛教通史》"天台宗史"部分、《心悟转法华——智𫖮"法华"诠释学研究》、《无明即法性——天台宗止观思想研究》、《烦恼即菩提——天台宗"性恶"思想研究》等。

言行事迹,并透过它们来表达佛教"世出世间"的道理。这些故事并非是小说家之杜撰,而是星云大师从佛教经典中精心挑选出来后,再用当代人听得懂的白话来加以讲述,从中我们不难看出,佛陀分明是一个人而不是一尊神,他也像你我及街头巷尾的其他男男女女一样,也有喜怒哀乐,甚至也会生病,只是他已经觉悟了,成了众生的"大导师",行教化于人间,寓佛法于日用,讲经说法,通俗易懂,"极高明而道中庸",度众生无数。

总之,无论从形式上还是内容上,《佛教·佛陀》这一册都将"人间佛教"平易近人的性格表现得淋漓尽致,而这又不禁使我想起了朱熹那著名的诗句"问渠那得清如许?为有源头活水来",因为在我看来,星云大师在《佛教·佛陀》中所讲述的佛陀那些故事就是"人间佛教"的"源头活水"!

作为一名从事佛教研究的学者,我曾跟佛光山有过很多学术接触,甚至也有机会聆听星云大师的开示。在这个过程中,我深切地了解到,星云大师一直在强调佛教就是"人间佛教"这个观点。他老人家总是说,他虽然为"人间佛教"做了一点事,但"人间佛教"不是他发明的一个佛教宗派,"人间佛教"乃是佛陀的本怀,也就是说,佛陀所创立的佛教,原本就是"人间佛教",只是佛教在其后来的演变发展过程中,由于各种各样的原因,人们把"人间佛教"给掩盖了,或者说给忘了,以至于产生种种脱离"人间佛教"正法的粗鄙流变,从而导致中国佛教在近现代的极度衰落。

星云大师正是在这种背景下致力于拨乱反正,正本清源,让佛教回归佛陀的本怀以从中引出"人间佛教"的"源头活水"。为了实现这一愿景,星云大师首先在撰写于1955年的《释迦牟尼佛传》中,展示了释迦牟尼佛作为"人间佛陀"而不是"坊间神佛"的形象,这显然是"人间佛教"的根本所在,因为只有"人间佛陀"才能开创"人间佛教"。而现在放在我面前的这一册《佛教·佛陀》,则是星云大师发挥自己善于寓玄奥佛理于通俗故事的文学才华，在《释迦牟尼佛传》的基础上，通过讲述佛陀在人间行化的一个个鲜活故事，进一步丰满了"人间佛陀"的形象。

"人间佛陀"为人间服务，在这些故事中，佛陀"以佛法为方法"，亦即星云大师所说的"有佛法就有办法"，兢兢业业地为人间众生解决种种问题和烦恼，以体现其人间关怀，涵盖贫富贵贱，涉及人生百事，从佛教修行到工作谋生，从家庭生活到治国理政，从吃喝拉撒到疾病死亡，林林总总，汇成"人间佛教"汩汩而涌的"源头活水"——星云大师之所以能带领佛光山僧团将"人间佛教"做到"法水长流五大洲"，其中一个重要原因，就是"为有源头活水来"。正是有了这"源头活水"，"人间佛教"才像一股佛教清流流遍了五大洲。

行文至此，我们不妨将佛光山山门对联"佛光普照三千界，法水长流五大洲"与朱熹的"问渠那得清如许？为有源头活水来"合成一首诗，即：

佛光普照三千界，法水长流五大洲；
问渠那得清如许？为有源头活水来。

# 何谓"佛弟子"?

**张家成**

浙江大学人文学院哲学系副教授

浙江大学中国思想文化研究所副所长、佛教文化研究中心执行主任。主要从事中国哲学及佛教哲学的教学与研究。

重要著作:《虚云和尚传》、《中国佛教文化》、《神圣与世俗》、《宋元时期的中日佛教文化交流》、《永明延寿禅师文集》(点校)等。

"人能弘道,非道弘人。"

两千五百余年前,释迦牟尼在古印度摩揭陀国菩提伽耶的一棵菩提树下开悟成佛以后,便到鹿野苑为憍陈如等五比丘宣说"四圣谛"的教法——史称"初转法轮"。由此,"佛、法、僧"三宝具足,标志着佛教的正式创立。

释迦牟尼成道以后,其传教的区域主要在以摩揭陀国与憍萨罗国为中心的恒河流域的中印度一带。直到佛灭度后一百年,随着第一个统一印度全境并且大力推动佛教向外扩张的孔雀王朝的阿育王出现,佛教不仅传至印度全境,而且还通过阿育王所派遣的使者,将佛教传至周边锡兰、罽宾(今克什米尔)等地,开始成为世界性的宗教。可见,自佛陀之后,正是一代又一代无以计数的

"佛弟子"为续佛慧命而不懈努力，才有今日佛教在世界范围内的广泛弘传。一部世界佛教史，正是历代佛弟子追求解脱及弘传佛法的历史。

星云大师《佛教·弟子》一书，精心选录了包括中国、印度、日本、韩国、泰国、锡兰以及英、俄、德等国历史上精进修道，并对佛法的弘传与发展有突出贡献的高僧大德、护法弟子等共九十七人，"记录其行谊，略陈其所为，推崇其影响，作为后世佛弟子修道的典范"。笔者拜读大师此著，在由衷赞叹这些高僧大德感人事迹的同时，也深深感到"佛弟子"之于佛教的弘传、发展，意义十分重大。

那么，何谓"佛弟子"？中文"弟子"一语，较早见之于《周易》"师卦"爻辞："长子帅师，弟子舆尸，贞凶"，原是指"为人弟与为人子者。"汉代起，"弟子"一词即主要指"学生"，也就是从事知识学习的青少年学生。从中国传统文化角度来说，一个合格的弟子应具备一定的规范和要求。据考证为战国时齐国稷下学者所著、收入《管子》"杂篇"的《弟子职》一文中，特别强调学生应"尊师""重道"，即突出了"弟子"的品德教育、习惯培养的重要性。儒家文化尤其强调弟子要学习圣贤经典，做圣贤弟子。

而在佛典中，"弟子"一语，多由梵语 śiṣya 翻译而来。"śiṣya"，音译室洒，意译所教，即从师受教者。不过，佛教视域中的"弟子"一词，除"学生"之意，另有其独特的含义。据慧远《维摩经义记》卷二："学于佛陀之后，故称弟；闻佛法之教化而生解，故称子。"可见，佛典中的"弟子"就是指"佛弟子"，即信奉佛陀教化的僧信弟子。星云大师《佛教·弟子》一书，在"弟子"一语前冠以"佛教"两字，"佛教·弟子"并列以为书名，或许正是意在突显"佛弟子"与世俗社会的弟子、学生概念的不同之处。

那么，"佛弟子"的标准是什么？成为一名佛弟子应具备什么样的条件和要求呢？

佛陀在世时，"佛弟子"主要指能够亲近佛陀受教的声闻弟子（比丘）。后来，"佛弟子"的范围逐渐扩大。所谓"四众""七众"乃至"八众""九众"等说法，均称佛弟子。其中不仅有出家人，还有在家人；不仅有男性弟子，也有女性弟子。这些名称各异的佛弟子之间的差别，某种程度上取决于所受戒律的不同。

戒律，是佛弟子的基本行为准则。受持不同的戒律，往往意味着具备不同的道德标准。一般认为，若要有资格成为一名比丘，必须先成为沙弥；而沙弥则须先受三皈五依，成为一名三宝弟子。可见，若要成为一位合格比丘，其身心清净，志行高洁，应远高于世间"好人"的道德要求。佛教有句古训："出家乃大丈夫事，非将相所能为。"正表明出家人应是圣贤之典范，故堪为"人天师表"。

在唐善无畏大师讲解、一行禅师笔录的《大日经疏》卷四中，记有"弟子十德"之说，即"信心、种姓清净、恭敬三宝、深慧严身、堪忍无懈怠、尸罗（指戒行）净无缺、忍辱、不悭吝、勇健、坚愿行"。虽然"弟子十德"是佛教密宗对于欲受灌顶的弟子应具备的十项德行要求，但也不妨视为佛教关于一名正式合格的佛弟子的道德标准。

因此，在佛教视域中常以"高僧大德"并称，或以"大德"表示对那些德行具足且精通佛法之佛弟子的敬称。如隋唐时期凡从事译经事业者，特称"大德"。玄奘大师译经僧团中就有"证义大德""缀文大德""字学大德""证梵语梵文大德"等。

然而近代以来，"大德"一词已广泛使用，成为佛教一般性之礼称。凡对有德有行之人，不论其出家、在家，均可以"大德"尊称之。而这也意味着，随着时代的变迁，"佛弟子"一语的含义及其所指都有一定程度的变化。现代意义上的"佛弟子"，一定程度上表现为轻于外在形式而注重内在精神的价值取向。

在星云大师《佛教·弟子》一书收录的近现代"佛弟子"中，国学大师章太炎、思想家梁启超、佛教史学者汤用彤，以及英国佛教瑰宝李斯·戴维斯、俄国佛学家彻尔巴斯基等，皆是以学术研究的方式弘传佛法。

这些现代佛教学者，显然已不是传统意义上的"佛弟子"。但是，他们运用现代学术范式解读、诠释佛教，契合了近现代社会众生的根机，因而对于佛教在当代世界范围的弘传意义十分重要。这也正是"人间佛教"思想的应有之义。《佛教·弟子》一书中将他们选入，或许正体现了星云大师人间佛教的"佛弟子"观。

# 点亮心灵的智慧明灯

**张文良**

中国人民大学教授、博士生导师

中国人民大学佛教与宗教学理论研究所副所长，兼任日本印度哲学佛教学会评议员。主要研究领域为中国佛教华严宗和日本佛教。

重要著作：《澄观华严思想研究》《批判佛教的批判》《日本当代佛教》《东亚佛教视野下的华严思想研究》等。

读史可以明智，知古可以鉴今。如同学习哲学，首先需要学习中外哲学史，学习佛教，同样需要佛教史的学习。通史类的佛教史，中外学术界已经有诸多的研究成果。但星云大师所著《佛教·教史》在同类著作中仍然具有特殊的价值和意义。

佛教史的研究，从方法论上可以区分为"佛学者"的研究和"学佛者"的研究。前者标榜一种价值中立的研究，即基于客观史料，通过考察分析，复原真实的佛教历史。而后者则倾注自己的宗教热情，通过撰述者、历史史料、读者之间的互动，重构佛教的历史。由于研究方法不同，其研究目标也迥异。前者在著作出版之后就大功告成，读者需要的只是被动地学习，掌握相关的佛教史的知识；而后者则需要读者在阅读过程中，不断地和作者进行心灵对话，在这种不断对话中，完成佛教史的赓续和发展。前者的佛教史是思想史，是完成形态的、封闭的历史；而后者的佛教史则是心灵史，是开放的、不断生成的。

星云大师的佛教史是典型的"学佛者"的佛教史。这部著作结构严谨、视野弘宏，既具有历史的纵深感，从佛教的创立讲到人间佛教在当代的开展，又具有空间的涵盖性，从佛教在印度、中国、日本等东方诸国的兴盛，讲到佛教在当代五大洲的传播，使读者对佛教的历史有一个完整的、立体的把握。从叙事风格上，这部著作保持了大师一贯的平易朴实、娓娓道来的风格。读者阅读此书，如与一位智者进行对话，在轻松愉快的节奏中获得知识的增长和智慧的启迪。

佛教史研究长期以来坚持史料导向，是一种建立在史料学基础上的思想史研究。这种研究在构筑近代佛教学体系方面当然有其独特的学术价值。但如果将这种方法绝对化，甚至视为惟一正确的方法，就可能将佛教史的研究变成一种知识考古学，即完全以复原和再现历史的真实作为研究的目标。且不论这种复原和再现在多大程度上能够接近真实的历史，即使我们假设它能够百分之百地复原历史，这种历史能够给予我们什么启示，仍然是不明确的。尤其是关于佛教的历史，我们所期待的绝不仅仅是冷冰冰的史料，而是期望从历史的叙述中获得智慧的熏陶、心灵的感悟。从这个意义上讲，佛教史的研究除了史料导向，还必须有问题导向。

我们在星云大师的佛教史中，恰恰看到这种明确的问题意识和问题导向。如关于佛教的诞生，我们看到释迦牟尼佛如何在苦行和放纵欲望的两端确定了中道的价值观，从而成为直到如今仍然指导我们生活的法则；大乘佛教的诞生源自人类"他者"意识的觉醒，菩萨道的精神极大地扩展了人类的精神边界；中国禅宗的出现将"道"落实到人们的日常生活之中，所谓担水劈柴无非妙道，从而打通了超迈的彼岸世界与眼下的此岸世界；人间佛教则使佛教由寺院走向社会、由山林走向巷陌、由精英走向百姓、由东方走向世界。

读完星云大师的"教史"，我们更清晰地看到人间佛教出现于世间有大事因缘。它是向佛陀立教本怀的回归，是大乘利他精神的彰显，是禅宗人间性、生活化的当代实践，是最契合当代人生活特质和精神特质的佛教形态。

世无佛陀出，万古如长夜。两千五百余年来，佛教的智慧明灯被一代代高僧大德所守护，点亮了人们的心灵，给予佛教徒无穷的精神力量。星云大师的《佛教·教史》就像一部灯录、灯史，将智慧的光亮聚起，再照射到读者的心田。愿有缘者，不仅读到大师的文字，而且能够触摸到大师文字背后那颗慈悲、智慧的心。

# 无诤之法，并立之宗

自佛法东传，法鼓振于中土，法螺吹于震旦，中国佛教落地生根，渐次发展，经六朝之风流积蕴，终至隋唐而开花结果，莲敷子成。一时立宗分派，演教参禅，令中土佛法绘绚烂之图，呈锦绣之景。其中教下以博大繁复之系统而展其恢宏气势，宗门则因峻严绵密之机锋而现其自在境界，可谓各领风骚，各得其妙。

然，法无定法，宗旨惟权，无论教下宗门，其之开示点化莫非"药"也，对"病"而出，对"机"而设，岂可不对病施药，不因人讲法乎？若不见"病"而给"方"，不对"人"而讲"法"，专攻"药学"而忘"病理"，以"药"为"食"，岂不有舍本逐末之过失、买椟还珠之笑谈乎？应知，佛陀，大医者也，

**吴忠伟**
苏州大学教授

苏州大学哲学系主任，戒幢佛学研究所、江苏尼众佛学院兼职研究生导师。重要著作：《结盟之心——"己"与早期中国哲学》、《宋代天台佛教思想研究》、《圆教的危机与谱系的再生——宋代天台宗山家山外之争研究》、《善与恶——天台佛教思想中的遍中整体论、交互主体性与价值吊诡》（译著）、《中国天台宗通史》（合著）、《智圆佛学思想研究》、《中国佛教通史》（参著）等。

不尚玄谈，但症治众生之苦也。

星云大师者，人间佛教之行者，世所仰止之人文大师也。大师少怀出尘之志，有济世度人之宏愿。故其早持生花之妙笔，运无碍之辩才，施善巧方便之智慧，践常人难忍之愿行，历无数风雨艰辛，成就佛光山之伟业，展现人间佛教之美好。

大师是"行者"，也是"智者"，时时于事中悟理，因教而益行，遂使其践悲行有文字般若之指引，入教海悟法法皆通之妙趣。故大师于三藏教诲，涵泳自在，于宗门教下并无轩轾，于台贤二宗不判圆别，证无诤之法，立八宗之旨，可谓难得，可谓上智。是以大师有学问家之渊博，而无书斋学者专业之藩篱，以其人间佛教"禅者"之智慧，了"知"无高下，但有真伪，"知"即"行"，"行"即"知"，"知行合一"方为"真知"。故于宗门教下，大师以欣赏者之态度，等视之，赞美之。恰如四季皆景，春有花之烂漫、夏有日之炽热、秋有月之清凉、冬有气之凝肃，宗门教下、八宗分别，亦各有其美，各示其妙，不独自美，"美美与共"方为正的。

是以，大师对诸宗（十宗）之照单全收，非止于"收"也，而有提起统摄之意，故夹叙夹议，每于平述诸宗之外，特拈出一段，点示一句，以明此宗"人间佛教"之意趣：禅有放下生死之潇洒自在，净有老实念佛的灵验功效，律有尊重他人而得之自由，密有对治身心之不思议大用，台有教观并运之双美，贤有圆融平等之境界，唯识有法为心识所现之证明，三论有证无所得之思辨，乃至俱舍有其复杂细密之分类，成实有其概念分析之趣味。经此点示，凡此诸宗非止书斋学问，而现其人间佛教之妙义。

《星云大师全集》之《佛教·宗派》一书，乃中国佛教宗派提纲挈领之百科，人间佛教法门应用之宝典，一卷在手，可体悟到大师之智慧与胸怀。以临济传人、佛光宗座之身份，证无诤之法，立诸宗之旨，宣人间佛教之义。星云大师向世人展示了一个真正的禅者形象，为走向全球之中国佛教树立了一个光辉的人格典范。

# 佛光普照三千界

**夏德美**
中国社会科学院世界宗教研究所副研究员
重要著作：《南朝僧尼与佛教中国化》《晋隋之际佛教戒律的两次变革》等。

佛教是什么？是哲学家的高谈阔论？是芸芸众生的祈福求佑？是隐居山林胜处的清净闲适？是人生落魄时的消极逃避？这些诘问不绝于耳，历代高僧大德也都根据不同的时地因缘给出了契理契机的答案。

佛法在人间，不离世间觉。从近代开始，人间佛教运动应运而生，成为佛教发展的主旋律。人间佛教的几代旗手们竭尽全力让佛教走出寺院，走向人间，走向社会生活的每一个层面，走向生命历程的每一个环节。星云大师开创的人间佛教模式无疑是最成功的探索之一，也从理论和实践上给了上述诘问令人信服的答案。

星云大师志在回归佛陀本怀，发掘佛法真义，扩大佛教影响，让佛教与更多的人息息相关，让佛法在不同文化、不同地域中落地生根，发扬光大。为此，大师不断打破一些陈旧过时的传统，勇敢地进行理论创新和制度改革。在大师宏大精深的人间佛教愿景中，在家信徒具有举足轻重的地位，对他们修行、生活的各个方面，大师都进行了精心设计。《佛教·仪制》这部三四十万字的著作正是大师专门为在家信徒提供的修行指导手册。

《佛教·仪制》全书分为十二篇，从不同方面展现佛教普照人生、普惠社会的具体方式。

《修行资粮篇》《禅净加行篇》《寺院巡礼篇》详细列举了信徒受戒、诵经、拜佛、禅修、参访和参加各种法会的具体程序和仪式，包括信徒自修和共修的所有功课，是非常实用的日常修行指南。按照这些规定修行，每个人都可以通过一点一滴地积累，逐渐走上修行之路，逐渐获得修行的功德。

《人生礼仪篇》《丧葬礼仪篇》涵盖从出生到死亡一期生命的各个重要环节，使人们在人生各个重要阶段都能接受佛法的滋养，获得成长的动力。

《应用礼仪篇》《生活礼仪篇》是用佛法精神规范工作、生活的各个重要环节，让慈悲喜舍布满人生中的一时一事、一言一行。

《佛化家庭篇》《社团活动篇》《佛教娱乐篇》包括家庭、学校、社团人际交往的各种礼仪，使人们在交往中体会"无我""慈悲"等佛法精髓。

《佛门用语篇》介绍佛门常用的器具、称谓、专有名词等，《问题答问篇》以问答的方式阐释佛教的一些重要思想理念。可以说，正是通过这些具体细致的规定，星云大师让佛教真正进入广阔的社会空间，真正成为人生必不可少的精神资粮。

"托之空言，不如载以行事。"佛法重在修行，行佛要在人间。佛教走向人间，不仅依靠理论的更新与完善，更需要切实可行的制度设计和实践方案；不仅需要出家僧徒的刻苦修行和积极弘法，也需要在家信徒的积极参与和全力护持。《佛教·仪制》就是一幅描绘精细的人间佛教在家信徒修行实践图,向我们展示了信徒修行、生活的丰富内容。在这一宏图的激励、感召、指引下,星云大师和他领导的佛光山僧团正在将佛法传播到越来越宽广的人间。"佛光普照三千界,法水长流五大洲",这个昔日的伟大愿景,正成为今日的美好现实。

《佛教·教用》

# 佛法世法，不一不二

《星云大师全集》第二十册《佛教·教用》，顾名思义即佛教应用学，是阐述佛教如何影响各行各业，及应用于艺术文化和生活修行的指南。佛法真理立足于空有不二的中道思想，用于入世，能经世致用；用于出世，则能超凡脱俗。

在《佛教·教用》一书中，星云大师提出佛教在传播的过程中，深远地影响了五十七个层面，自此窥见佛教对世间积极的关怀与建设的菩萨行。所谓"不入世俗谛，不得第一义谛""一色一香，无非中道"，佛教应用学展现了佛法与世法不一不二、横遍十方、竖穷三际的关系。以下从四个面向探究和印证。

## 一、佛教指导管理

原始佛教时代，佛陀立足于缘起法则，因时制宜建立六和僧团；传到中国

**心保和尚**

佛光山住持、国际佛光会世界总会总会长

佛光山第九任住持，中国佛教研究院毕业，曾任西来寺住持。

善于讲经说法、梵呗唱诵，多次受邀前往美洲各地主持佛学讲座，弘法足迹踏遍美加及中南美洲。

之后，衍生出丛林制度、百丈清规、四十八单职事的设立等。佛教的管理精要是：横遍十方，竖穷三际；群我和谐，皆大欢喜；把握当下，计划未来；心甘情愿，自利利他。若达到以上境界，必能皆大欢喜，成就一切好事。

就狭义而言，政治、军事、法律、企业、管理学、会议等都是管理学。从佛法与世法的比较管理，从制度的管理到自觉的管理，从现象的管理到内心的管理，佛教的智慧均可应用于各种面向。

从广义谈管理，则如天台智者大师所言："一切世间，治生产业，皆与实相，不相违背。"只要秉持利他的精神，五欲六尘都是佛事，慈悲、包容、忍耐、随喜都是管理。

### 二、佛教丰富艺文

生活本身就是艺术文化的展现。佛教全方位影响中华文化的艺术、文化、文学，举凡书法、茶道、花艺、工艺、雕塑、音乐、戏剧、舞蹈、武术、文学、中国词汇学、翻译学等，均丰富或提升其内涵精神。

清代郑板桥有副对联："从来名士能评水，自古高僧爱斗茶。"例如，赵州禅师，凡有学僧去参访他，他都是一句话，就是叫你"吃茶去""洗碗去"，或是"扫地去"。如果你问："禅师！如何是道？"他说："你去吃茶。"如果你再问："如何开悟？"他也是叫你"吃茶去"。什么是道？什么是悟？一律"吃茶去"。意思是要你不要离开生活，在生活里悟道，经由佛法化、生活化、艺术化，让生命提升为随遇而安的美学境界。

### 三、佛教领先科学

流传两千多年的佛教经典，"上通天文，下通地理"，早有虚空、法界、重重无尽、无量无边等记载，正好印证今日天文学家所发现的：宇宙中充满无量无数的银河系、太阳系、星云团、天河、星球等，在在证明宇宙虚空星球无量，地球不过是一粒微尘。佛教主张宇宙"成住坏空"，一切缘聚则生，缘灭则散；并用"缘起"解释天文，彰显出佛法的真理，超越世间的天文科学。

佛教重要教义，例如：三法印——诸行无常，诸法无我，涅槃寂静，涵容一切世间；又如："三界唯心，万法唯识"，精确刻画"宇宙在一心之中"，一心具足三千大千世界，精神与物质本一体。尽管现代科学进步到可以登入月球，却无法登入人心；医学科技可以换肾换心，人类的真心本性却无法更替。

**四、佛教提升身心**

"莫将身病为心病，可是无关却有关。"每个人都希望身体健康、心情愉悦，然而，物质有成住坏空，心灵有生住异灭。人类的身心随着外在诸多因缘起伏变化，医学、心理学、生死学、物理学等学科也相应而出。

《大智度论》卷二十二："佛如医王，法如良药，僧如瞻病人，戒如服药禁忌。"佛教在这些领域，以超越的见解，使人度一切苦厄。譬如贪病由持戒律去除，心就不会着贪欲纷飞奔逐；嗔病由修禅定来根治，心就能免除焚烧在怒火之中；痴病由智慧治疗，能够照破痴闇的无明，让我们的心恢复光风霁月的本来面目。佛法是人生的指南针。世间万事，天有天理、地有地理、物有物理，最重要的是明理正派，与人为善，行佛所行，自然身心自在。

《佛教·教用》是佛法与世法的圆融汇通。从佛教应用于各学科的方法与影响，到安顿人类身心的不二法门，可见佛教善巧方便、契理契机的慈悲与智慧，以及对现实人生的关怀与实践，体现"佛说的、人要的、净化的、善美的"的人间佛教精神。因此，佛法传播到中国，提升和丰富中华文化的内涵，经由知行合一、解行并重，达到净化人心、善良美好的人生境界。

# 人间佛教的累累硕果

**陈兵**

四川大学道教与宗教文化研究所教授、博士生导师

重要著作：《佛教禅学与东方文明》、《佛教气功百问》、《佛教之道》、《佛教格言》、《新编佛教词典》、《生与死》、《重读释迦牟尼》、《二十世纪中国佛教》（合著）等。参编《中国道教史》《道藏提要》《道教手册》《诸子百家大词典》等。

《星云大师全集》在大陆以简体字出版，是2019年中国佛教界、文化界的一件大事。我有幸获赠一部，粗略翻过，欢喜无量。《全集》第二十一册《佛教·人间佛教》是大师人间佛教思想的重要表述，虽然其中的大部分内容我以前都拜读过，但重温一遍，颇多感触，深受启迪。

人间佛教自20世纪初由太虚大师等教界大德提倡以来，已经走过了近百年的历程。它的实质，是因应现代时机，对明清传统佛教进行改革，让在一定程度上偏离了佛教本怀、渐趋衰亡的佛教重振生机，成为太虚大师所说"以佛法的精神教化社会"的普世佛教，这实际上是实现佛教现代转型的问题。太虚大师提出了人间佛教的纲宗，主张以人乘正法为基，重视现实人生的建设，弘扬"以大乘通佛乘"的"圆渐的大乘"菩萨道，在当时也有推行，但因为各种原因，影响有限，其人间佛教思想也较为粗略，不大成熟。

星云大师弘扬人间佛教，是出于对明清传统佛教弊病的深刻反省。他早年出家，对当时佛教的种种衰象感受很深，受太虚大师及其师志开上人的影响，立志改革佛教。他在台湾经过几十年的努力，以人间佛教思想为导，开辟佛光山道场，培养出上千名法将，使人间佛教的思想在弘法实践中趋于成熟，结出"法水长流五大洲"的累累硕果。他不但是天才的佛教思想家，更是极善经营道场、培育僧才的杰出实干家、教育家、社会活动家。他这种类型的高僧，在古代确实罕见。

《佛教·人间佛教》收录了星云大师关于人间佛教的几篇最重要的讲录：人间佛教的教证、蓝图、基本思想、事业及《如何建设人间佛教》《佛教的前途在哪里》，在这些讲录中，他以通俗晓畅的现代语言，深入浅出地论述了人间佛教的方方面面。他引经据典，论证人间佛教是佛陀的原本思想，通过对《维摩经·佛道品》偈颂的现代诠释，描绘人间佛教理想的十大蓝图：眷属、朋友、饮食、衣服、居住、交通、教育、娱乐、资用、修行，包括了现代人世俗生活的各个方面。

人间佛教因为强调佛教的人间化，重视现实人生的改善，少谈超出轮回、了生脱死、即身成佛，因而容易被矮化、庸俗化，误认为只是人乘正法加上慈善事业而已，缺乏佛法的核心——出世间。

星云大师倡导的人间佛教，并非简单的人乘法，其精神实质，是在人间生活中具体实践大乘菩萨道，"要让佛教落实在人间，落实在我们的生活中，落实在我们每个人的心灵上"。他这里说的佛教，是"把各传佛教全部融合、统摄、回归佛陀在人间示教利喜度化众生的本怀"，内容包括了五乘共法、五戒十善、四无量心、六度四摄、因缘果报、禅净中道等诸乘诸宗佛法，而特别突出中国大乘佛法的菩萨道精神：

> 以观音的慈悲，给众生方便，为众生服务；以文殊的智慧，引导众生走出迷途，获得光明；以地藏的愿力，使佛法进入每个家庭里，传遍世界每个角落；以普贤的功能，契理契机，随顺众生，行难行能行之事。

以四大菩萨为榜样实修菩萨道，正是太虚大师人间佛教所提倡"圆渐的大乘"之本义。星云大师宗承临济，他虽然讲的都是平常人事，俗世生活，但平实的言句中经常透露出禅宗的气息，可以说，他讲人间佛教的精彩之处，是以禅宗的超越性智慧点化平凡的世俗生活。

比起太虚大师及许多祖师高僧，星云大师倡导、推行的人间佛教，具有其独特的性格：喜乐、进取、事业、大众。一反明清传统佛教的悲观、遁世、只管个人修行的性格，星云大师注重乐观、欢喜，提倡"给人欢喜"，建设生活乐趣、人间进取、财富丰足、慈悲道德、眷属和敬、大乘普济的人间佛教，兴办资生利众的慈善、文教、社会公益等事业，强调"度生重于度死、奉献重于祈求、生活重于生死、事业重于庙堂、大众重于个人、法乐重于欲乐"，佛法现代语言化、传教现代科技化、修行现代生活化、寺院现代学校化。不但这样主张，而且一一付诸实行，落实在僧俗徒众的生活中，真正树立起了人间佛教的鲜明形象。

《佛教·人间佛教》一书中更为宝贵、更具可读性的，是《我的人间佛教性格》和《人间佛教的人情味》两篇章。前者通过五十四个记事，讲星云大师自己如何从人间佛教的精神待人接物，处事度人，读起来犹如与大师促膝谈心，一个实践人间佛教的菩萨僧形象，跃然纸上。后者凡九十七个故事，除过几个经典上记载的佛陀在日常生活上教导弟子的事例，其他都是记载佛光山僧俗徒众实践人间佛教的感人故事,既可见人间佛教思想如何落实在佛弟子的生活中,结出慈悲智慧的心灵硕果,又可见星云大师充满人情味、感恩、慈悲等视众生的菩萨心肠。

我认为,众生的宗教需求、精神需求多种多样,因而佛法设有八万四千法门适应各种机宜,今日及未来社会的佛教,肯定是多元的,但不同的宗派、法门,都应该以人间佛教作为基础,可谓多元一体。而人间佛教的理论和实践,其影响会极其深远。凝聚了星云大师人间佛教智慧的《全集》,是文化宝藏,弥足珍贵。

# 令人欢喜赞叹的《佛学教科书》

**魏道儒**

中国社会科学院大学特聘教授、博士生导师

中国社会科学院学部委员、佛教研究中心主任、世界宗教研究所研究员，内蒙古师范大学佛学文化研究院院长。正在主持的项目有中国社会科学院大型科研项目《中华思想通史》子课题《中华宗教思想通史》等。重要著作：《中国华严宗通史》《中华佛教史·宋元明清佛教史卷》《唐宋佛学》《华严学与禅学》《宋代禅宗文化》《禅宗无门关》《佛教史话》《经坛译注》等，合著有《中国禅宗通史》《佛教史》等，合译有《早期佛教与基督教》《宗教生活论》等，主编有《世界佛教通史》（十四卷十五册，2018 年获第四届中国出版政府奖图书奖）、《普贤与中国文化》《佛教护国思想与实践》等。

早在 1990 年，星云大师就开始编撰定名为"佛教"的教科书。在此基础上，又从 1995 年着手编撰《佛光教科书》。经过"不眠不休地赶工"五年，于 2000 年完成。显然，这部教科书是名副其实"十年磨一剑"的作品。

《星云大师全集》（以下简称《全集》）第二十二册《佛教·概论》和第二十三册《佛教·常识》，是经过对《佛学教科书》重新规划安排，并且增添了部分内容而形成的《佛光教科书》。这是星云大师编撰教科书的最终成果，堪称佛光山教科书系统的标志。

从整体布局到细节表述，从内容安排到形式处理，这部《佛学教科书》值得学习、赞叹和敬佩的地方都很多，以下列举三条，作为初读之后的心得。

**一、《佛学教科书》运用九单元一百八十五课的整体分类布局,全面、系统、准确、权威地展示了佛学全貌。**

《佛学教科书》分为上下两册,上册是《佛教·概论》,下册是《佛教·常识》。整个教科书分为九单元,有一百八十五课。

《佛教·概论》分为四个单元,共计七十九课。

第一单元,《佛法僧三宝》篇有二十课,是从二十个方面讲述佛教最高信仰对象"佛"、佛教教义"法"和佛教出家徒众"僧"。佛法僧"三宝"具足,历来被认为是佛教形成的标志,把"佛法僧"作为一个独立单元置于教科书的开篇,无疑是有深意的,这种编排方式在教外学术界的同类教科书中还没有过,是星云大师的创新。

第二单元,《菩萨行证》篇有二十一课,讲述佛教菩萨道的理论和实践,以及古今中外堪为楷模的大菩萨。把现代高僧与佛陀所说经典中的大菩萨放在同一单元,共同作为人们研习"菩萨行证"不可或缺的有机组成部分,无疑是佛教类教科书的创新。

第三单元,《佛教义理》篇有二十课,是从二十个方面讲述佛教的基本教义。这一单元包括了最重要、最基础的佛教概念、命题、学说、思想,可以说,是把佛教信仰者必须掌握的重要教义都概括进去了。

第四单元,《佛教史》篇有十八课,以讲述古印度佛教和中国佛教为主,兼及日本佛教史,朝鲜佛教史,东南亚、南亚佛教史,其他国家与地区佛教史。本单元叙述范围很广阔,实际上相当于一本简明世界佛教史著作。

《佛教·常识》分为五个单元,有一百零六课。

第一单元,《佛教常识》篇有二十课,分别讲述佛教寺院制度、丛林清规、法事仪轨、节庆民俗、佛门典故等。本单元的许多内容是一般同类教科书没有涉及的。

第二单元，《佛教问题探讨》篇有十九课，正面论述容易引起疑惑、容易产生误解的重要佛教理论问题。这一单元所选择的问题都是学佛者经常遇到的，而对每一个问题的详细讨论，的确有拨乱反正、驱邪显正的作用。

第三单元，《佛教与世学》篇有二十一课，分别讲述佛教与社会、自然科学、社会科学等各方面的关系。讲解这些内容的目的，就是鼓励信众面对五彩缤纷的世界、虚幻浮华的人世间，在认识诸法无常的基础上，摒弃听天由命观念，消除沮丧消沉情绪，积极主动地创造美好的人生。

第四单元，《实用佛教》篇有二十课。这是从二十个方面讲如何把佛教的道德准则、伦理规范贯彻社会生活的各个方面，贯彻一时一事，从而把抽象的教义变成佛教徒每时每刻的自觉行动。

第五单元，《佛教作品选录》篇有二十六课。这是讲解精心选取的二十六篇先贤古德的传世之作，希望学习者从阅读这些作品中"参悟佛法无边智慧"。

教科书是学生获得知识的核心材料，是教师讲授的主要依据，仅从传授知识的角度讲，无论哪一门学科，一部基础性的教科书都必须能够为特定的学生提供全面、系统、准确、权威的知识。星云大师编撰的《佛学教科书》，通过匠心独运的共计九个单元、一百八十五课的布局安排，全面、清晰、准确地讲述了佛教理论和实践的各个方面，涉及了佛教文化的各个层面，展示了佛教与社会诸多方面的关系，确实是动态地、立体地展示了佛教"全貌"。

**二、《佛学教科书》把佛教现代化作为追求目标，构成了以"四给"为核心的"现代化"特色。**

佛教只有与时俱进，随着时代发展，才能保持旺盛的生命力，赢得越来越多的信众。同时，现代化也是佛教走向世界的一个重要条件。星云大师历来重视和倡导佛教现代化。他计划编辑《佛学教科书》，也是作为推动佛教现代化的重要工作之一。早在20世纪90年代，他就敏锐地意识到，佛教现代化缺少的东西很多，最重要的是缺少一套完整的、现代化的"佛教教科书"。现在这部《佛学教科书》，就是星云大师经过多年努力最终完成的佛教现代化教科书。这部教科书突出的现代化特色表现在很多方面，比较引人注目的有两个方面。

其一，用现代语言、现代事例解释古老的名相，阐述古老的教义。

佛教教义以名相繁多著称，这就给用现代语言叙述教义造成了很大困难。所以，许多教外学术著作在论述佛教义理时，往往存在着"以经解经"的倾向，教内的同类著作也有这种情况。一般说来，只有真正懂得佛教义理的人，才能给初学者讲清楚，说明白。

《佛学教科书》从头到尾都是用顺畅的现代语体文讲解教义，深入浅出，把教义很好地与现代人容易理解的语言、环境结合了起来。这部教科书在运用现代语言、结合现代事例解说难懂教理方面，可谓游刃有余。这与编撰者具有的精深佛学造诣、丰富弘教经验、坚定的现代化追求是直接相关联的。文字叙述明白、清楚、准确、简明、易懂，是这部教科书十分突出的特色。

其二，这部教科书在解释名相、叙述教义、宣讲历史过程中，始终突出了"四给"，从而使这部教科书在精神本质上带有了佛光山独有的"现代化"特色。

星云大师提出的"四给"内容是："给人信心、给人欢喜、给人希望、给人方便。"大师在弘教过程中，始终秉承"四给"宗旨，发扬"四给"精神。这种"四给"精神也贯彻于《佛学教科书》的编撰过程中。

这里我们仅仅举一个例子：在众多佛教书籍中，当讲解"无常"教义的时候，大多强调"无常"的"苦"的特性。具有"无常"性质的一切事物或现象（一切法），变动不居也罢，生灭相续也罢，没有自性也罢，总之都是

"苦"的表现，是"苦"的存在方式。如果认识到"无常"是"苦"，就会激励人们通过修行去追求没有"苦"的"常"（永恒）。这样讲当然没有违背佛教基本教义，并不是错误的解说。但是，只强调这方面的内容容易引发人们的悲观思想、消极心理、倦世情绪、厌俗心态。

《佛学教科书》讲解"无常"的时候，在解释了"无常"是"苦"的同时，更强调了另一方面的内容，即"无常"能够"带给人生无限的光明，无限的生机"，也正因为一切事物或现象是无常变化的，"才能构成一个生机无限、多彩多姿的有情世间"。最后总结"无常为我们的人生开拓更宽广的空间，很多苦难都因无常而重新燃起无限的希望。所以，无常才能进步，才能更新，才能生生不息；无常，蕴藏无限的希望与生机，是最实在、最亲切的真理"。如此解释佛教的"无常"学说，应该说是星云大师的创造发明。正是让人这样理解"无常"，这样用"无常"的观点看待世界、看待社会、看待人生，才真正是给学生"信心、欢喜、希望、方便"，让人们在坚定佛教信仰的同时，热爱现实、拥抱人世间。这样的阐述，正是佛教现代化的一个令人赞叹的内容！

**三、《佛学教科书》用正文、注释、习题三要素组成相对独立的一"课"，有利于阅读者全面学习、系统理解、深入体会教科书的内容。**

这本教科书中绝大多数"课"的内容都分为三个部分，即正文、页下注释、课后习题。首先，我们看到，这部书的注释要比一般的教科书多。"注释"的种类很多，或解释名词，或辨析教义，或介绍正文中提到的事件、人物、地点、经典、典故等，真正起到了对正文进行引申、补充和配合的作用。这种页下注释十分适合教科书的形式，因为，如果没有这些页下"注释"，难免影响对正文内容全面、系统、深入理解；如果把这些页下注释插入正文中，又肯定影响行文畅达。每一"课"后的"习题"，实际上是对这一"课"重要内容的提示，是对学习者必须掌握的内容的强调。这种"正文""注释"和"习题"相结合的方式，有利于阅读者对教科书内容的全面学习、系统理解、深入体会。

　　总之，星云大师殚精竭虑为后学编撰的这部现代化的《佛学教科书》，既吸收了中外学术界的系统学术成果，又有自己的独特发明创造；既是他从事佛学研究的理论集萃，又是他数十年成功弘教的实践总结。仅就全面、系统、准确传授佛教文化知识而言，《佛学教科书》不仅适合信仰者阅读学习，也适合教外学者参考借鉴。

# 栖心修道，衲子家风

**温金玉**

中国人民大学哲学院教授、博士生导师

中国人民大学净土文化研究中心主任，教育部人文社会科学重点研究基地佛教与宗教学理论研究所研究员。兼任中国社会科学院佛教研究中心、中国佛教文化研究所研究员，北京佛教文化研究所副所长，中国佛学院以及普陀山学院、浙江佛学院、江苏佛学院寒山学院、江苏尼众佛学院研究生导师。主持《中国佛教制度史研究》等多项国家社科研究。重要著作：《僧尼的一生》、《四分律释译》、《读体见月大师传》、《惠能法师传》、《禅宗伦理学初探》、《禅宗宗派源流》十二部（合著）等。

佛光山数十年的人间佛教弘法实践与僧团建设，不仅拥有成熟的理念，也有完整的建僧制度。分布于世界各地的佛光道场，以及住持僧超过一千三百多人的庞大运行组织，不仅要有广阔的国际视野，也要具备超强的领导力与执行力，而这一切效率的实现，离不开健全的僧团制度与道场规范。

《僧事百讲》就是一部讲述建僧制度与丛林规范的书，是集星云大师毕生参学、修持的经典回顾，被誉为"一部近代中国丛林制度的百科全书"。《僧事百讲》共有两册，其内容大致分为制度管理、礼仪常识、僧侣完成、佛门修持、弘法利生、素食清供等六大类。仅以"丛林制度""出家戒法"分享阅读中的欢喜心得。

"丛林制度"分为十八讲：丛林类别、中土丛林、丛林布局、四十八单、单的意义、丛林趣闻、佛门称谓、丛林语言、丛林一日、四大堂口、巡寮告众、期头期尾、放香假期、共住规约、迁单溜单、特殊问题、特殊人物、僧有财务。

中国丛林之开创，始自唐代百丈怀海。及至宋代以降，诸家效尤，设立了种种规范。自梁至唐大约两百八十余年，禅门宗匠大都住于律寺，未有独立的丛林，及至百丈怀海始创。"丛林乃众僧所止处，行人栖心修道之所。"星云大师表述为："丛林寺院是信仰的中心，是弘扬教义、培育僧才的学校，佛教寺院相当于社会上的小学、中学、大学、研究所；佛法僧三宝，佛是校长，法是教科书、经典，僧是学生，佛教大学的首任校长，就是释迦牟尼佛。丛林寺院在世间的流传，早已具备了人间大学的功能。"

传统佛教认为丛林乃僧人修道之所，星云大师进一步说，从现代丛林的发展前景来说，未来有可能发展出四众弟子都能共住修行、持戒的丛林，呈现出四众各安其所的情形。逐渐从惟僧的佛教发展到和信的佛教，现代教团的建立，就是两序有级，僧信四众。佛教丛林不但是十方学子求道参学的场所，也应成为化导世俗的信仰中心。丛林作为大众学修道场，需要有宗教空间，佛光山目前已形成了佛、法、僧三宝具足的建筑格局。除了空间布局之外，对于生活在这个空间中的群体，也要有健全的管理制度，如《佛光山清规》。

"出家戒法"分为十八讲：初心入道、出家得度、三坛大戒、四种威仪、五年学戒、结夏安居、三刀六槌、三衣钵具、各种法器、因缘果报、僧侣一生、梵呗唱诵、声闻罗汉、亲近长老、僧门俗事、僧众九品、式叉摩那、寻师访道。

对于一心向道者来说，最重要的莫若初心。出家，是僧团身份的确立。

所谓出家是出烦恼家，出生死家，出忙乱的世俗之家，出纷争不休的是非之家，并以慈悲心、菩提心去弘法利生。既要自度，也要度他。出家得度，并非仅是度自己，更要度他人。

出家就有受戒，佛教通过受戒，建构了僧团伦理与管理规范，根据所受不同的戒法，而有了佛教七众之别。受戒，仅仅是取得了僧人的资格与身份，如何成为一个合格的出家人，却要经过丛林大熔炉的锻炼。

星云大师说："学戒是佛门里的生活教育。"戒律就是对治法：身见重者，宜苦行消之；贪爱强者，宜苦境炼之；人我山高者，逆缘挫之；体面心重者，忍辱治之。星云大师反对戒未学成，就忙着去弘法，认为佛门中最好是"大器晚成"。除了日常的学修，丛林中还专门有"安居"制度。安止一处，摄心修道，完善自行。除安居外，为了保证僧团的和合共住，丛林还须依律建立羯磨、布萨制度。

星云大师勉励每一位出家弟子，都能做好出家生涯规划，自我提升，自我净化，善尽上弘下化的职责，与佛教共患难，方不愧为顶天立地的佛弟子。"学不难有才，难有志。不难有志，难有品。不难有品，难有眼。惟具超方眼目，不被时流笼罩者，堪立千古品格。品立则志成，志成才得其所用矣。"栖神净域，履蹈典型，期待誓同先哲，举措莫类时流。僧格养成本质是一种时间的渐进。

# 佛门亲家

"亲家"是子女成家后,双方家庭结成的亲密关系。我第一次听到"佛门亲家"是在慧东法师出家后的佛光祖庭大觉寺"徒众亲属会"上。当时,星云大师把大陆出家的弟子们的父母请到大觉寺,并对我们说,感谢你们把子女送到佛光山弘法利生,你们是我们的佛门亲家。

这是我第一次听到"佛门亲家"这个词,它对我来说既新奇又亲切。本来我们这些对寺院不熟悉的人,来到寺里还有些陌生,见到星云大师还有些拘谨,但是听大师这么一说,感觉我们与佛光山的关系一下子就亲近了。大师说:"佛门是个有人情味的地方,出家与在家不同的,只是出家之后不只为一两个人服务,而是扩大成为所有众生服务。"对此我在作为"佛门亲家"的这些年里是深

**钱超尘**

北京中医药大学教授

著名中医文献学家。毕业于北京师范大学中文系,师从中国著名训诂学家陆宗达教授,章(太炎)黄(侃)学派传人。专攻《黄帝内经》《伤寒论》《金匮要略》《本草纲目》等中医古籍。

重要著作:《黄帝内经太素研究》《黄帝内经文献新考》《黄帝内经语言研究》《宋本伤寒论校注》《宋本伤寒论文献史论》《日本摹刻顾从德本素问研究》《孙思邈本伤寒论赵开美本伤寒论合订集》《中医古籍训诂研究》《本草名物训诂发展简史》《俞曲园章太炎论中医》《中国医史人物考》等五十余部,其中《黄帝内经太素研究》被纳入国务院《中国传统文化丛书》。

有体会的。

慧东法师早年留学美国，我对他抱以厚望。他读的是宗教学博士，我希望他能和我一样，成为一个学者。当他决定出家，来征求我和东妈妈意见时，我们开始是不大认同的，心里有一种要失去儿子的悲伤。但是慧东法师告诉我们，他出家后，仍然还是我们的儿子；他出家不是不要这个家，而是服务众生，把天下苍生的父母都当作自己的父母，从一个小家进入了一个拥有全天下的大家。他告诉我，我们不仅不会失去他这个儿子，而且在佛光山这个大家庭里会有更多的子女。虽然我们当时心里没有真的相信，但看到他的决心，也只能像现在天下的父母一样，对于子女的终身大事，尊重他们自己的选择。就这样，我们在不得已之下成了"佛门亲家"。

直到来到大觉寺，看到星云大师对我们每一位父母都那么亲切，看到每一位出家人和义工都亲切地称呼我们"东爸爸""东妈妈"时，我们才真正感受到我们真的是进入了一个大家庭，又多了这么多儿女，而且他们个个亲切和蔼，每天无私无我地为大众服务。后来，大师又把我们请到台湾佛光山参访。看到佛光山无论是法师还是走在路上的义工，都是那么亲切，面带微笑，我真的体会到慧东法师选择了正确的人生道路，他真的带着我们走进了一个充满清净和快乐的大家庭。

中华文化以孝为本。儿子出家如何尽孝呢？大师告诉我们，孝道有三个层次：最基本的是甘旨供养，子女给父母养老送终；更高一些的是光耀门楣，子女的成就给父母带来骄傲；最高层次的孝道是子女可以引导父母拥有正确的信仰，使他们生生世世受益，甚至证悟解脱，这是真正的大孝。

慧东法师出家后，每次打电话回家，都给我们带来佛法的智慧。他不是给我们讲经布道，而是在我们唠叨一些家常和周围发生的事情时，他从佛法放下自我的角度，让我们对事情有不同的认识，看到不同的境界。慢慢地，我越来越喜欢听慧东法师讲话，也越来越感受到他的智慧在增长，以及他对我们的思想带来的改变。

不久，我们也皈依了三宝，成为大师的在家弟子。而且，我们的生活也仿佛不一样了。虽然我还是每天教书写作，但是我已经不再是为了自己的学术成就而工作，而是心里发愿，要把自己的一切奉献给中医事业和天下一切众生。从那以后，我义务地为青年学者们讲学，为中医事业培养人才。十多年来，我看到了自己内心的进步，也真切地感受到慧东法师对我和东妈妈的孝心的确是大师所说的大孝。

星云大师在讲到唐代裴休宰相"含悲送子入空门"时，不以为然，认为裴休作此诗时的境界不够，应该是"欢喜送子入佛门"。回想我当初看着慧东法师出家时，还是与裴休宰相一样，落入了"下乘"。但是现在，我真的满心欢喜，很欣慰慧东法师的人生选择。

世人通常把出家入佛门和一般人的生活分成两个世界，认为佛门是"一切皆空"，子女入佛门就像失去了他们一样。但是星云大师的人间佛教，把佛法运用于生活，让出家人服务大众，把佛门与众生连接在一起。我们作为慧东法师的父母与佛门因为这个"亲家"关系，而成为眷属，与佛法结下不解之缘。星云大师的人间佛教让我也从"小家"进入了服务大众的"大家"，从"小我"逐渐扩展到无私的"大我"。

# 重现佛陀在菩提树下的证悟

**杜保瑞**

上海交通大学特聘教授

上海抱朴讲堂主讲教授，曾任台湾大学哲学系教授。

重要著作：《功夫理论与境界哲学》《基本哲学问题》《北宋儒学》《哲学概论》《刘蕺山的功夫理论与形上思想》《论王船山易学与气论并重的形上学进路》《南宋儒学》《中国哲学方法论》《牟宗三儒学平议》《话说周易》《中国生命哲学真理观》等。

很荣幸受邀撰写《往事百语》系列丛书的读后感。学习《往事百语》就是我向星云大师学习心法的个人成长路程，大师的文章都是从自我的做法反思说起，给人借鉴，我的心得也要从我自己的反思说起，给我勉励。

"心甘情愿"：台湾俗语有言，欢喜做甘愿受。

人们常常为了标榜自己，参与公益事业，但未必甘心于无偿或无奖的结果，甚至极力抱怨果实为他人接收。这就是没有看清楚自己做的事情的意义。人们所做每一件事情都要知道意义何在。清楚了之后，那就只关注事情本身的目的就好，再没有任何其他的目的。我后来就懂得用一句话来说明，就是做个没有目的的人，因为事情本身就是目的，我们自己的因缘果报在做这件事情中就建立了，至于别人的反响反应就是别人自己的因缘果报，祝福就好，不需回应。如要回应，那就是另一件新的因缘果报的事情，那就要看清楚这件新的事情的意义为何，然后好好处置。大师也说"佛陀也会被人毁谤"，如果做好事竟然遭到毁谤，就当作是甘露就好。十方因缘，有见有不见，自己认清自己就好。

"忍耐就是力量"：忍耐是对自己要做的事情的艰难的忍耐，也是对周围的人行为不堪的宽容忍耐，但不是对不公义的事情的忍耐。

一个人有理想，自然会去克服困难，不会向困难低头。但是在做事的过程中，或是在日常生活中，别人因素养不足，就会给你难堪，这时候，你的心志在哪里，就决定了你和别人互动的频率。你心在事业上，就会自己一往直前，对别人的无谓干扰心不相应，放宽心，情境自然会过去；若是心志不坚，好胜计较，就相应了别人的干扰，你做事生活的方向就变成了进入纠纷之中了。所以要忍耐，以自己的行动等待对方的成长，以自己的平静化解对方的激烈。不多久别人的事情也就过去了。

"有永远休息的时候""忙就是营养"：星云大师能做到六根互用，人生三百岁，就是这个一直忙碌的心志造成的。

这让我体会到，人生没有退休的时候，今天没有休息玩乐的时候，所有的时间都要用来做事情，读书、讲课、编讲义、写文章、修改文稿，就是我一天的写照，行住坐卧都以这个节奏来规划，用重要的事情决定不重要的事情，不要用逸乐游戏来决定工作的行程，这不是反对劳逸结合，而是一个人有没有能力和有没有事业的问题，努力越多累积越多后，事情就越多，效率就更高。人性的动物性减少，神性的精神性增加，一直工作，一直做有意义的事情，不怕忙，只要规划好，高效率地做事情总是可以应付得了的。作为一个有理想的人，人生的角色可以改变，但做事情的行动是不会停下来的。

所以，只要有体力，只要休息够了，就干活去。

**"因缘能成就一切""没有待遇的工作"：世间所有的事情都是互相影响的，要做一个有影响力的人，就不要计较得失，什么事情都不是立竿见影的。**

就像一个水龙头一直流水出来，你若要立即有水可用，就拿一个水桶接着；你若要让水流到特定的地方，就安置水管接过去；你若要灌溉一片沙漠，你把水洒到哪里都一样，没有半年、一年、五年、十年是不会有效果的，然而一旦积累足够，沙漠也会变成绿洲。现买现卖的人，就像拿水桶接水，自己的付出一滴也不外流。有目的的人，就像接了水管，一切力量只投注到自己要的东西上头，路程中再多人需要水喝他也不管，世上很多快速成功站到上位的人就是这样处事的，缺乏爱心。而星云大师是只管耕耘不管收获，只做有益他人的事情，不计回报，只管结缘，不管报酬。水龙头就是生命的能源，本来是不间断的。接了一桶水的人，水满了人生就停止了。用水管把水引到池塘里的人，当池塘水满了，他的人生事业也就到高峰了。只有想要把沙漠变绿洲的人，把秽土变净土的人，把社会儒家化的人，把人间佛教化的人，才能不计现实利益，只管给予，无限结缘，从而自己的人生也没有休息的时候了。

**"老二哲学""你重要他重要我不重要""要做义工的义工"：什么是领导？大家愿意接受你的服务的人就是大家的领导。**

领导就是服务，主动地服务，于是事情就在你的服务中进入了轨道，进入你所规划的大家共同成长也让社会进步的轨道。佛法去我执，我执就是自己要出风头，当老大。变秽土为净土是要做事业的，做事业是要众人一起做的，众人能够团结合作是要有好的领导人把大家聚集起来的。好的领导人就是服众的人，之所以让大家服气他，就是因为他本来就已经在为大家服务了。任何场合让人方便，任何功劳让人享有，任何利益让人拿去，这样人人都在你身边尽心尽力于你所带领的道路，完成你所规划的蓝图。

"不知道的乐趣""从善如流"：别人是有很多想法的，而我们只需要一个能够应变的心就好，平时有积累，人际关系透彻，在任何场合就是随缘不变了。

人心要用力在知识学问能力的成长上，不必理会周遭太多的无谓的人事讯息。做一件事，总想要搞定滴水不漏、万无一失才去做，这样一件事情也做不了，因为没有完美的布局。其实人生也不是只有一次的上台机会。所以，不必替自己买太多的保险，随顺因缘，任人摆布，懂得"图利他人"，省心省事却又创造力无穷。学会了这样的处世态度，就能够任何时刻从容自在，不慌不忙完成所有的事情，还有省下的精力继续学习以及规划未来。

"要利用零碎时间""先做牛马再做龙象"：辛苦地过日子，一直做事，手上忙脑中忙，人生就一直成长。

人有我执就想位居人上，要人崇奉，成为龙象，其实龙象就是为他人做牛做马的人。人为什么要替他人做牛做马呢？龙象不是要为好吃懒做的人做牛做马，而是要为无助的、无知的、弱势的、想成长的、想改善的人做牛做马，这世界本来就是强者带领弱者，强者本来就是自己使自己变成强者，然后为需要带领的人做牛做马。好胜者、虚华者，只想占上风，不想助人。理想者、有能者，不想占上风，只想做牛马。这人生的图像差距何其巨大？

星云大师的《往事百语》，一直是我认为大师著作中最值得推荐的一套好书，关键就是此书是大师说自己的人生，有自豪也有自责，有风光有惨淡，如何从逆境中走出来今天的大师风范，就在此书中直接叙述。本书之写作，不论任何主题，都是大师自身已经做到体悟到而说出来的话，就像佛陀在菩提树下的证悟，从而把自己的理解弘扬出来。

我们任何人几乎是学不来的大师的志向与坚忍的。能有感悟体会于万一，愿意学习实践于自己，就是跟大师学佛最大的福报。顶礼感恩。

# 金玉满堂，智慧满贯

**纪硕鸣**

香港《亚洲周刊》资深特派员

香港资深媒体人。六次获亚洲出版业协会颁新闻报道奖。

重要著作：《智慧的身影》《信仰》《人间佛缘——走近星云大师》；合著《终结美元》《中国新政》等。

著书立说是星云大师弘扬佛法又一利器。大师一生喜爱写作，不时将其宏伟愿力、广大慈悲、深厚佛学、解行相应的菩萨心记录下来，呈现给大众。阅读星云大师的著作，每一次，都如沐浴于佛光普照和法水长流之中。

一生奉行"以无为有、以退为进、以众为我、以空为乐"人生观的星云大师本身就是一个清贫思想的实践者。他清贫却又是那么富有。他的文章，他的著作说出来的道理深入浅出，通俗易懂，是洞悉人生最宝贵的财富。

佛法奠基，却不深奥。星云大师的力作跨越时代、穿越时空，信手拈来的故事辅之佛学道理，不管你有没有佛教理论根柢，不管你文化底蕴是否深厚，只要一书在手，一个开示，都可以让你茅塞顿开，明白个中的人生哲理。

翻开《金玉满堂》系列，包括《佛光菜根谭》《禅话禅画》和《星云说偈》系列里的一篇篇短文，一则则故事，提要、正文，还有习题、思考，是一部部完完整整的人生教科书，让你爱不释手。星云大师以文字作品感召善心、用图文并茂找回佛性，平铺直叙讲述的全是关乎人生、关乎人性、攸关命运的道理。

读书人，都喜欢把"书中自有黄金屋，书中自有颜如玉"作为激励自己刻苦读书奋发向上的座右铭。金玉满堂被人形容金玉珍宝满厅堂，用来祝贺别人荣华富贵，形容极为富有。而《金玉满堂》系列，有的是哲理、禅语，知识丰盛、智慧满贯。说的都是生活小事，拓开的都是大鹏展翅、辽阔的原野、生命的未来，足以让你找到"黄金屋""颜如玉"。

**小故事中大人生**

星云大师仿照《菜根谭》的体例，根据自己三十多年来弘法时所说的片言只语而写成《佛光菜根谭》，是汇聚趣味、理念的一部人生智慧书。小故事中可以让你看到大人生。

《菜根谭》是以处世思想为主的格言式小品文集，采用语录体。作者以"菜根"命名，意谓"人的才智和修养只有经过艰苦磨炼才能获得"。俗话说"咬得菜根，百事可做"，明代奇人洪应明取其义而创作《菜根谭》。《佛光菜根谭》立足当下，精进励志，普度众生，是宗教家基于道德伦理的"善"的哲学，是星云大师思想精髓、圆融智慧的缩影。

比如，大师讲《舍与得》。"舍得""舍得"，以"舍"为"得"！落笔从田地播种，有种才有收开始，到亲朋好友往来，平时不送礼致意，如何获得回礼相赠，举的都是生活中看得见、摸得着的小例子。看完整篇文章再去思考，你会懂得，大师告诉你"舍与得"，人不是因为要"得"才去"舍"，而是要建立发自内心的"善",是因为内心充满关爱、慈悲、感恩,人生自然会充实、欢喜、圆融。这才是可以伴随你一生美满的因、缘、果。

《佛光菜根谭》中的每一个故事,都是在为深刻的人生含义作铺垫。有一年,浙江民营企业家协会组织民营企业家拜访星云大师,企业家们要求星云大师给大家一句话。星云大师说:"你们都是成功人士,很富有。我想说的是,人生在世,不在于拥有,而在于享有。"他指着桌上的一盆鲜花说:"鲜花不属于你的,同样可以欣赏,企业家不要一味追求财富,而要懂得分享。"一席话,让企业家们茅塞顿开。这句话,数年后在浙江民营企业家们中间盛传。大家觉得,道理都明,但由星云大师说出来,犹如得到真传。

**《禅话禅画》找回禅心**

"禅"是言语道断的世界,无法用言语诠释。千古以来,禅宗祖师大德们,无不苦口婆心,努力述说"禅"。大师为了让大家认识禅的妙用,在1986年应《新闻晚报》副刊之邀,撰写"星云禅话"专栏,将古今富含意趣的禅门事迹分享大众。"禅"可以让我们扩大心胸,坚定毅力,启发智慧,调和精神,改善自己,净化身心。"禅"无疑是提升我们心灵的一股正面力量。

1993年,大陆知名画家高尔泰、蒲小雨夫妇,在美国西来寺挂单期间,即取材大师的《星云禅话》,画下百幅的《禅话禅画》。"禅话禅画"由此而来,是留给读者"话与画"完美结合的"禅"诗。星云大师说:"'禅如画'可以美化环境,'禅如盐'可以促进食欲,'禅如花'可供人欣赏。'禅'是幽默、是自然,'禅'是洒脱、是自在,是我们的心,是我们本来面目,'禅'也是人间佛教的根本。"

2013年9月15日,中国首位诺贝尔文学奖获得者莫言在台湾高雄佛光山佛陀纪念馆大觉堂与星云大师对话,以"看见梦想的力量"为题,分别从"文学家的梦想""宗教家的梦想"观点出发,同台交流,共谈梦想的力量。

星云大师赠送莫言一幅墨宝。莫言说，大师为我书写的"莫言说尽"，蕴含禅机，令我回味再三，若有所悟。"莫言说尽"，莫言已经说完无话可说了，也可以解释为别轻易说自己已经说尽了。莫言解释说，尽即是无尽，代表还有无限可能。可见，文字乃至生命的意义是多么的丰富多彩，"禅"是用心的体验。

星云大师在《我不是众生》一文中说："参禅，就是从禅里面找回自己的佛性，找回自己的真如，找回自己的禅心。"

**偈语精华发人深省**

自2012年4月3日开始，大师以《星云说偈》与读者在《人间福报》上见面，用浅显易懂的文词阐述佛法，目的是让大众了解"人间佛教"，让佛法在日常生活中能活用。星云大师说偈，其至理名言虽时隔多年，仍历久不衰，日渐沉香。古德偈语是古时大德萃取智慧的精华，历久弥新，今日读来，亦发人深省。

星云大师一路走来，都在为弘扬人间佛教而努力，他把自己的人生体验，把自己学佛成佛的智慧、经验以精湛的言语表露，让读者心开意解、无尽思考。《星云说偈》汇集了百篇文章，其实每篇文的标题就是警句，"空谈无用""谦让之美""苦海无边"等，读来令人醒悟。

在"疑嫉之害"文中，大师引用南朝宝志禅师《万空歌》诗句："山也空来水也空，随缘变现体无穷；青山绿水依然在，为人疑嫉难兼容。"星云大师说："何不放下心中的怀疑、嫉妒，让胸襟空出一片坦荡天地，让生命空出慈悲与造化，就能拥有一个自在洒脱的快乐人生。"人生需要有一个胸怀。

2019年，我以多次采访星云大师的体验写了一本书，通过法师请星云大师题书名。很快，星云大师写好了书名：《人间佛缘——星云大师和我》。一看副标题，我有些不自在了，觉得如何可以与大师平起平坐？太有不敬的意味。法师们都说没有关系，师父这样题，一定是有道理的。我还是坚持提出将书名改为《人间佛缘——走近星云大师》，大师也同意了。

不过，事后我想想，逐渐悟出道理，"星云大师和我"，这里的我，其实应该不是"小我"，而是"大我"，是广大信众。因为"人间佛缘"是大众和星云大师及众法师的佛缘，那才是这本书的意义。当然，这也是我们与星云大师的距离，所以要认真读大师的书，领会其意。

《金玉满堂3》第八十七课《见深见浅》。星云大师引用古德词："天地销归何处去，微尘幻现奈他何；见深见浅由他见，水是水兮波是波。"大师说，这首偈语说明了在这个成住坏空、生住异灭的世界里，我们要用心体会佛法的中道精神，认真活在每个当下；遇事时，不需固执己见，心不随境转，才是做人处事的妙方。

走过九十多年的生命历程，星云大师历经了跨两个世纪的种种变迁和磨难，大师说自己成就了"多元的人生""记录一生弘法的行佛历程"。他以自己的生命经验著书立说，留给读者的是取之不尽、用之不竭的知识与智慧源泉。悉心阅读大师的著作，会感悟人生的造化，触摸到人性的真谛。

# 永远的星云

《星云大师全集》简体中文版一〇八册，四千多万字，鸿篇巨制，浩荡海洋。德民一时没能力拜读全部，荣幸共襄盛举，参与部分文字的编辑，细读之，深思之，祈福大师，赞叹永远的星云。

永远的星云，这一感想来源于黑格尔的一个重要哲学论点：存在的即是合理的。

对这一论点简单的理解是，凡合理的存在，凡存在的合理。但在理解存在与合理以及两者之间关系的时候，还要认识到，要看这个存在时空，是一时一地，还是天长地久。这样理解，才是准确、全面的理解，才符合黑格尔的客观唯心主义。

比如存在，存在的时间是一二十年，一二百年，还是一二千年直至三五千

**李德民**

《人民日报》海外版原总编辑

曾任《人民日报》编委委员、海外版常务副总编、评论部主任等职务，中宣部新闻阅评组成员。获韬奋新闻奖，享受国务院专家津贴。

年；又比如存在的地点，是在几个国家，几个地区，还是在几百个国家和地区乃至在全世界。同样的道理，所谓合理，要看是否真正合理，也要看是一时一地合理，还是天长地久合理，是局部合理，还是普世合理。

概括起来说，就是存在和合理，要符合大自然、全人类的发展规律，顺应大自然、全人类运行的轨迹。

以上感想，是拜读《星云大师全集》第二十八册《金玉满堂》第一卷，特别是其中第三十四课《尊重生命》引发的。尊重生命，奠定了星云的存在，奠定了星云的合理，而且是永远的存在，永远的合理，由此奠定了永远的星云。

《尊重生命》这一课中强调："世间最贵者，即为尊重生命；世间最恶者，就是残杀生灵。"还说："假如我们尊重生命，不随便杀生，就是尊重生命的自由。所以佛教把不侵犯生命自由，制为第一戒。"

命只一条，人命关天，惟此为大。若说尊重生命、尊重人，自然包括人的存在、人的权利、人的尊严、人的自由、人的平等……尊重生命，说起来，相关主义是如此崇高，理论是如此伟大，思想是如此深邃，无人持有异议。

但透过现象看本质，真的吗？言行如一，一以贯之吗？

有真的，更有假的。"假作真时真亦假，无为有处有还无。"真真假假，真假难辨。人们理想丰满，而现实骨感，有多少所谓主义、理论、思想，有多少所谓文学、史学、哲学、政治经济学，更遑论形形色色的歪理邪说，假尊重生命之名，偷梁换柱，偷天换日，残害生命。残害物质生命，更残害精神生命。

从三皇五帝到唐宗宋祖，从外国到中国，到底谁尊重生命？谁被人记住？谁永远？

当然有的，志士仁人，先贤圣祖，难以忘怀。比如道教学说创始人老子，儒家学说创始人孔子，当然还有佛教创始人释迦牟尼。至于星云，他虽不是佛教的创始人，但他是忠实发扬光大、与时俱进的继承人。创始人毕竟寥若晨星，创始难，继承也难。为弘扬佛法，普度众生，他在世界各地建三百多座道场，建大学、中学、小学，包括知名高等学府，以及图书馆、美术馆和出版社，救死扶伤，救灾救难，积善成德。很难想象，这些均出自星云之心，出自星云之力。

如果说，星云大师只强调尊重生命自由，不杀生，这是政治层面的功德，他的高瞻远瞩，还体现在对现代环境危机的忧患意识。这是尊重生命在自然层面的功德。他在《尊重生命》这一课中指出："为了延续地球的生机，我们要保护大自然，珍惜资源，人类才能继续生存在这颗美丽的星球上。"还指出："佛教对生态环境的保护，一直扮演着举足轻重的角色。"

为人的生命，从物质到精神，星云做得已经够多了。谁还会要求一位年近百岁的高僧再做什么呢？他终究是人，不是神；是一位活在我们身边活灵活现亲切慈悲的人，不是高高在上法力无边的虚幻之神。

说他永远，还在于他为不同意识形态、不同社会制度的人们所认可、所接受，尤其可贵的是为两岸上下所认可、所接受。做事到此境界，做人到此境界，难！

"千江有水千江月，万里无云万里天。"听千江之水汹涌澎湃，看万里之云绚丽壮观，德民敬仰永远的星云，写短文以颂扬。

# 心地善良，家国天下

**任之**

《人民日报》高级编辑

曾任《人民日报》总编室一版编辑、一读组组长、校检组组长。编辑版面曾荣获中国新闻奖特别奖。参与《中国改革报》和《每日电讯报》创刊，为新华社等单位进行编校培训。

中华民族有五千多年的悠久历史和灿烂文化，在人类文明史上独树一帜。星云大师的文集《献给旅行者的365日》收录了中国古代夏朝之后历朝历代的名人、大家、文豪创作的散文、诗歌、画作、楹联、篆刻等各类体裁的文学艺术作品八百余篇，其中星云大师自创一百二十九篇。读大师的这本文集，可以从文学的视角对博大精深、底蕴深厚的中华传统文化有一个简明精要的了解。

夏朝之后的商朝发端于公元前1600年，其后的年代历经春秋、战国、秦、汉、三国、晋、隋、唐、五代、宋、元、明、清、民国，直至中华人民共和国，几乎中国历史发展每个时段负有盛名的名人名作在《献给旅行者的365日》这本文集里均有集纳。有商朝的周文王；

春秋时期的孔子、老子；战国时代的庄子、荀子；汉朝的司马迁、曹操；三国时代的诸葛亮；晋朝的王羲之、陶渊明；隋朝的僧璨禅师；唐宋时代文人辈出，有刘禹锡、白居易、王维、陆游、范仲淹、苏轼、李清照等；元朝有耶律楚材；明朝有朱元璋、吴承恩、于谦；清朝有曹雪芹、林则徐、雍正、曾国藩；民国时期有鲁迅、徐志摩、钱钟书、孙中山；历史迈入现代社会，才子、巨匠、伟人层出不穷，有毛泽东、郭沫若、丁玲、余秋雨、冰心、马英九、蒋经国、习近平，等等。"江山代有才人出，长河繁星争璀璨"，文集共涉及名人四百余位。可以说，这是一部集中华优秀文学名篇、中国优秀文人学者于一集的"文集"。我将其概括为：书写四千年，精华八百篇，仁义礼智信，篇篇润心田。"文集"的主旨在于教人修身养性，引人向善向美，催人励志奋进。

"文集"的第一篇，即一年肇始的元旦之日，星云大师写下了《新春祈愿文》，文章最后几句话是这样的：

慈悲伟大的佛陀！
祈求您保佑我，让我在新的一年里，
所说的言语，都是慈悲善良、鼓励向上的好话；
所做的事情，都是令人欢喜、利益大众的好事；
所存的心意，都是祝福他人、回向他人的好心；
所有的行止，都是帮助国家、协助世界的美好。

"文集"开宗明义，文章寥寥数语，大师的慈悲善良之心，大师的博大家国情怀已流露字里行间。其实文集里的每一篇作品都使人读之不厌，都值得再三咀嚼，从而受到新的启迪。

近日再次捧读文集中七月五日大师的诗作《荣耀背后》时，不禁感慨万千，掩卷遐思，眼前浮现出"共和国勋章"获得者袁隆平、屠呦呦、黄旭华的身影。我仿佛看到袁隆平在稻田里俯身察看稻秧的身姿，我似乎又看到屠呦呦在实验室里手捏试管、低头做记录的形象，我还恍惚看到黄旭华在核潜艇下海测试时全神贯注的神情，清晰听到巨大的海水压力压迫潜艇发出"咔嗒""咔嗒"的声响。

袁隆平结束学生时代后就始终在稻田里耕耘、拓荒，从壮年到老年，几十年如一日，艰辛探索。伴随着不懈奋斗，他试种的超级水稻亩产达到一千一百五十公斤。如今，他虽已功成名就，却依然专注于田畴，他想让全世界的人都没有饥饿之虞。他在我心中是一座丰碑，令我高山仰止。

屠呦呦在科研条件非常艰苦、没有先进的实验设备的情况下，几十年来，带领团队攻坚克难，潜心沉浸在医学实验中。失败了不退缩，越挫越勇。在失败了一百九十次后，终于成功研制出青蒿素，挽救了全世界数百万人的生命，每年治疗患者数亿人。她是我眼里的一道灿烂光芒，熠熠生辉。

黄旭华三十岁时领受我国核潜艇的研制任务，在人才、技术、资料十分短缺的情况下，他带领二十多名年轻的技术人员进入与世隔绝的荒岛，在大海的陪伴下开始了核潜艇的研制。从1975年开始，为保密起见，他淡化亲朋关系，对家人也从不透露自己的工作单位、工作性质、通讯地址。十多年攻坚克难，呕心沥血，终成大器。1970年，他带领的团队研制出了我国第一艘核潜艇。直到1987年，黄旭华作为我国第一代核潜艇总设计师的身份被解密，他的家人及亲朋才知道他从事着保卫国家安全的伟大事业。而这期间，竟然长达三十年！黄旭华是我心目中的一个标杆，他昭示我，国家利益高于一切，纵然要背负太多的委屈与不理解，也倾注全力，为国担当。

  成功的里面，包含了多少辛酸；

>名人的双肩，承受了多少压力；
>
>荣耀的背后，付出了多少代价；
>
>伟大的成就，奉献了多少牺牲。

这是星云大师的《献给旅行者的365日》文集中的诗作《荣耀背后》第一阕的四句话，这是对袁隆平、屠呦呦、黄旭华的所作所为多么精准和生动的诠释。其实何止是对他们，对于任何一个在工作事业上做出一些成绩的人，远至名人大家，近至我们的亲朋好友、师长同事，甚至我们自己，细细想来，哪一个又不是"成功的里面，包含了多少辛酸"。正像一首歌里唱的那样：不经历风雨，怎么见彩虹，没有人能随随便便成功。

学习英模，效法大师，心地向善，心怀家国。日常的所作所为均"给人信心、给人欢喜、给人希望、给人方便"，这便是我品读星云大师的文集《献给旅行者的365日》之后的所思所想。

# 四、演讲集类

# 妙语智言接踵至,忧悲苦恼随风散

**刘水明**

《人民日报》国际部原副主任

曾任《人民日报》国际部助理编辑、编辑,驻埃及记者,中东中心分社首席记者。笔名"岳麓士"。

主要著作:《漫游世界指南——埃及》《八十年代外国政坛谋杀案纪实》等;合著《世界政坛丑闻集》《沙漠风暴——海湾战火实录》等。

2020年(农历庚子年)的中国春节,注定不同寻常。由于新冠肺炎疫情暴发,大年三十前夕,"九省通衢"武汉断然封城,一场世所罕见的抗疫人民战争,在神州大地悲壮打响。

病毒犹如魔鬼,吞噬人民健康和生命。"大敌"当前,繁华北京顿时沉寂。街道车流消失,小区封闭管理,一切欢乐喜庆活动,小到家庭团圆、亲戚聚会、朋友串门、单位联谊,大到游园庙会、巨片贺岁、体育赛事、文艺汇演,等等,统统取消。百姓足不出户,闭门宅家坚守,就是不给政府添乱,为国家做贡献。

病毒气焰嚣张,神出鬼没,六亲不认,对中老年人更是毫不留情,因为他们大多患有基础疾病,体质虚弱,抵抗力差,治疗难度大,一旦"中枪",便被击倒，据说六十岁以上的人致死率高达百分之三十。因此，一些老年朋友谈疫色变，生怕感染。加上疫源来历不明、疫情蔓延迅速、防控手段有限、治疗药物缺乏、疫苗有待研发、物资供应紧张、流言谣言纷传等因素，个别地方公众出现恐慌情绪和抢购风潮。

我身居陋室，心系疫区。每天读报、刷屏、上网、听广播、看电视，跟踪疫情发展变化，得知疑似、确诊、重症、死亡病例日增成百上千，心里难免打鼓，对病毒如此狡诈猖獗，感到担忧、揪心，甚至震惊、畏惧。好在案头有一本《星云大师全集·主题演讲集1》，它不仅成了我认识人间佛教的良师，也成了我舒缓情绪、调整心态、直面灾难、思索人生的指南，给我带来了宝贵的感情疏导、心灵抚慰和精神激励。

星云大师认为：人活在世间，对于人生有许多不解的疑惑，尤其对于生老病死、荣辱得失之不由人，常有种种疑问，佛法对于人生的种种烦恼困惑，都提供了明确的解答。他又说："佛教讲生命的流转是无始无终的，人既来世间生活，就有生命，有生命就有生死。因为无常之故，世界有成住坏空，自然有寒暑冷热，人类有生老病死。"

《八大人觉经》有言："人命在呼吸之间。"星云大师认为，虽然人有脆弱的一面，但人只要有信仰，就会有力量。有信仰的人遭遇难忍的痛苦，或是致命的打击，由于信心的生起，终能克服困厄，再度燃起希望。即使身罹绝症的人，只要对人生有信心，病魔也奈何不了他。从这个角度看，人间佛教所推崇和弘扬的生命观，是积极向上的。

《主题演讲集1》收入文章二十八篇，分为两个单元：一、学佛与求法；二、佛教与人生。内容都是面向大众的讲说开示，贴近实践，源于生活，很接地气。大师善用通俗易懂语言，生动诠释佛法的圆融至理，尤其巧引譬喻，将佛法的精深幽微，契入听众或读者的会心一笑，令人折服。

在《人生十问》一文中，星云大师专门谈了"如何面对老病"这个问题。大师认为，生病不分老少，但相对而言，老年人生病更让人担心。那该怎么办？他主张做到三点：一、从心不苦做到身不苦。有病没有关系，生理上有病时，心理上要健康，不要被生理上的病拖垮自己的生命力。二、从药物治疗做到心理治疗。当身体不舒服时，除了看医生，要训练自己坚强，体会病性本空的道理，淡然处之。三、从看破放下做到安然自在。人生要像手提箱一样，提得起，放得下，面对疾病要安然自在，才能对付疾病。

在全民防控新冠肺炎疫情的紧要关头，我认真披阅《主题演讲集1》，如饮甘泉，沁人心脾，受益匪浅。总的感悟是，"妙语智言接踵至，忧悲苦恼随风散"。我深信：只要坚定信心、同舟共济、科学防治、精准施策，十四亿中国人民定能战胜疫魔。冬将尽，春可期，风雨过后，便是晴空万里！

# 禅诗的意味

《星云大师全集》第三十三册《主题演讲集2》，在以《禅师与禅诗》为题的演讲中，深入浅出地讲解了禅诗的本事和禅意，尤其从人间佛教的角度，阐述了禅诗所蕴含的世俗道理及其广泛的社会意义和价值。因此，阅读和理解禅诗，不应局限于禅机佛理，而是要深入认识其普遍哲理和人生智慧。

何谓"禅"？历代高僧和学者多有阐释，它是印度佛教传入中国之后，结合道家学说形成的宗教流派，以禅宗为代表，其核心思想是："不立文字，教外别传；直指人心，见性成佛。"星云大师在《全集》中，对禅和禅宗、禅学、禅修多有讲解，认为"禅"可以开拓我们的心灵，启发我们的智慧，引导我们进入更超脱的自由境界。而禅诗则是僧人或文

**王能宪**
中国艺术研究院原常务副院长

现为中国艺术研究院研究员，中国作家协会会员，北京光中书院院长。

重要著作：《世说新语研究》《含咀编——中国古典诗文名篇赏析》《文化建设论——王能宪演讲集》《自由创造是文学艺术的本质要求——论文化政策与文化战略》《二分集——文学与文化撷论》《忘机斋文集》《中国最美古诗文》等。

人用偈语或诗句的形式创作的带有禅意的诗歌。当然，禅诗与不立文字，似有抵触，但倘无禅诗，又如何传达禅意呢？世间许多事物就是这样既矛盾又统一，既相反又相成地存在着。

星云大师在《禅师与禅诗》这篇演讲中，一口气讲解了二十首禅诗，大都是历代禅诗中的经典之作。这些禅诗的作者，多数是道行高深的僧人，亦即禅师；但是也有并非僧人，却或许与佛教有些瓜葛的人，如苏轼、于谦。大师在演讲的开篇明示："要想深入了解历代禅师的风范人格，有一条捷径，那就是直接从他们所作的'禅诗'入手，依循着禅诗的内容脉络，可以找出禅师们对宇宙人生的看法与态度。"我们通过星云大师对禅诗的讲解，则可以更好地体会和理解他的"人间佛教"的思想和精神。

譬如，布袋和尚的禅诗："手把青秧插满田，低头便见水中天；六根清净方为道，退步原来是向前。"有过农耕生活经验的人都知道，插秧是一步一步向后退的，直到退到尽头，整块田也就插好了。布袋和尚从农家插秧的生活场景得到感悟，写出了这首流传千古的禅诗，告诫世人"退步原来是向前"。星云大师讲解此诗后指出："这首诗告诉我们，从近处可以看到远处，退步也可以当作进步……古人说'以退为进'，又说'万事无如退步好'。在功名富贵之前能让一步，是何等的安然自在；在人我是非之前忍耐三分，是何等的悠然自得。这种谦恭中的忍让，才是真正的进步，这种时时照顾脚下，脚踏实地地向前才是至真至贵。"

再如，唐代的马祖道一禅师家住江西，石头希迁禅师落籍湖南，当时人们学禅，认为这两处最好，一时盛行"走江湖"，即到江西、湖南去学禅。一天，马祖道一回到故乡，亲朋故旧都来看他，邻居老婆子居然喊他的乳名，使得这位名满江湖的禅师颇为感慨，写下了这样一首禅诗："为道莫还乡，还乡道不成；溪边老婆子，唤我旧时名。"星云大师在讲完这个故事后，推开一步讲："这首诗启示我们不要沉酣于甜蜜的过去,要泯除狭隘的地域观念,扩大生命领域。从有限的时空中去创造无限的时空,以有限的生命去扩充无限的生命,将短暂的生命投注于永恒的时空之中,不能像井底之蛙一般,画地为牢,局于一隅。"

又如,洞山良价禅师有诗曰:"不求名利不求荣,只要随缘度此生;一个幻躯能几时,为他闲事长无明。"星云大师强调:"这首偈语要我们'不求名利不求荣',不求个人的安逸、荣耀、成就,应该为国家社会求大、求好、求荣耀。如何做到只为大众,不为私己呢?像佛光人的信条'光荣归于佛陀,成就归于大众,利益归于社会,功德归于信徒',就是一种无私无我的德行。"

最后,再看看苏轼的禅诗:"一树春风有两般,南枝向暖北枝寒;现前一段西来意,一片西飞一片东。"这也是一首有名的禅诗,诗人从自然物象中得到启示,有感而发。星云大师借题发挥,指出:"物我是一体的,外相的山河大地就是内在的山河大地,大千世界就是内心的世界,物我之间已没有分别,已完全调和了。好比一棵树,同样接受空气、阳光、水分,每一片树叶却有不同的生机,但彼此又能无碍地共存于一株树上。泯除物我的对立,才能得到圆融统一。"

# 读书是星云大师生命中的重要资粮

**江迅**

香港《亚洲周刊》副总编辑 中国作家协会会员。在香港、吉隆坡、新加坡等地传媒撰写专栏文章。获二十多项全国及中国香港、上海、北京、吉林等地文学奖和新闻奖。

重要著作：《朝鲜是个谜》《倪匡传：哈哈哈哈》《1998 中国病》《香港，一个城市的密码》《亚洲城市微表情》《骚动的窗外》《私语人生》等。

新冠肺炎疫情本身就是一部教科书。养生贵在养心，读书须先静心。读书正是一种建立内在秩序的方式，是调整心态、克制焦虑的重要途径，撇开喧嚣，拨开冗务。过去一直不明白，"闲"字的门内，为何用一个"才"字，今天明白了，宅在家"门"里，书读多了，就有"才"了。宅家的这段日子，读的时间最久的当数《星云大师全集》的《主题演讲集3·宗教与体验》。

大师在书中说："1949 年……我来到了台湾，开始我弘法的工作。我最大的志愿是以文字来弘法，因为文字超越时间、空间，透过文字的媒介，不止这个时代、这个区域的人可以接触到伟大的思想，几千年、几万年以后的人类，此星球、他星球的众生，也可以从文字般若中体会实相般若的妙义。靠着文字的桥梁，今日我们得以承受古人的文化遗产；由于历代高僧大德们的苦心结集、传译，今日我们才能饱尝法海的美味。"

二十年来无数次拜见大师，几乎每次都会听他谈写书、读书。记得2014年2月，我和三位同事上佛光山，大师讲故事，也谈读书。大师说过："一个人肚子里有了书，这个人就有了华光。我们必须让自己成为发光体，才能与世界的灿亮接壤。"

星云大师有"路上书""云中书""床头书""衣袋书"。与书结下不解之缘的大师，自称上了"读书瘾"，每天无论多忙碌，他总是善用零碎的时间阅读，一日不读书，他就觉得浑身不对劲。

记得大师说过，他生于扬州一个穷苦农村家庭，从小没有见过学校，也没有进过学校念书，连一张小学毕业证书都没有，到了有书可以读的时候，已经超过学龄；直到十二岁那年，他在栖霞山剃度后进入栖霞律学院就读，"读书成了我生命中的重要资粮。假如说我不读书，现在的情况实在很难想象"，"因为对读书的渴望，我向常住争取管理图书馆的工作，藉由整理书籍的机会，可以阅览群书；甚至夜晚熄灯后，我还躲在棉被里点着线香偷偷看书……"他一生就希望成全别人读书。他从小学校长做起，后来兴办幼稚园、佛教学院、小学、初中、高中，以及在澳洲、美国、菲律宾及中国台湾等地创办五所大学，目的就是希望让众生来读书。

《宗教与体验》是《主题演讲集3》中一个篇章，讲的是《佛教各宗派修持方法》《当代人修持的态度》《奇人的修证》《佛陀的宗教体验》《阿罗汉的宗教体验》《菩萨的宗教体验》《我的宗教体验》《谈迷说悟》《佛教的忏悔主义》《佛教的慈悲主义》《佛教对心识的看法》《从心的动态到心的静态》。

大师行文有两大特点，一是引经据典，二是讲故事多。仅仅在《佛教各宗派修持方法》一文，大师就引用了《华严经》《百论》《十二门论》《中论》《阿含经》《方等经》《阿弥陀经》《药师经》《维摩诘经》《般若经》《法华经》《涅槃经》《入法界品》《解深密经》《圆觉经》《大宝积经》《楞伽经》《金刚经》《大品般若经》《华严探玄记》《大乘庄严宝王经》《十诵律》《四分律》《五分律》《摩诃僧祇律》《明了论》《萨婆多论》《善见论》《摩得勒伽论》《毗尼母论》《六祖坛经》《唯识三十论》《唯识二十论》《摄大乘论》《成唯识论》《瑜伽师地论》《大智度论》《药王品》《摩诃止观》《释禅波罗蜜次第禅门》《般舟三昧经》《妙法莲华经》……一文引用几十本著作，可见大师平日博览群书的精神，令人震撼，细细想想，大师一生要读多少经典。

2020年新冠肺炎疫情下，不少人憋在家几个月，时间富裕了，周遭清净了，人求索世界的本能又涌动起来，很多人感叹：又重新看上了书，找回手不释卷的感觉。说起来，文字这东西，真是奇妙，带着诱人的香气。不同的排列组合，总会生发无限生机，无限趣味。现代医学研究证明，"中外书籍都是由规范的文字元号排列，白纸黑字，间距分明，具有一定的节律性。人在阅读时，透过双眼的视神经，传导到大脑的视觉中枢，使全身的组织细胞产生共振现象，令人体生物节律趋向和谐整齐，激发生物潜能"。都说生命在于运动，按摩有利健康，读书也是一种智力运动，犹如脑体按摩，坚持读书，脑细胞就会不断更新，可见读书有利增寿养生。

正如星云大师所言，读书就像是在阅读人生。唯有读书，知识永远是智慧。读书的种子，会埋在人们心里，因缘际会时，它会成长、开花，也就是所谓"开般若花，结般若果"。我在想，与疫情博弈，把自己埋进书海看书，先捡起手边那本之前没看完的书。读大师的书，就是一种"宗教体验"。

# 佛光会，现代化"人间与实践"新模式

纵观星云大师全集《主题演讲集4·人间与实践》篇章，它体现了星云大师对佛教在当代社会中构建新型制度的思考。

依笔者的观点，星云大师构建现代化佛教制度的前提，主要是从对传统佛教弊端及现状的反省、对现代社会理念和形势的观瞻、对佛教实现现代化转型的定位等三方面展开。

**对传统佛教弊端及现状的反省**

星云大师提出，佛教徒"要有为教的忧患意识"。他认为：佛教传入中国后，"在专制君主体制之下，一切都附属于政治而存在，佛教也无法幸免。君主的施政方针，往往决定佛教的兴衰与否"，在经历各种"法难"及限制政策的影响，中国佛教走上了远离社会人群，

**王彬**

江西省社会科学院哲学研究所副研究员

南京大学哲学博士，师从赖永海先生。主要从事佛教与传统文化研究。

封闭自守的局面。及至现代，佛教度化群机的功能无法发挥，成为社会人士嗤之以鼻的对象。

民国以来，太虚大师等极力提倡"人生佛教"，并非标新立异，而是对佛教本身"以人为本"宗旨的回归。但民国以来所提倡的"佛教现代化"运动，尚嫌不足。

**对现代社会理念和形势的观瞻**

星云大师认为，佛教的教化之要在于"契理契机"，即因应每一个时代的需要，以最巧妙的方便，将佛陀慈悲的精神，普示于社会，这也是大师所说的"佛教现代化"。而现代社会所应有的基本精神，一是重视理性和科学精神，反对玄学和迷性；二是强调人文和伦理精神，提倡人类和平与福祉。

人类社会的共存共荣成为现代社会的主流理念。这些现代理念与佛教理念本身具有相当的共通性，这也意味着佛教可以在现代社会中发挥其自身作用，但也要革除其长期以来形成的各种弊端，成为既契合佛陀本怀，又为现代人所能够接受的佛教。

**对佛教实现现代化转型的定位**

正是基于现代社会的理念要求，大师认为，现代化的佛教应当具足六项基本准则：合理（非邪见）、实有（非玄想）、现世（非未来）、正面（非迷信）、进步（非保守）、道德（非神奇）。这些原则也是佛教面对现代社会时所要关注的自我定位。

而推动佛教现代化有七项原则：度生重于度死、奉献重于祈求、生活重于生死、事业重于庙堂、大众重于个人、法乐重于欲乐、国情重于私情。在与外部社会环境进行合理调适的同时，佛教自身的组织管理也需要按照现代社会所接受的方式进行合理调适。

正是基于对传统佛教弊端及现代社会特点的深入反省和思考，促使星云大师提出并开创了佛教现代化制度构建的新型模式——国际佛光会。佛光会的模式，旨在革除传统佛教出现的弊端，使之成为融合传统与现代、并契合现代社会的新型佛教管理体系，使佛教徒树立起"为社会为众生的担当意识"。佛光会的组织架构，为每一位佛光人践行佛法提供了平台；佛光会的宗旨和理念，又是通过每一个佛光人的实践而得以具体的贯彻。

佛光会的创立也是大师"僧信平等"理念的具体落实与体现。正如大师所说："创立佛光会的目的，是要让在家信众能有更多的机会奉献心力，成为三宝的护持者、文化的播种者、佛法的弘化者、大乘的修行者。"而佛光会员个人也可以通过积累功德，为自己集积学道资粮，为子孙培植福德余荫。

大师指出：佛光会的理念是"集体创造，并不标榜个人成就"——这是因为佛教在传到中国的两千多年来，除了在隋唐时代鼎盛非凡，其后趋向衰退，其"主要原因是由于佛教多不发心入世，只想一个人独善其身，做自了汉，以各行其是的情况下，弘法的力量逐渐分散，即使少数有心人士想要力图挽救，终因力量薄弱而告失败"。所以，大师认为："佛光会想要做的度众大事业，必得大家团结起来，集中力量。"而团体与个人的关系即是"大我"和"小我"的关系，即"唯有透过大我的各种资源，小我的理想才能得以发挥；唯有在大我之中恪尽厥责，才能充分展现自己的天赋"。而对于佛光人所要秉持的佛法和伦理理念及行事规则，在本篇中有详尽的说明，可以仔细体会。

从现代化佛教的原则，到新型制度构建及模式探索，乃至个人行为及修养准则，大师在这个篇章都进行了全面而具体的阐释、分析和说明，实为理解"人间佛教"思想及实践的重要文献。

# 星云大师印象记

**王守常**

北京大学哲学系、宗教学系教授

北京大学中国哲学与文化研究所常务副所长，中国文化书院院长，三智道商国学院院长。研究方向：中国哲学、佛教、近代中国思想史。1985年至1986年为新加坡东亚哲学研究所客座研究员。1991年至1992年为香港中文大学访问学者。1996年为比利时鲁汶大学访问学者。2001年至2002年任日本东京大学教授。

佛教经典云："佛为一大因缘出现于世。"这句佛语真是灵验。20世纪80年代末海峡两岸开通互访，星云大师就开始了拜访北京之行，其中重要一项是与中国文化书院院长汤一介先生和诸位导师结识。我从此认识大师。其后分别在美国洛杉矶西来寺、北京大学、佛光山台北道场、无锡世界佛教大会、北京人民大会堂……拜见过大师无数次。

记得2015年，我带学生去台湾高雄参加活动返回台北，学生建议参观星云大师在台北的道场。待我们到了道场，一位主事的比丘尼告诉我们：星云大师在等您和学生。我吃惊问道：大师不是在马来西亚吗？比丘尼说：大师刚回到台北，知道您和学生今天来访，大师说他一定要见你们。我知道星云大师法务繁忙，要拜访求见的人不计其数，应接不暇，刚从马来西亚归来不顾疲惫来接待我们，心中极度不安。

我认识大师至今近四十年了，时间总是在双手合十时不经意流走了，但又好似经过无数次的轮回，一次又一次理解了大师思想的圆融。记得星云大师第一次来访大陆，在北京国家图书馆北配楼的讲座上，借用历史上的禅宗偈语诠释他的佛法要义。在中国大陆改革开放初期的时代，宗教问题的讨论还没有完全开放，就意识形态这个方面还有些敏感。但人们面对新的时代带来问题的思考向度愈加多元化，任何一种思想都可以冲击人们的思考乃至接受。

1986年，杜维明教授在北京大学开设一门"新儒家哲学"课程。杜先生讲课让学生从另个角度来理解新儒家的哲学，却有耳目一新的效果。星云大师在北京讲座上演讲也有这样的效果，让听者有如沐春风之感觉。他的佛学思想紧扣着社会现实问题，对人生问题的解惑有来自佛学的资粮，也有儒家的智慧。和星云大师亲近有三十多年了。这一路以来听他的开示，愈加了解他思想精进之处，那就是他始终坚持的"人间佛教"的教理。

"人生佛教"在民国时期，太虚大和尚就有详尽的论述。为什么太虚大和尚提出"人生佛教"的教理？那是因为佛教经汉魏传到唐宋，完成了佛教中国化的过程，儒释道共存而禅宗一枝独秀。自宋元明清以来，佛教其他宗派日渐衰落。民初之后佛教有了复兴，也因杨文会结交日本南条文雄，得以在日本留存的唯识宗的重要典籍回到中国，引发了颇多学者的关注和研究。所以，晚清民初佛教的复兴其实也就是唯识宗的复兴，很多学者热衷唯识学的名相与理论，因而梁启超说佛法不在缁衣而在居士流。此时西学东渐也蔚为大观，甚至日本真言宗亦在中国开始传布，社会思想迭见杂出。太虚大和尚有感佛教日渐衰败，提出教理、教制、教产三革命，明确提出"人生佛教"，去除"神鬼"之迷信，依现代的人生化、群众化、科学化为基，顺今世之潮流而契时机以行真理，造成现代之佛学者，则佛学中之人生的佛教最合宜。

印顺法师认为太虚大师提出的"人生佛教"，是修正中国佛教"重死重神"的陋习，所以他不说"人生"而说"人间"，希望中国佛教回到现实人间。在《阿含经》有："诸佛皆出人间，终不在天上成佛。"印顺法师认为佛教是人间的，惟有"人间佛教"才能表现出佛法的真谛。

太虚大师与印顺法师关于佛教的前缀"人生"或"人间"之名词争论，当然不是为一字而争。两位佛教界大师的共同出发点都是为提振佛教的发展，不过他们不同的阐述与他们对佛经的不同的理解相关，也和他们参禅修道的差异至关重要。时至今日，学者对他们二人的理论臧否不一，而一般信众恐怕不会在意"人生佛教"与"人间佛教"的意义差别在哪里。

我以为星云大师从十二岁出家，历经各种苦难，几番参禅修道，体悟到太虚大和尚的"人生佛教"教理，但在当今社会的现实状况下讲"人间佛教"更恰当。有人问他为什么说是"人间佛教"，他说佛教僧人应该从山林走到群众，寺院走到社会，佛教要为社会服务。如何服务社会？他明确告诉我们，要以文化弘扬佛法，以教育培养人才，以慈善福利社会，以共修净化人心。

星云大师已走进九秩高龄，其语言简易，其思想深刻。凤凰台主持人问大师可否用最简单语言概括"人间佛教"的内容，大师答道：幸福、平安、快乐。星云大师如此开示即可断除疑惑，这是把人格的成就与佛格的圆满融合为一。

如果依据传统佛教示人教法，那就要恪守三皈五戒十善，修解脱行，少欲知足，求身解脱、心解脱、慧解脱，发菩提心，修四无量心、四摄六度，等等，如此这般的佛法教化开示，恐怕在当下社会就会远离"人间佛教"的旨意了。

星云大师常年在世界各地行走，主持佛光山的各个道场的法务，及召开每年固定的法会，或接待无数的拜访者，回答形形色色的疑问。近几年，我每年总有二至三次会在不同地区见到大师，听他和青年学生谈人生问题，和企业家谈财富问题，和政治家谈治国问题，和妇女谈婚姻问题……有些问题如：学佛的人是否一定要吃素食？大师会说，"不杀生"是信佛的戒律，所以有"君子远庖厨"的说法。有时受邀午餐吃到鸡蛋韭菜馅的饺子，不免也要吃上几个。如不吃会让主人另做，那会劳烦人家，也不礼貌。大师从小就不吃荤，甚至素丸子、素鱼肉都从不食用，受戒甚严，所以佛光山的斋堂是严格遵守这条戒律的。

星云大师以戒为师，恪守戒律，是他坚守不变的学佛做佛的初心。而他面对众人讲法开示，又能知机识变，这又契合了印度禅宗一祖迦叶尊者赠二祖阿难尊者的偈云："法法本来法，无法无非法。何如一法中，有法有不法。"这正是禅宗完成了佛教中国化，并丰富了中国文化的智慧。

《星云大师全集》出版，可喜可贺！谨以此文作馨香一瓣恭贺这一出版界的盛事！编者约我写点感想，这篇小文以印象记，不揣谫陋记录一些和星云大师相见与谈的事情。有不当之处，敬请方家指正。

# 发恒常心，成难能事

**罗世平**

中央美术学院教授

中央美术学院丝绸之路艺术研究中心执行主任，中国美术家协会理论委员会委员，中国敦煌吐鲁番学会理事，全国古籍整理出版规划领导小组成员，中国画学会副会长、秘书长。重要著作：《欧洲近代雕塑大师罗丹》《点、线、面》《世界美术史》《情感与符号——康定斯基与抽象绘画》《中华文明史》《中国宗教美术史》《20世纪唐研究文化卷·美术》《四川唐宋佛教造像的图像学研究》《20世纪中国壁画墓的发现与研究》《波斯和伊斯兰美术》《图像与样式——汉唐佛教美术研究》等；合著《中国美术简史（增订本）》，总审定《西洋美术辞典（简体版）》。

2019年，《星云大师全集》（简体版）在大陆隆重首发，岁末承蒙星云文化教育公益基金会惠寄《随堂开示录》第二册，得以重温大师《编辑〈世界佛教美术图说大辞典〉的历史意义》一文。我作为有幸参与编修的一员，回忆当时大师的开示，至今仍然记忆犹新。

这次的开示，时值《世界佛教美术图说大辞典》起步未久，纲目将举待张的关键时刻。大师特于万忙之中专程拨出时间，既讲他四十多年前萌生出版佛教美术套书的缘起，也讲"鉴真东渡""玄奘西行"成就的弘法伟业，以此激励参与编辑的僧信二众"志在完成"的愿心，文中还专就《世界佛教美术图说大辞典》的编纂工作给出了方向和目标要求。

编辑《世界佛教美术图说大辞典》是佛光山总集汇存佛教美术图像的一次创举，具有划时代的意义。这次图像总集的编纂，如星云大师所言，是在从事一项有历史意义的工作。按大师拟定的书名和图书规模，编这套书，意义有三。

**意义之一，着眼于佛教美术的世界性。**

这一着眼点，是与佛光山的开山宗旨紧相契合的，也是佛光山丛林一直秉持的既定目标。如果去佛光山参访，入山门就可以看到山门上的联句："佛光普照三千界，法水长流五大洲。"星云大师拟此联句，表明了誓将佛法播越至五大洲的宏图大愿。佛教是世界三大宗教之一，佛光山自开山以来，胸存世界佛教的大格局，几十年如一日，恒守这一初衷，分张徒众，弘法利生，如今五大洲皆有佛光山的分支别院，弘法事业如火如荼。编辑《世界佛教美术图说大辞典》，题中之意也自然是在这一初衷上，可以看作是佛光山世界观一以贯之的弘法愿景。

**意义之二，着重于艺术的表法功能。**

佛教美术分门别类，各有专业门类自成的体系，但美术之于佛教，其核心功能皆是因弘扬佛法而显现出特色。赵朴初先生曾说，佛教艺术的功能在于表法。古代三国时期的僧人康僧会，由交趾（今越南河内）届建业（今南京），"营立茅茨，设像行道"。所谓营立茅茨，系指佛寺的草创；设像，是说佛像的供设，包括雕塑和绘画；而行道，则包含了宣讲佛法及法事活动使用的法器。根据美术的分类，在佛教传法的初始阶段就业已分理出了建筑、绘画、雕塑和工艺美术，这些属于现代美术的分类概念，是因了佛教弘法的需要而得以荟萃，也都因了表法的功能而得以升华。以美的形态展示佛法的庄严殊胜，美术表现出的亲和力，当是开启信众亲近佛法的高妙法门。

东晋僧人乐僔西去敦煌、开石窟以居禅，清初四僧以画印心，弘一法师从书法中证道，如是种种，都将佛法的艺术化演绎得精彩纷呈。星云大师开山建寺，造塔立像，写一笔字，建佛陀纪念馆，等等事相，也件件都与艺术结缘，通过艺术的方式作表法的演教。同样，编辑《世界佛教美术图说大辞典》，将古今中外的佛教美术精品汇集成编，配以专业的图说文字，也正是大师倡行人间佛教，善巧方便的弘法智慧。

**意义之三，着力于佛教美术的专业特色。**

星云大师要求按辞典的规范编纂佛教美术，以我的理解，是在有意识地强化佛教图像的谱系化和知识的系统性，二者相辅相成，让《世界佛教美术图说大辞典》的专业特色得以突显。按辞书的规范发凡起例，为遴选作品、编列词目、分类论述、图鉴说文、附录别裁等内容提供了标准和遵循，以此展示佛教博大精深的要义特色。

星云大师给出的题中三义，勾勒出了《世界佛教美术图说大辞典》的愿景和实施路径。当然，对于编辑工作无疑也提出了更高的要求，有了难度上的更大挑战。令人感动的是，对于这一难能之事，如常法师率领的编辑团队发恒常心，成难能事。参与编辑的僧信二众知难而不畏难，从零开始，一处处的遗迹查询，一本本的图书翻检，一幅幅的图像收集，一条条的词目核校。前后八年，积稿成山，总共遴选荟萃佛教美术作品万余幅，编列词目九千条，图鉴说文百万字，最终成书二十卷册，圆满完成了世界佛教美术图像的首次结集。

2013年《世界佛教美术图说大辞典》出版发行，在新书发表会的庆典上，星云大师宣布《世界佛教美术图说大辞典》作为《图像部》正式入藏《佛光大藏经》。为了向世界各地推广传播佛教艺术，佛光山翻译团队又于同期紧锣密鼓地开始英文版的翻译，2016年该辞典的英文版也正式刊行。2017年，湖南美术出版社将这套书引进大陆，出版了这套书的简体版，备受读者和研究机构的关注，并于 2019 年荣获"中华优秀出版物"大奖。至此，《世界佛教美术图说大辞典》在星云大师的指导和激励下，在十六年间，出版了三种版本。有心的读者，开卷披图，信能感知佛光山发恒常心、成难能事的弘法愿力。

# 佛教有我

**安虎生**

佛教在线总干事

中国宗教学会副秘书长，中国佛教协会常务理事。1995年创办佛教在线，致力于佛教文化的现代化和网络化传播。

重要著作：《中华佛教文化年鉴》《中国藏族文化年鉴》《新编佛教念诵集》《佛学简明电子百科读本》等。

在收到星云文化教育公益基金会和财团法人佛光山人间佛教研究院的约稿函后，我一直未敢下笔，只是反复阅读星云大师的《随堂开示录3·佛教靠我》。时日匆匆，在截稿期限前，只好把自己二十多年来学修的一点感想贡献出来，以此表达我对星云大师的敬仰之情、对佛光山的感恩之心，并希望得到善知识的批评批正。

1995年4月，我因母亲去世而拜入佛门，有幸深习皈依，并听闻《金刚经》《八大人觉经》等经典，身心俱震，感于佛法之殊胜，世人听闻正法之困难，遂发心开办"中华佛教在线"，后更名为"佛教在线"，是大陆最早的佛教网络平台，至今为止已经二十六年了，我也从一个三十出头的年轻人成了快六十岁的老人了。

因为从事佛教资讯传播，很早就与佛光山结缘，至今也快二十年了。2016年有幸上佛光山拜见星云大师，亲睹大师慈容，亲聆大师教诲，大师的悲心宏愿，大师的无我智慧，大师"将此深心奉尘刹，是则名为报佛恩"的身体力行，让我深受感动，身心得到极大的洗涤，也让我有了榜样，有了力量。

佛法智慧超绝，然更重践行。所谓以解导行，以行化解，解行并重。没有正确的知见，犹如盲人骑瞎马，夜半临深池；而没有身心的实践，只能是画饼充饥，数食说饱。

大师在《佛教靠我》一文中讲道："'佛教靠我'就像一盏明灯照耀着我，不断引导我向前迈进。有了慈悲的力量，人人都要靠我，佛教靠我，国家靠我，社会靠我，父母、兄弟、朋友、姐妹们都靠我！"正是有了"佛教靠我"的精神，才成就了"佛光普照三千界，法水长流五大洲"的佛光山伟业，才使得"人间佛教"有了契理契机的开显，才让更多人有幸沐浴在佛法的阳光雨露中。而《星云大师全集》就是星云大师一生亲证"佛教有我"的慈悲和力量的般若宝藏。

我深深仰慕星云大师"佛教靠我"的志向和事业，可也深知自己福薄慧浅，德行不足，一点点小事情就耗去半生的心血精力，只能深深忏悔，多多苦行，消除业障，开启智慧。但"佛教有我"却一直是我学修佛法的根本，也是我生命的核心，更期望在佛菩萨的加持下，在星云大师的引领下，能从心底真切地发出像大师一样的菩提宏愿！

我想，如果每一个佛弟子都抱着"佛教有我"的心态，做着"佛教有我"的行为，让自心多一些和悦，让家庭多一些和顺，让人我多一些和敬，让社会多一些和谐，让世界多一些和平，那该是多么美好的画卷。

2020年春节以来，疫情肆虐，大众蒙难。大陆举全国之力，行战时之法，全民全力投入抗击疫情。国际佛光会克服重重困难，雪中送炭，不仅是全球华人同根同源、法乳一脉的情谊见证，更是星云大师"佛教靠我，国家靠我，社会靠我，父母、兄弟、朋友、姐妹们都靠我"的又一次体现！

话犹未尽。

祈愿大师法体安康，长久住世！

祈愿佛光山法运昌隆，人间佛教普惠人间。

藉着本文因缘，愿病毒疫情早日止息，愿大众身心平安！

# "四的"：人间佛教的精要解答

关于"人间佛教"的定义，自太虚大师以来，教界、学界人人言殊，但均过于学术化、繁琐化或片面化，致使一般人很难抓住它的要义，甚至误解成为社会佛教、世俗佛教等。用一种更精确、更简练、更通俗易懂的方式解答此一问题，就是星云大师提出的"四的"，即"佛说的、人要的、净化的、善美的"。

2008年12月，在美国洛杉矶西来大学举办的"中国佛教的过去、现在与未来"学术研讨会开幕式中，星云大师开示说："佛说的，是人间佛教；人要的，是人间佛教；净化的，是人间佛教；善美的，是人间佛教。"

在为山东大学佛教研究中心学生的开示中，星云大师再次强调："人间佛教，简单地说，就是佛说的、人要的、

**段玉明**

四川大学道教与宗教文化研究所教授、博士生导师

重要著作：《西南寺庙文化》《中国寺庙文化》《中国寺庙文化论》《相国寺——在唐宋帝国的神圣与凡俗之间》《指空——最后一位来华的印度高僧》《大理国史》《南诏大理文化史》等（含合著）二十六种，发表学术论文一百七十余篇。

净化的、善美的，不是哪一个人的，人间佛教是佛陀的。"其实，不止是在第三十九册《随堂开示录4·佛教未来的走向——人间佛教》，在整部《星云大师全集》中，星云大师都在反复强调这几句话，因为它们是星云大师关于"人间佛教"最精确、最简练、最通俗易懂的表述，也是迄今为止，教界、学界最精确、最简练、最通俗易懂的表述。

"人间佛教"必须是"佛说的"，否则就不是佛教。如非佛教，也就没有什么"人间佛教"了。太虚大师要求"仰止佛陀"，星云大师建议回到佛陀本怀，目的都是强调佛教于人间佛教的基要性。

无论是南传还是北传、藏传还是汉传、西方还是东方佛教，又无论是"三乘共法"还是"五乘共法"抑或"八宗共法"，"教主都是佛陀，教义上也都是以最初的'三法印'为主体，没有改变"。所以，"人间佛教本来就是佛教，并不是说人间佛教就改变了佛教什么。人间佛教只是将佛教更为升华，让它更人性化、更普遍化、更僧信共有化"。

其次，"人间佛教"还须是"人要的"，是众生解脱必须依持的方法，"可以作为我们心灵的灯光，把我们的心灯点亮起来"，"是人间的一道光明，将来必定会发扬光大"，否则就是一种书斋式的哲学与思想，会完全背离释迦牟尼慈悲济世的本怀。

"人间佛教"是"净化的"有两层含义，一是净化自身，二是净化社会。净化自身即太虚大师的"完成人格"，星云大师主张从做好事、说好话、存好心的"三好"做起，以净化我们的身、口、意"三业"，逐步达至提升、完成我们的人格；净化社会即服务社会、影响社会，星云大师提出自心和悦、家庭和顺、人我和敬、社会和谐、世界和平的"五和"主张，推己及人、及社会、及世界，"让每一个家庭，有幸福的未来；让每一个人的心灵，有一个光明的前景、开阔的心灵；让这个社会，成为慈悲、和谐的社会"。

最后,"人间佛教"是"善美的",这就是理想。就境界而言,由净化而成的个人善美,共业成为社会、世界的善美,最后达至人间净土的理想境界。

"四的"之间是一个有逻辑层次的、有推展步骤的完整表述。《佛光大辞典》所谓人间性、生活性、利他性、喜乐性、时代性、普济性之"人间佛教"六大特性("人间佛教"条目),都被完整地包含在这四句之中了,或者本身就是从这四句之中展开、提炼出来的。

在《随堂开示录4》中,星云大师还谈到了人间佛教的推展历史、人间佛教之"人间"何在、怎样践行人间佛教、人间佛教的未来走向等重大问题,但此"四的"当是最为重要的解答,信众、读者最当铭记于心。

# 文学即佛学，书写亦修行

**高文强**

武汉大学文学院教授、博士生导师。

兼任湖北省文艺学学会秘书长，中国古代文学理论学会常务理事，韩国东国大学东亚海洋文明与宗教文化研究所客座研究员。

重要著作：《星云大师文艺思想研究》《佛教与永明文学批评》《东晋南朝文人接受佛教研究》等。

我与佛光山的相遇缘于一次文学之旅。

2014年1月10日至12日，武汉大学文学院与佛光山联合举办"宗教实践与文学创作暨《中国宗教文学史》编撰国际学术研讨会"，会议地点就在佛光山。我受邀参加了这次会议，这是我第一次走进佛光山，第一次当面聆听星云大师开示佛法，第一次当面聆听星云大师谈论文学。

1月10日，在佛陀纪念馆举办的会议开幕式上，星云大师就会议的主旨做了一个简短发言，主要谈到了他对文学的一些基本看法。11日晚，大会专门组织了一场星云大师与参会学者之间关于"宗教实践与文学创作"的对话。在近两个小时的对话中，星云大师从自身的经历和创作实践谈了他对文学的一系列看法,并回答了部分学者的提问。虽然我一直从事文学理论研究,但大师对文学的一系列看法,依然令我感到新鲜与新奇,在静心聆听大师娓娓而谈自己的文学经历与体验时,我深感启悟良多。从那时起,我便开始认真阅读星云大师的作品,认真思考星云大师对文学的看法。

读星云大师的作品会有一种奇妙的感受,既像是一次佛学旅行,也像是一次文学旅行。而聆听了多次星云大师的开示、阅读了大量星云大师的作品后,更产生了一种极为深刻的印象:星云大师是一位佛学家,星云大师也是一位文学家。之所以会产生如此印象,或许与大师一生弘法历程中一直伴随着文学书写有关。

大师一向重视文学,因为文学与佛学从来密不可分。在《随堂开示录5·佛学与文学》这篇演讲稿中,大师就从佛经与文学、文人与佛教、佛教与民间故事、佛教与中国成语词汇等四个方面,对历史上文学与佛学的密切关系进行了深入分析。

正因为文学与佛学有如此重要关系,大师青年时代就立志做一个"会写文章的和尚"。翻开《星云大师全集》,四千多万字的篇章,既有散文、小说、诗歌、游记等文学文体的作品,也有教科书、禅话、丛书等弘法文体的作品,不过许多弘法作品也具有较强的文学性。因此,虽说这里面每一篇都是弘法文字,然而每一篇又何尝不是文学书写呢?星云大师用他的文字弘法实践,为我们呈现了一个尤为深刻的道理:文学即佛学。

大师曾说:"对于弘法与写作的理念,贫僧一向主张要有文学的外衣、哲学的内涵,因为文学要美,哲学尤其要有理,内外相应,无论是长篇或者短文,必然是好文章……在我觉得,佛学就是文学和哲学的总合。"(《贫僧有话要说》)。在给笔者著作写的一篇序中,星云大师用了一个醒目的标题:文学即人学。大师眼中的佛教是人间佛教，大师眼中的文学是人学，从这个意义我们也可以看出——文学即是佛学。文学即是佛学，故书写亦是修行，正如大师所言："写作人生，从棒喝中成长。"(《贫僧有话要说》)因此《全集》可以说是大师书写的成果，也可以说是大师修行的成果，这是我们理解星云大师弘法文字的一个重要视角。

星云大师的书写其实不仅呈现在《全集》之中，也呈现在佛光山色之中。佛光山是一座佛教名山，佛光山又像是一幅多彩画卷。犹记得 2014 年第一次与佛光山相遇时的印象：葱茏绿荫掩映下的庙宇中没有袅袅香烟，繁忙穿行着僧尼义工的道路上也看不到五体投地的香客，佛光山上有的更多是青年营、禅修营、学术会议、佛学讲座，看到的常是曲径通幽的丛林学院里学生在学习佛法要义，高手如云的人间佛教研究院内一群比丘尼在整理编辑翻译各种佛教文献，宏阔辉煌的佛陀纪念馆里各种展览讲述着佛陀在人间的故事，其中的 4D 放映厅里常能听到星云大师的声音——"佛陀是人，不是神……"这是一座诗性的寺院，这是一部人间的诗篇！

在每日的晨钟暮鼓声中，当我们沉浸于佛光山色体悟佛法时，当我们徜徉于大师《全集》咀嚼篇什时，尤不应忘记山色画卷中蕴藏的深刻意义：文学即佛学，书写亦修行。

# 佛手托两岸，雷音震五洲

2019年6月11日，《星云大师全集》在南京举行首发式。国家宗教局原局长叶小文讲道，大师在北京接受习近平主席的会见并与之握手时，习主席说："我读到您的书了。"大师说："我看到您的'梦'了！"这时，会场上掌声热烈，经久不息。我内心深处回荡着大师这超凡的智慧言语。

第二天，前往宜兴大觉寺拜谒大师，我请得《星云大师全集》。拜读《随堂开示录6·佛指舍利的生命》，我读到大师对法门寺佛祖真身指骨舍利入台瞻礼的开示，一幅由大师历经艰辛而终于成就的"佛手托两岸，雷音震五洲"——新千年、新世纪中华民族光辉灿烂的历史画卷，又显现于眼前。

1987年4月，法门寺地宫豁然面

**韩金科**

法门寺博物馆原馆长

陕西省人民政府原参事、法门寺博物馆研究员。

重要著作：《法门寺文化史》（上、下）、《从佛指舍利到法门寺文化》、《法门寺》、《法门寺与佛教》、《法门寺地宫唐密曼荼罗之研究》（合著）等；编著《法门寺》《国宝》《法门寺地宫唐密曼荼罗》等大型画册。

世，佛指舍利和这座地下佛国大放异彩，震惊世界。1989年春，星云大师率团参访法门寺。在佛祖千年的地宫里，他萌生让佛祖的光辉洒向世界的宏愿。

1994年11月，时任国家文物局局长张德勤率十大博物馆馆长和著名专家学者代表团赴宝岛参访交流，我随其中。星云大师力排隔阻，将代表团接上了佛光山，在几千人的大会上，发出时代强音："两岸未通佛先通！""我们恭迎法门寺佛指舍利入台瞻礼，让佛祖的光辉洒向台湾，照耀世界！"

11月18日，凌晨一点多，我在旅馆接到星云大师的电话。大师满怀慈祥和温情，讲述他盼望祖国统一、迎请法门寺佛指舍利入台供奉瞻礼的弘法大愿。通话一个多小时，我记录下十多张纸。时已凌晨两点多，我敲开张德勤局长的房门，将大师的通话记录送到他的手里，他急呼："立即开团长会，回应大师！"

1998年11月，我应邀出席香港志莲净苑《法门寺地宫唐密曼荼罗之研究》出版首发式。大师派车接我，席间谈的正是恭迎佛指舍利入台瞻礼的大事。

2000年9月，星云大师邀请我入台上佛光山，谈论最多的也是迎请佛指舍利和大唐国宝入台瞻礼。

为让宝岛同胞多了解法门寺佛指舍利及其历史文化，大师安排专人，陪我到法鼓山、中台禅寺、慈济功德会、陕西同乡会等专场演讲法门寺与法门寺文化，拜谒圣严法师、惟觉法师、证严法师等高僧大德和著名人士。

大师十余年间以此为念，得到两岸佛教界的支持与积极推动。国家宗教局局长叶小文在全国政协副主席王兆国的直接指示下，几年间多次协调，悉心安排，旅美慈善家李玉玲女士从中助成。2002年2月21日，以星云大师为主任委员的佛指舍利恭迎团三百二十人抵达西安，海峡两岸开启了千年以来中华民族大团圆、大凝聚的历史壮举。

从2000年12月12日星云大师与叶小文局长会谈起，到2002年2月22日星云大师率团赴法门寺，大师在一年两个月零十天内，完成台湾迎请佛指舍利筹备重大事项达二十八件之多。

2002年2月22日，海峡两岸恭迎恭送佛指舍利入台瞻礼启程法会在法门寺举行。星云大师恭诵他亲自撰写的《佛指舍利来台祈愿文》，香港凤凰卫视向世界全程转播大会盛况。自唐咸通迎奉佛指舍利后，中华民族一千一百二十八年的历史画卷掀开了新的一页！

2月23日，佛指舍利专机从西安飞往台北，在台展开为期三十七天的恭迎佛指舍利法会。一路从台湾大学体育馆、三峡金光明寺、佛光山、梧栖体育馆、中台禅寺、高雄体育场等地移驾供奉，每场赞供法会，万人空巷，台湾各界代表、政要拈香跪拜，数万人排队进入瞻礼。共举办一百零八场法会，瞻礼膜拜者近五百万人次。

3月31日早上八时，台湾信众恭送佛指舍利返回法门寺。下午三时许，佛指舍利荣归法门寺，在大雄宝殿前举行庄严的迎归法会，画下圆满的句点。

《星云大师全集》首发式后，法门寺人恭送大唐王朝在法门寺地宫坛城内为佛指舍利的"永为供养"敬造的捧真身菩萨像，到宜兴大觉寺拜谒星云大师。同时呈上一幅大中堂，内中有大唐王朝供养舍利的八重宝函影像；地宫面世、法门重辉、十万人朝拜及佛指舍利在台时星云大师等在人山人海的供奉瞻礼仪式里的影像。中堂上联："万世法门，中华文化，光照四海"，下联："千年大师，人间佛教，雷音五洲"。中堂下为法门寺人的心声："谁能动手换人间，有佛有仙有圣贤；浩瀚星云迎佛祖，光芒万丈此诗篇！"

千载一时，一时千载，法门寺人永远铭记星云大师的无量功德，永远守护这千年一现的历史画卷，世世代代，年复年年……

# 佛光普照，法音宣流
## ——我与星云大师的佛乐因缘

**田青**

音乐学家，非物质文化遗产保护专家

现为中央文史馆馆员，中国佛教协会顾问，中国昆剧古琴研究会会长，中国艺术研究院音乐研究所名誉所长、研究员、博士生导师。曾任中国艺术研究院宗教艺术中心主任，中国非物质文化遗产保护中心副主任兼办公室主任。

重要著作：《中国宗教音乐》《净土天音》《佛教音乐的华化》《禅与乐》《捡起金叶》二卷等多部著作。

每每展读《星云大师全集》时，便觉法喜充满、开智增慧。在翻阅《随堂开示录7》中《谈佛教音乐》《海峡两岸佛教音乐展演之意义》两文时，忆起和星云大师因佛教音乐而结缘的点点滴滴，本不可言说，然不容青史尽成灰，又毅然提笔详实记录这段殊胜的两岸佳话。

牵起这段因缘的，是我的老友、佛光大学林谷芳教授。1998年2月，林谷芳推荐我参加佛光山在台北主办的"佛教音乐学术研讨会"，主办方希望我率领一个大陆佛乐团参与在台北举办的"法音宣流"音乐会。收到邀请后，我向中国佛教协会赵朴初会长汇报，并根据朴老指示组织"五台山沙弥佛乐团"。这一批来自大陆的小沙弥的青春气息、精湛技艺与五台山古老佛乐的奇妙结合，让台湾众多僧俗在赞叹的同时，看见大陆佛教复兴的希望。

在台北研讨会上宣读论文《禅与中国音乐》后，我南下高雄拜见仰慕已久的星云大师，面交朴老给大师的亲笔信。大师和朴老是当代举世公认的佛教领袖，他们心心相印，彼此尊敬，理念相同，意趣相投。

初次和大师见面，便如沐春风，相见如故，仿佛有累世的因缘。次日上午，大师约我再谈。那天，大师阐述他弘法的理念和对祖国的真挚情感。回北京后，我向朴老详细汇报，讲述亲身体验后的见闻和观感。朴老听后非常高兴。

2003年，我再次以中国艺术研究院宗教艺术研究中心名义，联络中国佛教协会、中国道教协会、中国国际文化交流中心共同主办"中国佛乐道乐精粹展演"，除了大陆的北京佛乐团、拉卜楞寺佛乐团、北京白云观道乐团、苏州玄妙观道乐团等大陆最好的佛乐、道乐团参加外，特别邀请佛光山梵呗赞颂团来北京、上海同台演出。

2003年11月19日，首场演出在北京中山音乐堂举行。

那场演出效果空前，中国佛教几百年来从没有过这样盛大的演出，上百名和尚、道士，身披袈裟、道袍昂首高唱梵呗、步虚。遗憾的是由于大师未能来京参加首演，只能请慈惠法师代表大师致辞。

北京的两场演出结束后，11月24日，移师上海大剧院举行。演出快结束时，大师手握麦克风来到台侧，面对大师慈悲的目光和台下上千观众殷切的期盼，我刻意先行宣布演出结束，随即恭请大师为观众开示。

这是大师在阔别大陆五十年后，首次在大陆的公开演讲。大师说："五十年前，我把大陆的'海潮音梵呗'带到台湾；五十年后，我又把佛教的梵呗音乐带回大陆……海峡两岸尽管相隔遥远，但阻挡不了'法音宣流'；台湾与大陆之间虽然海洋辽阔，但中国人血浓于水的感情交流，也是阻隔不了的……有人说，21 世纪是中国人的世纪，我们应借助中国的强大实力……让伟大的中国多姿多彩，祈愿大家一起来努力！"大师借用首位登上月球的太空人阿姆斯特朗名言："这是佛教音乐交流的一小步，但是两岸佛教共同发展的一大步。"大师讲毕观众掌声经久不息，说明了大师的讲话真正是当机说法、高屋建瓴、直指人心，起到了一个结束偏见、开启两岸佛教交流新时代的伟大作用。

在上海现场聆听音乐会和大师讲演的国家宗教局叶小文局长，返京后，请我速与星云大师联系，争取演唱会次年春天赴台演出。星云大师乐见其成，立刻做了妥善周到的安排。

2004 年 2 月 15 日，大陆佛乐团经澳门抵台湾高雄，开启与佛光山梵呗赞颂团的三场公演。无论是在高雄文化中心的首场演出，还是林口体育馆"万人禅净密献灯祈福法会"，抑或是在台北"国父纪念馆"的最后一场演出，都可谓盛况空前。

最后一场演出结束后，星云大师上台致辞说："这场演出把传统的佛教梵呗和现代的乐器融合在一起，把汉传、藏传、南传佛教融合在一起，把静态的禅和动态的武功融合在一起，把海峡两岸佛教徒的心也融合在一起。"他告诉大家，我们不但今天在台北写历史，还将去香港、澳门，美国的洛杉矶、旧金山和加拿大温哥华，"以音声做佛事"，用过去只在殿堂里唱诵，而今唱给"现前的诸佛菩萨"听的佛教音乐，来促进世界的和平与进步。

回大陆后，我们积极准备出访事宜。当时，美国领事馆要求所有赴美签证人员都要面签。2005 年 3 月 2 日，我和圣辉法师带着六十多位出家人一起来到北京美国领事馆。一位美国官员问我：你们去美国干什么？我说：到洛杉矶柯达剧院演出。他很惊讶地指着和尚们问：他们会唱吗？我笑着问他：你想听吗？没等他回答，我对着全体僧众起腔："南无佛陀耶——"随着我指挥的双手，星云大师作词的《三宝颂》轰然而起："南无佛陀耶，南无达摩耶，南无僧伽耶，南无佛法僧……"歌声响彻整个签证大厅，音波回荡震撼，似乎要掀掉大厅的屋顶。一时，签证处所有的小窗口都打开了，每个窗口里，都露出一张张惊诧、兴奋、喜悦的脸。当雄浑整齐的歌声结束时，窗口里的掌声变成了一个接一个"咔嚓、咔嚓"的盖章声：统统 OK。

赴中国的香港、澳门，美国的洛杉矶、旧金山，加拿大的温哥华的演出均被冠以"中华佛教音乐展演团"的名号，这个名号已将两岸僧众"融合"在一起了。从未有过如此规模的佛教艺术团——以星云大师为荣誉团长，圣辉法师为团长，心定和尚为副团长，慈容法师和我为艺术总监，慈惠法师为总务主任，国家宗教局副局长齐晓飞为顾问。

3月21日晚，中华佛教音乐展演团在洛杉矶好莱坞大道上的柯达剧院举行访美的首场演出。这里是奥斯卡金像奖颁奖典礼场地，四层观众席座可容三千五百人。剧院经理说：除奥斯卡颁奖典礼，很少看到这么受欢迎的音乐会。来自两岸的僧众和谐地同声歌唱，充分展现中华佛教文化精彩又魅力无比的演出，许多华侨不住地落泪，从未听过中国佛教音乐的外国友人莫不欢喜赞叹。随后，在旧金山美生堂剧院进行美国的第二场演出，再移师加拿大温哥华伊丽莎白女王剧院，演出此行的最后一场。

每场演出，都让我无数次的感慨、感动。无论是中华佛教音乐的无穷魅力，还是星云大师在全球的巨大影响力、感召力，都让我无数次的倾倒、欣喜。每当听到舞台上嘹亮美好的歌声时，我都会想到中国古人"响遏行云"和"此曲只应天上有"的话；每当我听到剧场里海涛般的掌声时，我又会想起古人形容声动天地的"瓦屋若飞坠"！

这次以"中华佛教音乐展演团"为名的演出，创下了中华佛教两千年来规模最庞大、阵容最豪华、节目最丰富精彩、巡演时间最长、演出地域最广大、演员最多、观众最多、影响也最深远的演出。用佛教的话说，真是一时千载、千载一时。

回忆和星云大师的佛乐因缘，我深深感恩此生能有缘亲近赵朴老和星云大师，在他们的引领、鼓励、指导下，我有幸做了一些弘扬佛法、促进两岸和平的事情。虽然经历了一些困难，甚至是误解，但依然深以为幸，从不后悔。也深深感恩流传了千百年、也必将随着"佛光普照三千界，法水长流五大洲"而流布全世界的佛教音乐。

# 环保与心保

《随堂开示录》是星云大师二十多年在世界各地不同场合的演讲、对话、开示等的文字记录。《随堂开示录8》收录的是大师和名人的对谈、解答主持人的现场提问及接受广播电视及平面媒体记者的采访。内容广泛，主题鲜明，言简意赅，道理深刻，读来受益匪浅。令我印象最为深刻的是关于环保的内容，在全书收录的近五十篇文稿中，涉及此类内容的就有三篇。两篇专门谈素食文化与绿色生活，一篇是动物保护，讲了"放生与放死"的道理。

提到素食，过去我总认为那是佛教徒的"专利"。没想到星云大师却说：素食不是佛教的，佛教当初并没有素食。素食是中国文化，是儒家提倡的。如孔夫子说："见其生，不忍见其死；闻其

**曹照琴**
《人民日报》高级编辑
曾任《人民日报》总编室主任、首都女新闻工作者协会会长、第五届韬奋新闻奖获得者，享受国务院政府特殊津贴。

声,不忍食其肉,是以君子远庖厨也。"

当然,大师并不是希望所有人都吃素。他说,在生活中,偶尔有一些素食,也可以吃出素食的美味,吃出健康。有人担心食素会缺乏营养和力量。大师认为不会。他举例说,比如世间的动物界中,有食肉动物,也有素食动物。素食动物像牛、马,是吃草的。马能拉车,牛能耕田,很有耐力。有"沙漠之舟"之称的骆驼是素食,它能够负重、忍辱、牺牲;大象也是素食,但连凶猛的老虎、狮子都很怕它。他认为素食对人体而言,比荤食更重要。

大师说的素食比荤食更重要,事实确实如此。从目前全世界面临的巨大健康挑战来看,素食不仅营养丰富,更重要的是可以避免由肉食带来的各种疾病,尤其是野生动物身上带来的病毒和疾病。十多年前流行的非典型肺炎和现在正危害整个人类健康的新冠肺炎病毒或都与食用野生动物有关。

鉴于素食对人体的健康的重要性,大师一直力推素食博览会。近年来,在他的亲自安排指挥下,每年都在佛光山祖庭江苏宜兴大觉寺举办素食博览会,每次参加者达数十万人。

在记者招待会上,大师说举办素食博览会,除了要推广素食文化,还要提倡绿色生活。素食与绿色生活有什么关系呢?据相关资料显示,首先是饲养的家畜和畜牧污染环境。有报道说,一头猪日排污量相当于六个人的排污量,一头牛的排污量超过二十人的排污量,即便是一只鸡的排污量,也超过了一个人的排污量。所以,我们每吃一口肉,都与地球温室效应密切相关。

其次,畜牧业会破坏生态。比如,为了养牛开辟牧场,许多雨林被毁。据统计,每制作一个汉堡包,就要砍伐掉相当于一个厨房面积大小的热带雨林。20世纪70年代以来,中美洲已有两千万公顷的热带雨林消失,导致生物多样性丧失。

大师说:"现今社会要重视大自然生态,讲究环境保护。在田园慢慢消失、山林遭受摧残、物资遭到浪费的时代，我们提倡绿色生活，让地球生意盎然，大地一片绿色，大家看了必然感到心旷神怡，非常欢喜。"这也是为什么我们现在强调，青山绿水就是金山银山。

说到动物多样性的保护，现在有很多人主张放生，尤其是佛教徒，为了做功德，不仅自己去放生，还会组织集体放生活动。

大师说："放生，本是一件好事，特别是现在我们很重视生命教育，对生命尊重。但是目前的放生，已经完全走了样，不仅没有功德，还有罪过。现今的放生，已不能称为放生，而是叫作'放死'。例如有的人说：'我要过七十岁生日，你帮我抓一些鸟来给我放生。'可是等到要放生的时候，鸟已经死了一半。为什么？都挤在一起闷死了！"

大师认为为了放生而捕捉，硬将原本活得很自由、很自在的生命捕来，然后套上"放生"这个美丽的名词，这是对社会的欺诈，是错误的。

大师说，古代就有"劝君莫打三春鸟，子在巢中望母归"的说法，听了难道不能生起一点慈悲心吗？

大师认为环保首先要"心保"，吃素要吃出仁慈心。假如人人都懂得爱惜生命、爱惜社会、爱惜环境、爱惜大自然，我们中华民族在这个地球上，会成为最优秀的民族。

我觉得这个"心保"，就是不仅要保护大自然的环境，我们的内心也要纯洁、善良，也要保护好自己的心灵不受社会污泥浊水的污染。

# 不容易——北齐佛首回归的一声浩叹

**刘传铭**

著名文化学者

上海视觉艺术学院文化艺术研究院院长，中国艺术研究院文化艺术高端智库专家委员，中国文化书院（北京大学）导师，上海交通大学神话研究院学术委员，深圳大学特聘教授，中国南社文史馆馆长。

公元420年到589年的南北朝是北齐、西魏、东魏、南齐、北周、南梁、北魏、南陈、南朝宋诸国南北分治，轮流坐庄的分裂中国。现在要把一百七十年间复杂混乱、家国起伏对已习惯了大一统思维的今人讲清楚，不容易。

汉末以降，佛法东传。释迦牟尼创立的佛教经3世纪阿育王大力弘道，在世界各地开枝散叶。影响最大意义最深远的莫过于"龙象之变"带来的汉传佛教的兴起。这一变化又让中华文明原有的儒、道二水分流的格局衍化成儒、道、释三家，互相颉颃又互当依存的充盈饱满，生机勃勃。

故南北朝是佛教种子在中国落地生根、开荒拓土并大展拳脚的第一个兴盛期。时至一千五百年后的今天，我们依然可以在"一苇渡江""只履西归"的菩提达摩创立禅宗一脉的故事里,和"南朝四百八十寺,多少楼台烟雨中"的唐诗吟唱中,回望这一佛光普照的辉煌。

一条弘法之路,多少艰辛多少纠缠多少努力多少唏嘘。

一声阿弥陀佛,多少祈祷多少慈悲多少释然多少心愿。

这一切仍是不易。

读圣贤书的中国读书人,由于多受到"子不语怪力乱神"和"未知生、焉知死"的观念影响,总会在情感上亲近理性上排拒的对立中,对人格神崇拜的宗教,对佛家的生死轮回说,自然而然地持一疏离的无可无不可的漠然态度。

花甲前的传铭亦然。

近年来情状悄然改变。原先的视宗教为宗教、视文化为文化、视人生为人生的形而下,不知从何时起已嬗变成:视宗教亦文化亦人生,视文化亦人生亦宗教。

中国人的文化就是中国人的宗教!

其中,道家冲淡平和的天地道、自然道;儒家的勇猛精进、学而不厌、仁智礼义的修身心法和佛家的慈悲入世、无我出世教义,岂不正是三教合一的人间正道?

有此觉悟,在本是人类文明进程的思想必然,在末是生命个体从善攀登的喜悦收获。

愚钝如我,若能偶然忝列其中,诚大吉祥、大福报、大不容易。

星云大师,百岁在望。三万六千个日日夜夜,青灯黄卷,忘我而修,持戒、守戒、礼佛、诵经。三万六千个日日夜夜,登山渡海、身体力行、布道宣教,不仅自身生而皈依修成正果,更令中外无数信众觉迷悟痴,得见我佛之正信不二法门。

步玄奘而登昆仑，随鉴真而渡东海。佛学广大，众生沾福，岂非无上功德。

传铭与大师因缘浅，蒙惠却深。虽无座前受教之际遇，但能隔海感知大师的人格魅力中的佛陀微笑。故在《人生三百岁——星云大师传奇》大陆简体版新书首发的腰封上虔诚献上颂祝：

人生三百岁，传奇皆因色不空空不色，深深脚印映弘扬佛法；
世间一部书，解读谨合事是实实是事，淡淡文章彰慈悲传承。

大师不容易，理解大师也不容易，读懂一个由平凡而传奇的故事，还是不容易。

1996年，河北幽居寺北齐释迦牟尼佛石刻佛首被盗割卖出国境后，在海外漂泊二十年。2016年，在星云大师感召、操持、坚守运作、锲而不舍的努力下，重返故园，奇迹般体首重一，金身合璧。当年3月1日在中国国家博物馆见证此一事件的僧信二界，无不感到不可思议！无不感叹：不容易，不容易！

《金刚经》中有佛陀开示歌利王的一段话："我昔为歌利王割截身体，无我相，无人相，无众生相，无寿者相……"佛陀寓言今生由一位九十高龄的高僧来重现印证！如是我闻，信与不信皆会合掌诵出：阿弥陀佛。叹一句，真不容易。

除却生死无大事，人生岂只惟生死。

现在要让我把仰视的目光，从北齐雕刻的柔美线条上移开，从佛陀内心庄严，外表温热的微笑中醒来，更是大大的不容易。

# 五、文丛类

# 鸳鸯绣了从教看，"且"把金针度与人

**蒙曼**

中央民族大学历史文化学院教授

兼任全国妇联副主席。

重要著作：《唐代前朝北衙禁军制度研究》《蒙曼说唐：武则天》《蒙曼说唐：乱世红颜》《蒙曼说唐：长恨歌》《蒙曼说隋：隋文帝杨坚》《蒙曼说隋：隋炀帝杨广》《蒙曼说唐：唐玄宗》《蒙曼品最美唐诗：四时之诗》《蒙曼品最美唐诗：人生五味》《蒙曼：唐诗之美》等。

看着案头上四大本厚重的《迷悟之间》，我不禁又回忆起最初领受星云大师开示的一段因缘。

那还是2008年，我因为在中央电视台"百家讲坛"讲授《武则天》系列节目，得了一点儿虚名，也接受了各地的一些邀约，去讲些和唐史相关的题目。坐地日行八万里，对一个三十出头，经历极其单纯的青年学者来说稍显魔幻，因此内心颇有些懵懂茫然。就在这个时候，我接到一封来自"扬州讲坛"的邮件，邀我去扬州开讲，并且约略向我介绍了一下讲坛的来龙去脉，我也因此第一次听说了星云大师这个响亮的法号。

说起来，这绝对是我的孤陋寡闻了，但在当时，我也并未深究，只是陶醉在"烟花三月下扬州""月明桥上看神仙"

一类的浪漫想象中。基于讲坛的背景，我拟了一个《武则天与佛教》的题目，就坐上飞机，腾云驾雾而去了。那个时候，我并未想到，这次讲座会给我留下深刻的印象。事实上，直到今天我仍然相信，讲座的最大受益者不是任何听众，而是我自己。

开讲之前，我已经发现，大师就坐在第一排的观众之中，宝相庄严。这让我有点儿意外，但并没有影响到我对所讲内容的发挥。我记得，那一次讲座，我最重要的立论就是：武则天和佛教形成了一种相互"利用"的关系，而这种关系无论对武周政权的建立，还是对唐代佛教的发展都非常重要。讲座之后，大师请我到旁边的会客厅小坐，茶叙，温和地问我：说武则天和佛教之间相互"借助"，是不是比相互"利用"更好一点？

时隔多年，我仍然能够清晰地回想起自己当时感受到的震动，这毫无疑问可以称之为"开示"：我们应该怎样锤炼语言？我们又应该怎样提升心灵？从语言的角度讲，"利用"是直白的，微有负面色彩；而"借助"是含蓄的，含义更加正面。既然讲到一个双赢的话题，为什么不选择一个更加和平的表述？从心灵的角度讲，"利用"是冰冷的，带有浓厚的功利性；而"借助"是温和的，闪耀着温厚的情感色彩。人和人之间的关系，难道只能有工具理性，不能有情感融通吗？这两个词语之间的差距，体现的正是人生修为的方向。我深深地记住了这次开示，也因此有了后面五次登上"扬州讲坛"，两次参访佛光山的经历，对星云大师倡导的"人间佛教"也有了更深的体认和赞同。

回到这部《迷悟之间》来。我之所以讲2008年的那次因缘，就是想说，人生真的就处于"迷悟之间"。我们时时有所执迷，又时时有所开悟。从执迷到开悟绝非自然而然，一蹴而就。恰恰相反，它需要迷惑者自身体悟，也需要明眼人从旁点拨。星云大师就是那位心明眼亮的点拨者。

说"眼亮"，是因为大师看问题的维度广。这部用将近四年的时间，每天一个小话题构架出来的著作，几乎包括了人间百态：举凡身心健康、社会矛盾乃至生涯规划、家长里短，都能进入他的法眼，成为他关切的内容。

大师一生倡导"人间佛教"，而上述种种烦恼，原是人世间众生日课。这里面有些问题，是旁人看了可能不以为意，但当局者却感觉到千钧之重；还有些问题，是众人都"苦秦久矣"，却又找不到解决的出口。在这样的时候，若有人能看到虑到，并且设法找出一个又一个支点来，让苦恼的人卸下重担，轻装前行；也让社会扫除积弊，重焕生机，那就真如阳春有脚，润物无声，于佛于儒，都是慈悲事业了。

说"心明"，是因为大师解决问题的观点正。四大本书，一千多个迷惑，如何解决呢？固然，针对不同的烦恼有不同的抚慰，针对不同的疑虑有不同的建议，但是，众生芸芸，却并非全然是一盘散沙。我们讲儒家学说，经常会说到"经"与"权"的参互；讲中国历史，又总会涉及"变"与"常"的转折；同样，讲世故人情，也必然会有"正"与"邪"的较量。我们尊重个性，但更需了解共性。

就"迷"而言，人世多烦恼，但归拢起来，不过是贪、嗔、痴三种；就"悟"而言，开譬各不同，但总而言之，不外乎真、善、美三字。而这三个字，其实就灌注于《迷悟之间》这四本书中，一事一议，教人做好事、说好话、存好心，于大节处存不苟，于细微处见精神。古人云："鸳鸯绣了从教看，莫把金针度与人。"而这套书看下来，既看了鸳鸯的五色焕然，又得了金针在手，自己也不知不觉跟着绣了起来，这岂不是最大的收获？

我自己从这套书中得到的开悟，也希望更多的读者能够从中得到收获，更希望所有的人在看书之前，都能"自寻烦恼"一番，回思自己的人生经历，日常行为，点滴苦恼，先做足"三省吾身"的功夫，再带着种种的不解、不足、不满来翻开书页。之所以如此，是因为所谓"听君一席话，胜读十年书",并非只是因为说话人见解高明,也是因为听话人苦闷良久,这才能一经点拨,豁然开朗。从这个角度说,读者和作者也是相互"借助",才能转迷为悟,化苦为乐,成圣去凡。

# 矻矻总是人间事

**郑欣淼**

文化部原副部长

故宫博物院原院长，中华诗词学会会长。

重要著作：《文化批判与国民性改造》《政策学》《天府永藏：两岸故宫博物院文物藏品概述》《故宫学概论》《故宫与故宫学》《故宫纪事》《郑欣淼诗词稿》等。

读星云大师的《人间万事》，不由得想起自己一二十年前的两次印度之行。在佛教的故乡印度，我有缘得以遍瞻佛陀诞生的蓝毗尼园、悟道的菩提迦耶、初转法轮的鹿野苑和涅槃处拘尸那揭罗四大圣迹，同时还参访了佛陀常住弘法的王舍城的竹林精舍和灵鹫山等遗址。圣迹历历，感想很多。

释迦牟尼当初出家目的是为了寻求解脱生老病死等病苦之道。他成道后，被称为佛陀，简称佛。佛陀的意义是"觉者"或"智者"。佛用智慧的光芒，教导人们断除内心的烦恼，以求得解脱。

当时我想到一个问题：佛教经典与佛陀学说十分丰富，况佛法教理博大精深，义理幽玄，是需要有人去专门研究的；但佛学不应只是深山古刹，供人摩挚唱诵的文化遗产，怎样才能使佛法结合人们的生活实际，让佛学智慧焕发出活力，有补于当今社会，也是应重视的现实问题。后来才晓得这是自己的无知，对此早有前贤大德在探索、在实践，也很有成就。

佛陀为教化众生，依不同根机，将运载至理想世界的修行分为人乘、天乘、声闻乘、缘觉乘、菩萨乘等五种法门，其中人乘、天乘被称作世间法。学佛基础的"五戒"和进阶的"十善"，则是世人易学能做到的，也是应该做到的。因此，人间佛教就是佛教，包含一切佛法。读了星云大师的《人间万事》，我感到很欣慰，对人间佛教以及大师也有了更多认识。

星云大师是人间佛教虔诚而坚毅的行者。他注重的是佛教本身教义的现代化阐释和对人的身心、对社会和谐发展的教化。《人间万事》是他继《迷悟之间》《星云法语》之后，在《人间福报》第三个三年执笔撰写的头版专栏。

人生世间，不能不知人间事。所谓"人间事"，从生活的起居，到读书求知识，甚至世态炎凉、人我是非、种种得失，真是一言难尽。大师把"人间事"概括为六大方面：人生有悲欢离合，心情有高低起伏，事业有盛衰起落，世界有成住坏空，四季有冷暖阴晴，生活有旦夕祸福。由于我们智慧有限，观察力不够，对犹如万花筒般的社会人生，常常看得意乱情迷，随波逐流，看不到一个真实的面目。所以，大师希望藉由《人间万事》这套书的出版，帮助读者观照人世间的林林总总，找到自己真实的人生。

这套精美的四卷本丛书，文章的格式几乎是固定的，或者说有着自己鲜明的风格：开首都是一句"各位读者，大家吉祥！"说明有着固定的观众，说明讲者的自信与认真，也表示着一种知识的连续性。每篇一千几百字，在书中占不满两个页面，不枝不蔓，是名副其实的短文章，也适合读者一次接受的分量。题目都很短，多是两个、三个或四个字，甚至一个字，意思多很直白，也有的耐人思索。从这些题目可见作者思维的缜密、观察的深刻、设论的用心。每篇文章，都是先提出问题，然后列成若干点，正面说，反面说，侧面说，比较着说，条分缕析，层次分明。整个讲说，有理、有事、有知识、有趣闻，有隐喻、有明示，有现象的分析、有问题的探讨，通过不同面向的思考，对各种问题的产生，提供另类的看法和正确的新观念。与其说大师是写文章的高手，不如说是谆谆教诲的师长，善于倾心交流的朋友。

大师的这些文章，重在剖析人性的幽微、世相的复杂，从而解答人生困惑，指导前行正道。他的讲说之所以乐为大众所接受、折服，因为没有抽象的概念、空洞的说教，而是从人们生活实践经验中生发出的结论，又有着丰富的事例作为依据，因此有理有据。这个"据"，既有丰富的佛教资源，也有中国传统思想文化的厚土；既有中国典故，也有外国事例；既有古代鉴戒，也有当今感想。总之，古今中外，随手拈来，看似平实的文字就有了生动的形象，短小的篇幅也显得波澜顿生，增加了文章的可读性与说服力，真的是笔底莲花，醍醐灌顶！

我以为，这不仅显示出大师知识的丰富，更反映了他的文化观。在他看来，包括佛教在内的古今中外的优秀文化，都是人类文明的结晶。虽然时代不同、国家不同、社会制度不同，但有着共同性，其内涵都体现了人类对真善美的追求，对理想人性的追求，闪耀着"爱"的光芒。因此广泛撷取，没有执见，且能融汇在一起。惟其如此，皈依者就日众，佛光山的影响力就在日益扩大。

人间佛教关注的人间是当下的社会，是生动活泼而又显得纷乱的今日世界。任何人不管生活范围如何狭小，其实都或多或少或直接或间接地受到世界大势的影响。有些困惑，离开了对当下社会的认识就难以解除。这反映在大师的讲述中，就是与时俱进，既有"人间烟火"，也有"世界气象"，放开视野，把读者引入广阔的空间，使个人生活与我们所处的大时代联系起来。

有些文章题目就是明确显示，如《二十一世纪》《时代趋势》《时代》《时代的退步》《与世界接轨》《应变能力》《竞争》《转型》等；还有一些是就遇到的新事物、新问题的认识与应对，对《绿卡无罪》《手机问题》《刷卡文化》《塞车》等，使读者获得新的知识，趋利避害，更好地适应变化着的生活。

　　人类社会不会终止。世事常新，纷扰常在，新的问题层出不穷，用佛教智慧来化解疑惑自然任重道远，大有作为。也就是说，人间佛教有着广阔的发展天地，古老的佛教在这个过程中也会获得新的发展生机。

# 我是佛

**范翎**
菲律宾光明大学客座讲师
菲律宾人间佛教研究员，
联合国开发计划署总部原系统分析师。

有人问宋代大龙智洪禅师："如何是佛？"禅师回答："即汝便是。"唐代慧忠国师有一次喊："佛啊！佛啊！"他的侍者四处张望，疑惑地问："这里没有佛，您在叫谁？"国师回答："在叫你啊！你为什么不敢承担呢？"

阅读《人间万事4·生命的层次》一文时，我体悟到每一个人本来就具有佛性，佛陀与众生其实并没有区别：众生之所以为众生，就是因为不承认自己是佛。佛陀在菩提树下悟道的那一刻，感叹道："奇哉！奇哉！大地众生皆具如来智慧德相，只因妄想执着而不能证得。"可是如何开发我们自性佛的潜能呢？星云大师认为：我们必须要在心中建立一个观念——"我是佛"！

笔者曾多次亲聆星云大师开示。大

师时常会在临近尾声时，请听众们一起大声说："我是佛。"接着启发道："既然大家都已经承认自己是佛，那么你们就不能打人、骂人，也不能吵架，因为佛陀不会这样做；你们以后也不能吸烟，你们有看过佛祖叼着香烟吗？"听众们哄堂大笑，留下深刻印象。大师进一步开示道：承认"我是佛"，人人都做得到，然而这么简单的方法，就可以产生巨大的力量。

大师曾自述一生于"我是佛"三个字受益良多。从青年时代做好一个佛教徒、一个出家人开始，到最后担当佛教的法师、佛陀的使者，再到后来觉得做法师也是不够的，应该进一步做菩萨，发菩提心，行菩萨道；直到有一天突然豁然开朗："岂止做菩萨，为什么不直下承担我是佛呢？我应该行佛所行，为佛所为才对啊！"

跟佛光山结缘九年了，作为星云大师的在家弟子，深深受益于大师"三好四给""惜福结缘""欢喜学佛"的教诲，更时时体验"我是佛"的妙用无穷。

犹记得在台湾高雄参加佛光山水陆法会期间，每天晨起盥洗时默念着《华严经》净行品中的"以水洗面，当愿众生，得净法门，永无垢染"；用餐完毕随大众一起念诵"饭食已讫，当愿众生，所作皆办，具诸佛法"；休息时默念"以时寝息，当愿众生，身得安稳，心无动乱"。虽然因为密集诵经，睡眠比家中减少，可是一整天都觉得头脑清醒，精力充沛，身体轻安，心情喜悦，于是恍然：原来这就是"禅悦为食，法喜充满"。

后来渐渐觉察到，只要心中常存"我是佛"三个字，也可以在日常生活中修行。比如，在待人处事上要学习佛陀的慈悲耐烦、柔和爱语；调服顽皮的学生时，要效仿佛陀循循善诱，启发开导；面对弱势群体时，要生起跟佛陀一样平等无二、悲悯利益之心；晚上休息前自问：我今天有没有做任何利益别人的事情？有没有常常观察自己的念头？受人赞叹有没有生起我慢之心？等等。

如此时时提醒自己"我是佛"，虽然现在还是一介凡夫，距离"佛"的境界还相当遥远，但我深信如果日日发菩提心，行菩萨道，就是走在了成佛的大道上。毕竟，佛陀在因地行菩萨道时，也是经历了三大阿僧祇劫的漫长修行历程才成就佛果的啊。所以，只要努力做到"心中有佛"，那么眼里看到的，耳中听到的，心里想到的，都可以不离佛的世界。

星云大师曾说过，佛教的五戒其实只有一戒，那就是"不侵犯"，这是五戒的精髓所在。而我越来越觉得，"我是佛"仿佛是一个涵摄一切菩萨行的咒语，如果能时时持诵奉行，可以培福德、开智慧，兼纠当今学佛普遍存在的急功近利之偏。

正如星云大师所开示的：一旦承认自己是佛，依照佛陀的教法去做，十方诸佛就都成为我效仿的榜样。学习佛的欢喜，不但拥有了佛陀的自在，而且也成为一个"自在佛"；能一整天都实践佛陀的慈悲喜舍，当下就是"慈悲喜舍佛"了。从今天开始，让我们都来告诉自己"我是佛"吧！

# 《星云禅话》的六大特色

《星云禅话》是"公案体"的作品，本是星云大师在2009年到2012年间发表在《人间福报》上的专栏文章，每一篇文字不长，千字左右。"禅话"，其实就是对于禅的看法。此著体现的对于禅的看法，是通过讲故事、做简评的方式体现的。

公案体的作品在历史上就有，《景德传灯录》实际上就是由公案构成的，号称有一千七百公案。后来，禅宗史上又有一些著名的公案集，比如《无门关》《碧岩录》《从容录》《请益录》《空谷集》《虚堂集》《正法眼藏》等，其中尤以《碧岩录》《从容录》影响最大。

《星云禅话》实际上是这一类作品的延续，其中的公案，有许多是根据历史上的高僧事迹新编的，和历史上的公案

**董群**

东南大学人文学院教授

东南大学佛教文化研究所所长、哲学与科学系教授。兼任：中国人民大学佛教与宗教理论研究所研究员，金陵图书馆馆长、南京历史文化传承与公共文化服务协同创新中心主任。主要研究领域为中国哲学、佛学、宗教伦理、中国伦理、中国传统智慧等。重要著作：《密宗的融合》《禅宗伦理》《慧能与中国文化》《中国三论宗通史》等专著。《原人论校释》等佛典校释作品，《法华经》等佛典释译作品。

作品相比，此著又有新的特色，可以概括为体例规范、故事性强、简明易读、提要精当、含义深刻、内容丰富，等等。

体例规范是指此著的体裁，前后一致使用的统一的格式规范。每一篇都是由四部分构成，标题、公案、内容叙述、"养心法语"的总结，体现了写作格式的高度的规范性。

故事性强是指此著公案叙述的吸引力，每一则公案都在讲一位高僧的故事，体现了佛教史上禅师们的教学、修行、思考等方方面面。星云大师以说故事的方式，沿着故事本身的逻辑，把想要说明的禅的内容都体现在其中了，故事情节一看就能记住。

简明易读是指此著呈现出来的阐述方式的简明性、通俗性、直接性，体例规范简洁。如前所述，与《碧岩录》等相比，此著简明多了。《碧岩录》开头为"垂示"，是作者克勤禅师根据此公案的内容作的禅式开示，第二部分是举出公案，中间夹以克勤禅师的简短评述，专业称为"着语"，第三部分是克勤禅师的较长幅的评唱，第四部分引雪窦禅师对此则公案的颂古，克勤禅师也加以着语，第五部分是克勤禅师对雪窦禅师的颂古再加以评唱。绕路说禅，将明心见性的禅，变成了绕着说的文字禅，以至于其弟子宗杲在福建烧掉此书的版子。但是，百年后，《碧岩录》又大为流行，说明当时的人们还是喜欢这种文字禅。《星云禅话》的阐述方式没有那么复杂，没有这样的绕，简洁明快。同时，全书基本上是带有口语式的风格，没有那么多难以理解的名相，对于非禅学、佛学专业的读者来说，阅读起来也很容易，也可以作为文学作品来读。

提要精当是指作者所叙述公案内容的内在精神的揭示。这是由标题和"养心法语"体现的。《景德传灯录》虽然也被视为是包含公案的作品，但每一则没有标题。《无门关》《碧岩录》等有了公案的名称，此著延续了这一风格。标题是对公案内容的精要提炼,其实为公案起一个名副其实的标题,也是很费心思的。对于公案思想的阐释,此著又以"养心法语"作简要的概括,这一部分更是理解公案内容的指南,也是作者禅学思想的体现。这一部分,是读者们特别要重视的。对于公案叙述的讲故事的部分,虽然"简明易读",但不一定"易懂",要读懂,必须要认真地阅读每一篇的"养心法语"。当然,如何总结公案的内容,星云禅师也常常呈现不说破的风格。

含义深刻是指此著反映的禅的内涵之深。禅的精神本质是需要参学者去用心体悟的,表面上很通俗的故事看完了、记住了,但是其中的禅意是什么呢?需要结合故事本身、公案的标题、"养心法语"细细体究。不过,读者也不要去把禅神秘化,如果理解了生活中的逻辑,也就能在一定意义上理解禅。《我们的禅道》一则的"养心法语"中说:"打破了茶杯,把它捡起来;泼倒的茶水,把它擦干。这就是禅,这就是体悟了!"这告诉人们,什么是生活中的道理,什么是事物之间内在的因果联系。明白了这些,也就能帮助体会禅。打破了茶杯,难道一脚踏开,或一脚踩上去?都不符合做事的道理,也都不是禅,"把它捡起来""把它擦干",才是道理,禅意就在其中。

内容丰富是指此著包括的体量是相当多的,共有一千零八十四则。相比较而言,《无门关》四十八则,《碧岩录》等是百则,宗杲的《正法眼藏》有近六百六十则,算是比较多的,但《星云禅话》更多,涉及的人物非常多,故事自然也很多。

对于此著的阅读,其实也完全是可以自由式的,捧起一册,可以从任何一则读起,可以从前往后读,可以从后往前读,可以由中间往前后读,每一则是独立的。当然,不是一读而过,要用心细细品味,甚至掩卷而思。阅读之后,读者会不同程度地了解:禅不是什么,禅是什么,禅的智慧是什么,禅的思维方式是什么，禅师的教学方式是什么，禅师的言说方式是什么，等等。当然，由此也可以在一定程度上理解星云禅师的"佛光禅"的特色是什么。

《星云法语》

# 人间、人生、人情、人伦、人心与人文
## ——"佛教的福音书"解读

2020年2月28日，收到星云文化教育公益基金会寄来的《星云法语》四大册，是《星云大师全集》中的第五十六册至第五十九册。沉甸甸的大本精装，很大气，顿时让我心中升起一种不读不快、欲罢不能的感觉。

新年伊始，新型冠状病毒肆虐，居家阅藏，静待花开。多灾多难的日子，只有沉浸在书海中才能够得以平静。日前，校罢《中国哲学史》魏晋佛学部分的校样，曾有诗曰：

闭门忧思忘岁月，
潜心丹铅湛清华。
简帙校罢疠疫退，
龙飞破壁吐烟霞。

**麻天祥**

武汉大学哲学学院教授、博士生导师

珞珈杰出学者、武汉大学宗教学研究所所长、人文社会科学研究院驻院研究员、中国佛学及佛教艺术研究中心主任。教育部马克思主义理论研究和建设工程《宗教史》项目首席专家、哲学社会科学研究院重大攻关项目《中国现代宗教学术史研究》首席专家，享受国务院政府特殊津贴。重要著作：《晚清佛学与近代社会思潮》《中国禅宗思想发展史》《中国近代学术史》《如是我闻——麻天祥佛学与宗教哲学研究》《中国宗教哲学史》《汤用彤评传》《二十世纪中国佛学问题》《佛学与人生》《反观人生的玄览之路》；主编大型历史资料《民国学案》等三十二种五十六册。

如今得睹《星云法语》，一览无余，顿生人间佛教福音的赞叹，似乎也是灾难中与大师和佛光山的因缘。《星云大师全集》，一〇八册，卷帙浩繁，汪洋恣肆。读其书，揆其理，像以往一样，萌生一股解读的欲望。然而细思之下，每有画蛇添足之嫌。但我还是跃跃欲试，即便是画蛇添足也在所不计。因为我毕竟有自己的一得之见，希望大师的思想能够藉此添薪助火，薪火相传。

《星云法语》显然是语录体的著作。语录体，言简义丰，深入浅出；短小精干，平铺直叙；质朴无华，不重文采，既无段落之间的联系，亦无相互之间的呼应；对事理的高度概括既是经验的，又是精粹的，后世多奉为警句、格言，体现了丰富的人生哲理和生存经验。古今中外，多有语录体载诸竹帛，如《论语》《二程遗书》《朱子语类》，柏拉图的《理想国》，乃至当今的《毛主席语录》等。佛门，尤其是禅宗也常采用这样的体裁。《星云法语》亦如是（以下简称《法语》）。

大师每每说法，万变不离其宗，即以一个"人"字了得。通观《法语》，也可以说，用一个"人"字，说尽了人间佛教。

人间、人生、人情、人伦、人心，无非就是人文和人文精神。

大师说法，处处以人为本，处处讲人间佛教，是典型的"人化"了的佛法，这是与佛教，以及其他人间佛教不同的佛教法语。

**修行在人间**

关于修行，有一个最常见的误区：相信神通，获得神通。佛教更有六神通之说，以之为超人间的神奇。《法语》一反神怪之说，尽显人事，以平易近人的语言教人，说明"神通不是神奇的东西"，而是：

看破苦乐——天眼通；

是非分明——天耳通；

皆大欢喜——他心通；

人我自在——神足通；

同体共生——宿命通；

见闻清净——漏尽通。

苦乐、是非、欢喜、人我、共生、见闻，无一不是人间常态。如此以人事说神通，也就洗净了神通的妖邪之气、迷信之风。

当然，修行也是要"超越世间"的，但这是对人间生存意识的超越。超越对待、超越分别，"面对纷扰的生活，面对万花世界，内心不动摇，这就是超越"，这同样是人间的修行！就是要生死一如，要苦乐一味，要贫富一念，要空有一体。生死、苦乐、贫富、空有，哪一样能遗世独行，不在人间呢？

**修行在人生**

我曾把人生界定为五个层面：终极的、生理的、伦理的、政治的和物质的，因此可以说，人生包罗万象，无在无不在。释迦牟尼因见众生之苦，乘月色，骑白马，出家学道，最终勘透"人生皆苦"，并以八苦概括人生，从生老病死、爱怨、聚散、得失，直到贪欲我执，无处不直面惨淡人生。

《法语》说法，依佛陀之本怀，离不开人间和人生，处处开示修行之目的、方法和内容，事无巨细，面面俱到。

就大处讲，修君子之道、中庸之道、应世之道、幸福之道、成功之道；具体说，有治家之道、读书之道、夫妇之道、教子之道，乃至细微如说话之道、用水之道，涉及人生方方面面，无所不至。

比如，修君子之道，要"随顺自然，量才为用"，其义有四：不责人所不及、不强人所不能、不苦人所不好、不藐视人所不成。句句说的都是浅近之理，又是可行之道。与孔子四教（文行忠信）相比，更加朴实，更加贴近人生，既有佛家的慈悲随缘，又有儒门"躬自厚而薄责于人"（《论语》）之宽恕。这也是人间佛教"与时俱进"的"灵活运用"。

《法语》云:"一日修来一日功,一日不修一日空。"人生在每时每刻,修行也应落实在朝朝暮暮。"生活在纷扰的社会中,每天都要懂得安排自己的生活",要"思考于清晨""行动于白昼""反省于日暮""休息于夜晚"。《法语》要求,要修好每一天,就应当做到"四要":行要记录、事要反思、起居要正常、说话要欢喜,要把每个二十四小时都过得充实,人生才有意义。这也是"行成于思""知行合一""三省吾身"的意思,并且涉及人生意义的重大课题,以引导人们在日常言谈行事中过好每一分钟。

**修行在人情**

提到佛教,通常说绝情弃欲,心如死灰,视情欲为洪水猛兽,为万恶之源,只有不为情欲所困,方能获得解脱。但是,凡人皆免不了情欲,所以中国佛教也反对绝对禁欲,而主张中道,有"情情""情不情"之说。"须知有相皆非相,能使无情尽有情"(丰子恺联语),上联论佛法,下联谈人情,佛法人情,不离不弃,也是典型的人间佛教特色。

《法语》言,"因为有情爱,所以生生世世不断地在生死里轮回",但是又肯定,"情爱是生命的根源""爱不重不生娑婆",不仅不绝对否定情爱,而且把情分成不同的层次,既指出众生因情爱而生妄执,陷无明之苦,又为情爱大唱赞歌——"娑婆因有情渐成国土""圣贤因有情悲天悯人""菩萨因有情同体共生"。菩萨就是"觉有情","视一切众生如己身",是以"有情"觉"有情",故能以"地狱不空,誓不成佛"的奉献精神,慈航普度。

《法语》提醒人们,言多必失,祸从口出,告诫大家六事不说,也都是就人情上说事的。

非人不说——不相关的人不说;

无用不说——有十种人不说,比如虚伪的人、过于执着主见的人,说了也是白说；

隐私不说——尊重他人，既不伤人，又积口德；

阿谀不说——活出自己，不取悦他人；

招妄不说——"话多不如话少，话少不如话好"，少说闲话；

招祸不说——是非只为多开口，不要说惹是生非的话。

这些话很具体，也很有个性，句句关系到人情，可说是世事洞明，人情练达。

**修行在人伦**

人伦，就是人与人之间的关系及其相处的规则。朱熹尝言：为学之道，格物致知，就是要"穷天理，明人伦，讲圣言，通世故"，若不明此，"是炒沙而欲成其饭也"。可见，修行当以人伦为要，《法语》亦如是。

古有五伦八德之说，《法语》也以人伦为做人的根本，继承传统文化的精神，突出"本固道生"，修道也就离不开人伦道德了。如是，

一、父子以慈孝为本；

二、夫妻以敬爱为本；

三、长幼以谦恭为本；

四、朋友以信义为本。

在大师看来，所有人与人之间的关系，一言以蔽之，曰：忍。即：

富贵能忍则保家；

贫穷能忍则免辱；

父子能忍则慈孝；

兄弟能忍则义笃；

朋友能忍则互助；

夫妻能忍则和睦。

每句话都落在人伦关系上，落在日常生活之间。

**修行在人心**

毫无疑问，心为六神之主，传统哲学以心性为本体，甚至有"为天地立心"的豪言壮语。佛教更是治心之学，禅宗尤其强调"心净则国土净""识得本心便能成佛"，所以，说到底，修行就是修心。《法语》说得更直接："世界上最大的力量是心力，心的力量奇大无比。"教人修行，重在修心，如是而已。

《法语》论心的修行，内容丰富，门户宽宏，轻松活泼，而又丝丝入扣。

仅以禅门熟语"平常心"而言，历来是佛学中最令人困惑，更叫人说不清的概念。禅门宗匠说，平常心是"无造作、无是非、无取舍、无断常、无凡无圣"，对此，普通信众很难理解与把握。至于"不属知，不属不知"，明显的玄思色彩，更是让人不得其解。尽管后来有"饥来食，困来眠"等禅宗大德对"平常心"的创造性诠释，但依然难免有随心所欲，而同佛家节欲观念抵牾的痕迹。

《法语》言简意赅，直截了当，以人间、人事、当下为背景，如数家珍，如汤沃雪，把"平常心"说得简洁明了，切实可行，让受众如梦方醒，如沐春风。比如：

> 得财不喜，是平常心；
>
> 快心事来，处之以淡，是平常心；
>
> 失利不忧，是平常心；
>
> 失意事来，治之以忍，是平常心；
>
> 享誉不骄，是平常心；
>
> 荣宠事来，置之以让，是平常心；

受谤不恼,是平常心;

怨恨事来,安之以退,是平常心。

得失、荣辱、利害、誉谤,无不是人生道路上此起彼落的常态,惟有保持不忧不喜、不骄不恼、忍让淡泊的正确稳定心态,才能度过波澜壮阔的生命之海。其实,这也正是"无造作、无是非、无取舍、无断常、无凡无圣",超然物化的心态。还有"为善不执""老死不惧""吃亏不计""逆境不烦",把人生当中的要事包罗净尽,要求人们无论何时、何地、何事,都要处之泰然,在"日常用事中无取、无舍、无骄、无求、无执着"。

对于心性修养,《法语》涉及甚广,从心性之学,到心性之用,无不引导学佛者广开思路,而有助于身体力行。笼统讲,有万事由心、唯心所造、心的秘密、心的造业;具体说,有发心、运心、驭心、看心、用心、疗心、改心,以及济世之心、用心学习、心的调整、心的疾病和心的安住,等等。

比如,万事由心,唯心所造,是由佛法"三界唯心,万法唯识"脱胎而来。《法语》讲:"酒不醉人人自醉,色不迷人人自迷,鬼不吓人人自吓,气不乱人人自乱。酒色财气,疑神疑鬼,都是自心所造。所以,心模糊,万事不入耳目;心疏忽,万事不可收拾;心执着,万事不得自在;心罣碍,万事不能适意。皆因为,心是主人,心是领导,心叫眼睛看,眼睛就去看;心叫耳朵听,耳朵就听;心叫嘴巴说,嘴巴就说。心是我们的主人,它要我们怎么做,我们就听命从事。"繁难艰涩的心境关系,佶屈聱牙,繁琐思辨的唯识理论,在这里以简明清晰,直截了当的方式,引导信众付诸现实。

《法语》讲:"如果我们管理不了自己的心,任由心意起惑造业,这是很可怕的事。"所以唯有管理好自心,才能去除恶念、进德增善。要做到这些,就要"转",就要"调"。唯识学的核心正是"转识成智"。《法语》说,"人生要'转'才能成长，我们的心也是要'转'才能开阔。"具体说就是：

> 转贪心为喜舍；
>
> 转抱怨为仁慈；
>
> 转懒惰为勤劳；
>
> 转执着为明理。

同时，还要把心调理好，通过修禅静坐，收摄妄心；戒洒远色，清净染心；去贪离欲，修养真心；诵经研教，警惕恶心；守道悟理，见性明心。无论是转心、调心、管理心，总之一句话，修行在人心。

大师思想，平易近人；大师说理，深入浅出；大师说法，化繁为简。如此谈心论性，不拘一格，不分门户，把复杂的佛学哲理，如叙家常，轻松地开示于普罗大众，无论是知识分子，还是贩夫走卒，都能心领神会，终生受益无穷。

# 退步原来是向前

2019年10月12日,长沙迎来入秋的第一场秋雨。

此时此刻,我手捧《星云大师全集》第五十七册《星云法语2》,翻到《退一步想》一文,首卷语跃于眼前:"人生有前面的半个世界,也有后面的半个世界,一般人的眼光只看得到前面,看不到后面。其实有时候懂得'退一步想',眼界会更宽、世界会更广。"

在一岁多时,我不幸患上小儿麻痹症,造成身体从腰肌以下严重瘫痪,在地上爬行了五年多。从1969年至1983年这十多年间,妈妈带着我"南征北战"八方求医问药,先后经历过四十多次大小手术,双腿被迫切开二百七十多个口子,在九岁那年才终于获得站立的人生,挂着一只小手杖,用自己的跛足亲吻着

**李丽**

湖南李丽心灵教育中心负责人

湖南乐创公益慈善发展中心负责人,湖南师范大学兼职教授,湖南省社会工作协会副会长,长沙市天心区侨联兼职副主席。荣获中央电视台"感动中国"人物,第二届全国道德模范提名奖,北京残奥会火炬手,全国优秀志愿者,湖南省政协新中国成立六十周年新闻人物等八十多项殊荣。

重要著作:《天使花开》《生命的滋味》。

大地。

  2002年5月27日，我的人生经历了"四十有'祸'"。这一天上午十一点十五分发生的悲惨车祸，造成我身体八处骨折，其中右手腕、左膝关节开放粉碎性骨折，脸上缝了近百针。主治医生说："你成了被泥捏的'瓷娃娃'。"三个月后，终于可以勉强坐个十来分钟时，主治医生很严肃地嘱咐我："你这辈子再也不能摔跤，将来只能依靠轮椅代步。"

  这场车祸，无情地剥夺我蹒跚行走的权利，悲伤、哀怨、自怜，甚至愤怒，纠缠我无数个夜晚辗转难眠。

  半年后，我带着四句话出了院："把挫折当存折，把苦难当享受，把失败当财富，把残疾当资源。"2003年早春，我开始参与监狱义务帮教。2005年早春放弃从商，撸起袖子，义无反顾地带领团队投身到社会公益事业。

  2010年5月29日上午，全球企业家（远东）论坛在宜兴隆重举行。论坛主题为"新商业文明时代的社会责任"，这是一个令我十分感动和感兴趣的话题。会议进行到十一点半左右，会场出现小小的骚动，十来名工作人员小跑着从会场两边撤离会场。大约几分钟后，看到电视媒体记者扛着机器纷纷倒退着进场，那一刻，整个会场突然变得十分寂静。我想一定是令我景仰万分的星云大师来了。

  当星云大师出现在门口的那一刻，我使出全部的力量，克服双腿的剧痛，从轮椅上站了起来，我一定要恭恭敬敬地恭迎大师从我身边走过。目送大师渐渐远去的背影，我看到的是一座雄伟壮丽的高山在广袤坚实的大地上，神圣而又坚定地缓缓移动。从大师出现到走上演讲台，整个会场保持了长久的安静，静得仿佛能听到身边人的心跳，我想这就是强大的"气场"吧。

  星云大师致辞时，引用唐朝布袋和尚的诗："手把青秧插满田，低头便见水中天；六根清净方为道，退步原来是向前。"就是告诉人们："从近处可以看到远处，退步也可以当作进步。我们只有虚怀若谷地低下头来，才能看清自己的轨迹，了解自己的进程，调整方式，选择速度。"

大师的开示，正好说到我的心坎里。自从我后半生完全依赖轮椅代步后，独自外出不免经常遇到一些小坎坷，哪怕是一个不到十厘米的小台阶，我也是望而却步。后来，每每想起大师说的"退步也可以当作进步"时，我便试着调转轮椅，调整方向，选择好速度倒着前进，生活中遇到的这些小小坎坷，就被我这残弱的身躯蹚了过去，一些所谓的"问题"也常常迎刃而解了。

我开始扪心自问："当初自己四十三岁，放弃开公司当老板，坐着轮椅去北京读书究竟是为了什么呢？"是为了做自己最喜欢做的事，帮助他人，快乐自己。其实成功很简单，就是一定要学会经营好自己的长处，做自己喜欢的事。

这些年来，我在从事青少年的心灵健康教育和家庭教育过程中，感觉内心时刻充满着感动和感激。因为被人需要，所以我很重要。虽然在事业发展中，经常遇到一些困难，但我要牢记大师的教导"不忘初心"，不断超越自己，努力尝试完成各种社会角色的穿越，就能为自己、为他人增加无穷的能量。

# 点亮心灯

**魏常海**
北京大学哲学系宗教学系教授、博士生导师

重要著作:《十地经论释译》、《空海》、《中韩佛教交流史》、《日本文化概论》、《中国文化在朝鲜半岛》、《东方哲学概论》(合著)等。

《星云大师全集》简体中文版中含《星云说偈》三册,大师引经典、古德诗偈千余首,一一加以详说。又有自作偈颂百余首,以书法体穿插其间,两者相得益彰,诗情禅趣,跃然纸上。大师说偈,语言简洁平易,贴近生活,读来生动亲切。内容深入浅出,给人启迪,浸入肺腑。

《星云说偈》中,有一个字十分引人瞩目,这个字就是"心"。在百千首诗偈中,带有"心"字的诗偈几近三分之一。如果算上表面无"心"字而实际是谈"心"的诗偈,那就多得多了。在大师解说偈颂的行文中,"心"字更是层出不穷。所以我想,要参悟《星云说偈》,重要的是深切体察"心"字。照我的理解,其中的"心"字有以下几层意味。

**其一，自心是佛**

对此，偈颂中多有述及。"只个心心心是佛，十方世界最灵物"（唐·布袋和尚）；"人人自己天真佛，昼夜六时常放光。"（明·呆庵普庄）；"佛在灵山莫远求，灵山就在汝心头"（古德）；"众生少信自心佛，不肯承当多受屈"（宋·善昭）；"菩提只向心觅，何劳向外求玄？听说依此修行，西方只在目前"（《六祖坛经》）；如此等等。大师解释说：佛性人人本具，不假外求。要认识自己，尊重自己，肯定自己。他强调："我们要有自心是佛的信心"，要敢于"直下承当'我是佛'。"这里的"信心"和"直下承当"很值得深思：有信心，才能从自我要求做起，不断进步，不断成长；敢承当，才有使命感，能发菩提心，行菩萨道。大师有偈云："了却自心，别无疑虑，不了自心，迷却本来面目。"这是学佛的要义。

既然如此，做人做事为何会有善恶、迷悟？众生归趣为何会有六凡四圣？《大乘起信论》说"一心二门"，一心即是众生心，二门就是心真如门、心生灭门。大师在解说《华严经》偈："心佛及众生，是三无差别；诸佛悉了知，一切从心转"时，就特别提到"一心二门"，他说："所谓'一心开二门'，心的真如门与心的生灭门，也就是真心与妄心。真心与妄心并不是两个心，而是一体的两面。当真心显露，妄心就没有；当妄心做主，真心就不见了。"他用真心和妄心解释二门，简易明白，十分真切。迷悟、善恶、六凡四圣的区别，在于真心与妄心谁主谁从，谁转变谁，这就是"一切从心转"。所以我们要善护其心，善调其心，"转妄心为真心，转凡心为佛心"。正如大师偈云："空去虚妄诸相，妄心歇息，真心妙用，全体大现。"这是修行的关键。

**其二，心生万法**

诗偈里有诸多譬喻，形象地揭示出这个道理。"心如工画师，能画诸世间，五蕴悉从生，无法而不造。"（《华严经》）大师说，这四句话将我们的心比喻成一个美术家、一个书画家，他可以彩画世间上的各种风景，"心能生万法"也是这样。要用我们的心去美化这个世间，创造人间净土。"心地含诸种，普雨悉皆萌，顿悟花情已，菩提果自成。"（《六祖坛经》）大师认为：这段偈语启发我们，修行首重修心。每个人都是耕耘自己心田的农夫、心的园丁，播种时要三思，要播撒善的种子，不播撒恶的种子。

大师在讲解心的作用时，也常常善巧方便，妙用譬喻，例如，心像一块田地，插什么种就长什么苗；心像一座意念的工厂，能生产好产品，也能生产坏产品。一个人的善恶、迷悟、成败，也都在一念之间；心像大海，大海里含藏众多生物和各种宝藏；心像国王，国王能命令诸大臣做事，心也可以指挥眼、耳、鼻、舌、身做好事或做坏事。还有，心去如风、心如流水、心如灯焰、心如虚空、心如盗贼、心猿意马，等等，不胜枚举，都表明心虽然无形无相，变动不居，但当它随缘应物时，却又无处不在、无时不有，能摄一切法，能生一切法。所以大师偈云："善既从心生，恶岂离心有。善恶是外缘，离心实不有。""百千妙门同归方寸，恒沙功德总在心源。"这是心生诸法的实相。

其三，修心之要

如何修心？首先，要发菩提心。"菩提心者，犹如种子；菩提心者，犹如良田；菩提心者，犹如明灯；菩提心者，犹如大道。"（《华严经》）大师明确指出：菩提心就是慈悲心、般若心、智慧心、解脱心，是世间上最真、最善、最美好的心。"在佛教的众多修持法门中，首重发菩提心。"其次，自净其意。"诸恶莫作，众善奉行，自净其意，是诸佛教。"（《增壹阿含经》）大师提示，这首"七佛通偈"告诉我们，在日常生活中，若能时时提醒自己：身做好事、口说好话、心存好念，身口意"三业清净"，就能不断提升自己的修养水平。第三，嗔心不起。佛教称贪、嗔、痴为"三毒"，贪是三毒之首，而嗔则往往是惹祸根苗、障道因缘，正所谓"一念嗔心起，百万障门开。""嗔为大瞑，有目无睹；嗔为尘垢，染污净心。"（《坐禅三昧经》）"嗔是心中火，能烧功德林，欲行菩萨道，忍辱护真心。"（《寒水诗集》）

大师警示我们："在日常生活中，在做人做事上，对我们危害最大的就是嗔恨心。"惟有常行慈悲、忍辱，降伏贪嗔痴，放下心中嗔恨的刀剑，以平常心面对世事，才能处处祥和。大师偈云："菩提自性，本来清净；但用此心，直了成佛。""好事好话存好心，真情真意真人生。""给人信心，给人欢喜，给人希望，给人方便。"这都是修心的座右铭。

**其四，明心见性**

"譬如一灯，入于暗室，百千年暗，悉能破尽。"（《华严经》）"譬如一灯，燃百千灯，冥者皆明，明终不尽。"（《维摩诘经》）大师发挥经偈的思想，进一步指出：外在的灯可以照亮暗路，内在的一盏心灯，则能让自己的人生光明照遍。明心见性，打破"黑漆皮灯笼"，点亮心里的灯光，给人光明，光光相续，就能照亮这个世间。佛光山和国际佛光会一直在全世界推动净化人心、点亮心灵灯光的活动，其意义就在于此。正如大师偈云："以无尽灯传承后代，以自性佛觉悟心性。"

《星云说偈》，如果可以一言以蔽之，就是：点亮我们的心灯。

# 一部"佛光百喻经"

**何燕生**

日本郡山女子大学宗教学专职教授

现为武汉大学讲座教授，武汉大学国际禅文化研究中心主任，华中师范大学特聘教授。

重要著作：《道元と中国禅思想》（获得日本宗教学会奖最高学术奖）、《正法眼藏》（译注）；译著：《语录的思想史——解析中国禅》《日中佛教友好二千年史》、*Dynamics of Religions in Post Disaster Societies*（合著）、《生活禅のすすめ》（合译）、《生活禅と中国佛教》（合译）。

得知《星云大师全集》简体版出版的消息，内心有一种格外的冲动。

近年来，本人常受邀到日本寺院进行讲座，主题大多是介绍当代汉传佛教的现状，其中星云大师的佛光山事业及其人间佛教思想当然是不可忽视的重点内容。然而，之前出版的大师的著作，大多为单书单册的形式，"应机设教"特色强烈；内容虽然丰富，但对一般简体版读者特别是对研究者而言，想要系统性地了解大师思想的全貌，往往因资料上受到限制而颇感不便，甚至常常有一种盲人摸象的感觉。《星云大师全集》一〇八册的出版，无疑为读者全面分享大师的教诲提供了方便，对我们研究者来说，当然是一道"福音"。

此次承蒙陈剑锽教授的推荐和星云

文化教育公益基金会的厚爱，寄来《星云大师全集》第六十三册《星云说喻1》和六十四册《星云说喻2》，并奉命谈一谈自己的读后感，深感荣幸。

2020年入春以来，因新型冠状病毒肆意蔓延，人们的生活和工作受到极大的冲击，人类的命运似乎遭逢空前的挑战。日本未能幸免，我现在不得不居家远程授课。在这个特殊的环境下捧读大师的著作，确有一种"久旱逢甘霖"之感，受益匪浅。以下不揣浅陋，谈谈几点感想。

《星云说喻》共两册，收集了大师用"譬喻"说法的精彩短文。据"编者的话"介绍，1994年6月大师应邀在台湾电视台开辟《星云说喻》节目，每次宣讲五分钟，大师举出古今中外的生活见闻，以讲故事的形式，用简单巧妙的譬喻，阐述他对人生的感悟以及对佛法的受用，深受观众的喜爱。据说，大师此次"电视说法"，是开台湾佛教电视弘法之先河。这两册，就是从千余篇作品中，择录部分，以"布施、持戒、忍辱、精进、禅定、般若"六度波罗蜜分类，方便读者系列性阅读。每篇约一千五百字，短小精悍，每篇可三五分钟读完；文字表达通俗易懂，故事充满着趣味，主题突出。

从一个长年关注汉传佛教现状的研究者的角度看，我认为《星云说喻》至少有如下几个特点。

**一、《星云说喻》是了解大师弘法方式的重要线索**

我们知道，释迦牟尼佛的弘法方式以"应机说法"为特点，其一代言教结为"十二分教"，即十二种类，"譬喻"是其中之一。佛经中的"譬喻"类，其实就是"讲故事"；通过浅显的故事，诲人以高尚的佛理。然而，中国历代祖师的弘法方式多以讲经为主。近代太虚大师最早使用黑板讲经的形式，开风气之先。然而《太虚大师全书》中并不见有"譬喻"分类，主要是著述、论文、讲经记、演讲稿以及诗文等。

不拘形式，用"讲故事"的形式宣传佛法，是星云大师弘法方式的一大特色，也是不同于前人的主要方面。当然，大师一生从事过许多讲经活动，这些也大多被结集出版。但讲经的方式，并不是全貌。《星云说喻》将大师用借助譬喻的方式弘扬佛法的具体例子，结集成册，收入《星云大师全集》，用通俗易懂的现代文字呈现给读者，彰显了大师如何顺应时代众生根机，不拘形式地践行人间佛教理念的弘法特点，作为《全集》的体例，值得肯定。

**二、《星云说喻》故事丰富多彩，内容真实感人而不乏味**

两册收录的故事，既有取材于佛经和祖师语录，也有耳熟能详的古今中外的典故趣闻，展现了大师渊博的佛学素养和宽泛的人文知识。其中收录的大师本人的所见所闻、亲身经历的一些鲜活的趣闻，读来令人由衷的敬佩，有时也会发出会心的一笑。

比如有一则谈大师母亲刚往生时，弟弟和侄儿晚辈们常常准备极为丰盛的供菜祭拜的事情。大师问弟弟和侄儿们，母亲生前最喜欢吃什么，弟弟回答说最喜欢吃稀饭和豆腐乳。大师说，既然如此，何不给老人家供稀饭和豆腐乳呢？这个故事叫《为人设想》（《全集》第六十四册），看似一件小事，却能让人窥见大师处处不为形式所拘，从实际出发的弘法理念："给人信心，给人欢喜，给人希望，给人方便。"

《星云说喻》中不止一次谈及大师的母亲，比如《老奶奶的由来》（《全集》第六十三册）等。透过这些，我们可以知道"家教"和"身教"对大师的影响。强调"家教""身教"的重要性，也是《星云说喻》的特色之一。每篇读来，无不感人。这些都是在大师其他著作中很少看到的趣闻，对于我们从另一个角度了解大师，具有宝贵的资料价值。

**三、《星云说喻》是一部生命书写**

书中收录了很多大师谈及自己生病以及如何看待"生死"问题的文章。大师说他一生以病为友，腿断了，想到"从此不必奔波，可以静心阅藏"；开心手术,"认识到了很多仁心仁术的医护人员";视力模糊了,"在模糊的世界里看见清楚的自心"。大师认为,多灾多病,使人能够体会众生病苦,"病苦是处世、修道的逆增上缘"(《救命药方》,《全集》第六十四册)。其中《我看到了大家》(《全集》第六十三册),谈大师眼疾后的感怀,强调"同体共生"理念,希望人类做一个相互包容,彼此尊重的"共同"的地球人。

譬喻、故事的特点,在于易懂,因此往往受人喜欢,但与此同时,也容易落入低俗,可以说是一把双刃剑,弄不好会得不偿失。然而通读《星云说喻》,不仅丝毫没有觉得大师是在刻意讨人乐趣,相反会加深我们对佛教来源于人间、佛法来源于生活的认识。如何做人、做事、交友,如何看待生命,《星云说喻》为我们指点迷津,可以说提供了一份满意的答案。

佛光山有一部《佛光菜根谭》,我认为《星云说喻》其实就是一部"星云百喻经"。

# 读《星云大师全集·怀古慨今》随感

**张志清**

中国国家图书馆副馆长
国家古籍保护中心副主任、国家文物鉴定委员会委员、国家图书馆古籍馆馆长。主要从事图书馆古籍整理、保护工作。

己亥年秋,我受汉学研究中心曾淑贤主任之邀,赴台湾佛光山参加第六届"玄览论坛"。忝列雅集之余,有幸仰谒星云大师。大师屈神下顾,不但赐以墨宝、《全集》,还委托高足如常法师光临本馆,畅叙友谊,谋划合作,以收海峡两岸、僧俗两界协恭和衷、弦歌不辍之效。大师拳拳惠爱之心,令人感动!

大师《全集》中有《怀古慨今》两册,近三十二万字。内分九编,记五百五十事,曰:求法发愿、义解兴福、修持励志、道风行谊、弘法度众、尊师孝亲、慈悲济度、护法卫教、解脱悟道。其编排纵横古今,穿越中外。每篇文章先叙其事,后加大师评论讲解,篇幅短小,娓娓道来,寓教益于知识,备雅俗而共赏。

书中很多篇目，如《博闻广学》《俭以养德》《严己厚人》《共纾国难》等，固然讲的是佛家故事，但其精神价值是具有普遍性的，不仅适合佛家弟子培植悲心，光大佛门，也适合每个期望美好生活、有意磨炼性情的普通读者共读共鉴。如第一编内有《不忘初心》一篇，讲晋代康法朗法师不畏艰险，西行求法故事。我辈图书馆古籍工作者，职在编摩故纸，守藏旧籍，以俗眼窥之，难免有清苦之说，而比之前辈大德，则不足论。所以不忘初心，在佛弟子是踏破铁鞋，求法弘法；在我图书馆古籍工作者，则是勤修厥职，藏书护书，代代传承，以至久远。

佛教在两汉之际传入中国，曲折发展，绵延千载。其导人向善、慈悲利他的思想，早已成为中华优秀传统文化的组成部分。包括星云大师在内的近世大德，提出"人间佛教"的宗风，更为广大僧众立足本教、服务社会提供重要理论依据。书中不以圣凡、僧俗为执见，专以道德学问感化人心，足见大师谦冲精诚、知行合一的品格。

我所就职的中国国家图书馆馆藏宏富，藏书总量居于世界前列，其中两百余万册古籍善本尤为珍稀宝贵。佛教文献在国图馆藏古籍中占有很重的分量。譬如我馆四大镇馆之宝中，就包含佛家稀世珍宝《赵城金藏》和大多数均为佛教典籍的"敦煌遗书"。此外，我馆还藏有大量佛教写刻本文献，均为不绝如缕的传世孤本。这些珍贵文献凝结着中华民族的精神遗产和集体认同，保护好、整理好这些古代文明的重要载体，并将其以适当的形式加以推广，是我们作为文化守护者与传承者的重要责任。在这一点上，星云大师是我们的同道，更是楷模与良师。大师创建的佛光山，既是台湾地区最重要的佛教道场，也是沟通僧俗两界的文化殿堂，在推广新知、弘扬文明、促成全社会幸福共好等领域成果卓著。

去岁在佛光山举办的"玄览论坛"，以"金针度人，活化古学"的高远立意，令人感佩！再观此《怀古慨今》二巨册，亦可知其为大师弘法中用力最著之处。大师在自序中说："我们缅怀古德风范，重要的是和他们言行相应，同样具备救世度众的悲心。""这不仅是怀古幽情，也是文化延续的根本。"我们常常讲：世界上没有完全相同的两片树叶。然而转念一想，两片看起来形状、颜色、大小都不同的树叶，之所以都称为树叶，是因为本质属性的相同。将这样的思维角度放之于历史长河中，同一片土地上的人心人性、深层次的文化基因、社会心理，也具有相当强韧的延续性。历史故事受人欢迎，启迪人心，很大程度上基于这样的原理。当然，古学要想活化，成为度人金针，必须有慧心妙笔，将那些遥远的知识精心组织起来，破除古今边界，映射现世关怀。大师搜集历代佛家弟子的道范佛心，加以高妙平易的解说，将模拟的触角突破时间的尘封，自然能引发读者"今月曾经照古人"的共鸣。

庚子伊始，新型冠状病毒肆虐全球，令人心意烦乱。我在公余之际学习大师教言，但觉字字真诚，句句恳切，和蔼之气，溢于行墨。虽然远隔数千里，却恍若躬身受教，从中获得让自己身心安宁的温暖力量。如常法师和静之女士以法旨相嘱，命于捧读之下自述心得。我一向愚钝少学，对佛法更乏研究，仅就一己之见姑妄言之，滥厕吹竽而已。

《怀古慨今1·求法发愿》

# "1"和"0"的关系

佛门也是有品级的,有光会念经的和尚,也有得道的高僧。

出家人,谁不想得道呢?

南北朝时,有个河南出家人,法名神光。他原本是位儒学家,但儒家经典却不能解除他心中的疑惑,于是出家。他经过八年勤勉修学,把佛门内外典籍翻了个遍,都四十岁了,还是有困惑。神光决定去嵩山少林寺,拜达摩祖师为师。可达摩只管面壁打坐,根本不理他。神光只好站在门外,时值大雪纷飞,一夜的工夫,雪过膝,自己成了"雪人",达摩见了很感动。神光又抽刀砍断左臂以示诚心,达摩才答应收他为徒,赐名慧可。

接下来师徒有一番对话。

达摩问:你今断臂,有何所求?

**蒋元明**

《人民日报》高级编辑、文艺部原副主任

现为北京市杂文学会常务副会长,中国写作学会杂文专业委员会会长。中国社会科学院研究生院兼职教授、硕士生导师。第三届鲁迅文学奖评委。

重要著作:《嫩姜集》《人生小品》《黎明风景》《怪味品书》《人生有缘》《曹兵到底多少万》《人生似远游》《青年与未来》《魂系何处》《说三国·话股市》等散文、随笔,以及短篇小说《杨树村的早晨》。杂文集《人生小品》获全国第六届优秀青年读物二等奖。

慧可答：我心未安，求师为我安心。

达摩：把心找来，我为你安。

慧可：觅心，了不可得。

达摩道：好，已为你安心了！

慧可顿时大悟，随侍达摩六年，终得达摩传授心印，成为禅宗第二祖。

勤学苦修八年，不得要领；名师一点拨，便"大悟"，开窍得道。慧可没有白在雪地站一夜，也没白断一条臂。当然，更主要的是他的悟性。大多数和尚念了一辈子经，费尽心血，也没能悟道，只好"当一天和尚撞一天钟"。佛门修行，能否修成正果，除了不畏枯灯寒夜外，关键还在于有没有悟性，能否开悟。达摩祖师正是看中了他的悟性，才收其为徒。

唐朝古灵神赞禅师，先在福州大中寺出家，没过几年他就辞别师父，四处访道，最后在百丈禅师处悟道成功。开悟后，古灵不忘剃度师父还在混沌之中，于是回到师父身边，要拉他一把。

一次，古灵替年老的师父洗澡擦背时，借机拍拍师父的背说："好一座佛堂！可惜，有佛不圣。"师父回头看他一眼。古灵马上又说："佛虽不圣，犹会放光呢？"师父只觉徒弟的言行有些怪异，不知这是禅机。经过几次试探，师父有所察觉，问徒弟：你出去这几年，回来说话怎么变得怪异？是不是遇见什么高人，得了无上之法？古灵这才告诉师父，自己在百丈和尚处悟道了，特地回来报恩的。老师父闻言感动不已，立马请古灵上堂说法，终于也受教感悟，皆大欢喜。

何为悟道？有学僧请教慧林慈受禅师：悟道有什么感觉，能讲出来吗？慈受说，悟道时的感觉是讲不出来的，如同哑巴吃蜜；没有悟道却讲得头头是道，那像鹦鹉学舌。也就是说，悟道奥秘，无法口传，主要靠心领神会。

悟道有先后，不论老少尊卑。但这悟道中的悟，悟性，不是人人都有的；有和没有，差别可就大了。打个比方说，勤学苦修是"1"，那么悟性就是"0"；光有勤奋，终归是个"1"，加上悟性才变成"10"，成就增长十倍。当然，没有前边的"1"，后边的"0"还是"0"，也就没有意义。

　　星云大师说得好："佛教几千年来出现的古德奇事，如同恒河沙数，多得无法计量。"他在两册《怀古慨今》和许多卷著作中，讲述了众多的佛门故事，娓娓道来，"不仅是怀古幽情"，更是为了启人心智。单是这佛学中的"开悟"，与文学艺术、科学技术中的"灵感"，就很有相通之处，值得品味。

# 利万物而不争

**刘敏君**
《人民日报》海外版文艺部原主任

打开《合掌人生》，第一章便是《在南京，我是母亲的听众》。"孝"在中国是有悠久的文化传统。时至今日，每个受恩父母的人子普遍怀有回报父母之恩的孝心。但是回报的方式多以物质为主，能抽空陪父母聊天，在精神上给父母以陪伴的少之又少。因此，星云大师的《在南京，我是母亲的听众》单是篇名，便让我心动。

大师的母亲——一个生活于江都乡间不识字的农妇，战乱中失去了丈夫，与儿子骨肉分别近四十载。历经磨难，母子再见面时，母亲已是八十多岁的老妇，而儿子则是拥有万千信徒的佛门高僧。当母亲的听众，用心听母亲说话——星云大师回报母亲的孝是至纯的。因为用心听，母亲说话时的音容笑貌，母亲看似平淡寻常的话语中包含的智慧，母亲对人情世故的练达、通透，以及母亲给人方便、给人欢喜的个性，才会如此生动地呈现在大师的文章中。

《合掌人生》收集了星云大师1993年至2014年间撰写的三十一篇文章。从少年时在家乡和外婆相守的温暖日子，到日寇入侵、家园被毁、逃难途中几乎丧命的艰险；从寻父路上剃度出家，到离开丛林开启弘法历程；从初到台湾时一介贫僧，人生地疏、三餐不饱，到著书立说、徒弟成千、信众上万、开山创建佛光山，进而实现"佛光普照三千界，法水长流五大洲"。星云大师用通俗易懂的语言，回顾了过去的种种经历。娓娓道来的故事里，有对佛门法理、佛教改革的辨析思考；有对因缘、得失的思维感悟；也有对生死、命运的深刻解读。

回首往事，大师认为，生逢乱世，饥饿、贫穷、苦行是一种历练；进入物质富裕的时代，能忍气、忍辱、不争更是一种修炼。但能忍、不争并不意味着放弃初心，苟且偷生。"不争"也可以有所作为。"失"和"得"之间的转换其实还在自己。

星云大师擅长用真实的人生经历解读这些深奥的佛理，比如：十七岁那年，为了一心把和尚做好放弃了上大学的机会，却在七十多年的和尚生涯中创办了五所大学、三所中学、十六所佛学院；二十多岁时，为了弘法原本想在台湾台北的佛学院当一名教师，受排挤被拒后，却在高雄开辟了"为佛教工作的基地"，自办寿山佛学院，培养了一大批志同道合的弟子。恰是有了"基地"和佛学院，大师改革旧佛教、提倡"人间佛教"的理想才得以实现。扩建寿山佛学院时，为解他人资金周转不灵之难而买下了大片山坡荒地，却因此得以开山建寺创立佛光山，成就了佛门一桩载入史册的壮举。可见不与人争，另辟蹊径自有一片新天地，帮助了别人也成就了自己，这就是结善缘得福报吧。

老子说："上善若水，水善利万物而不争。"读星云大师的文章，时时会被大师"利万物而不争"的胸怀、品格感动。大师流畅生动而又简朴无华的文字里，处处洋溢着博大的慈悲和超凡的智慧。

星云大师说："人生好比一条'路'。人生的路要靠自己走出来。"一直向前，才能走出光明的前途。人生的路会有起伏，有崎岖不平，有变化莫测，有艰难险阻。关键时刻如何面对？以善良、平和、利他、不争的态度来对人对己就会有不错的选择，也会有好的未来。

今天，我们面对的是一个物欲横流的世界，我们需要思考，该以怎样的言行为孩子种下"善根"，帮孩子养成乐于行善助人的品性。在自己的人生旅途中，如何守住人性中的善良、仁慈、勤劳、坚韧，在"给人欢喜"中获得欢喜自在。如何让自己的生命活得更有价值，在服务社会中享受生活的幸福和静好。这是我读《合掌人生》后的点滴感悟吧。

# 人生如是自有缘

《如是说》三册是星云大师从1979年至2017年之平日行程、当日谈话之记载，有"星云日记"之喻。此文丛系列是从一个重要侧面，生动地反映出星云大师"生于忧患、长于困难、喜悦一生"的奇特经历。在大师精彩的"如是说"中，我们可以深深地体悟到其所倡导的生活禅道、生命哲理和文化人生。因此，从大师指点的"如是我闻"出发，值得我们去努力争取"信受奉行"之结果。

## 一、生活禅道

立足人间、超越人间，是星云大师"如是说"所倡导及践行的人间佛教之真谛。这里，其特别讲究的即一种生活禅道。在大师看来，人间佛教乃体现佛陀本怀，充满人间意蕴，是佛说的、人要的、净化的、善美的，可以让人在

**卓新平**

中国社会科学院学部委员

德国慕尼黑大学哲学博士，曾任中国社会科学院世界宗教研究所所长。

重要著作：《宗教起源纵横谈》《中国基督教基础知识》《宗教与文化》《尼布尔》《世界宗教与宗教学》《当代西方新教神学》《当代西方天主教神学》《宗教理解》《基督宗教论》《基督宗教研究》《圣经鉴赏》等。其中专著《宗教起源纵横谈》于1992年获中国社会科学院首届青年优秀科研成果专著类三等奖。

生活中实践人间净土而做出来，由此真正体悟佛即觉者，意识到成佛需要"苦""做""忍"的一而再，再而三。所以，大师宣称人间佛教乃佛教的当代思潮，乃其发展的当代主流，为当世之光明。

在对人间佛教的理解中，大师之"如是说"指出：首先，佛陀的出生、修行、成道、弘法、传教都是在人间，完全为其深入人间的服务工作；其次，人间佛教以人为本，体现出"人为邦本，道行天下"，所强调的是人间有爱，人间欢喜；再次，人间佛教主张生活第一，生死第二，因此佛教必须走入生活、走入家庭、走入社会，在生活中实践人间净土，注重了生，净化人心，获得人间修行达净土，人间生活得觉悟之境；最后，人间佛教突出人缘，认为应该未成佛道、先结人缘——所谓人缘是指人因缘而生，这种缘使人生生不息，无始无终，如圆之循环，求圆之完满。于此，人生如是自有缘，随缘方知乃佛缘；意识到人之机缘、巧缘及法缘，故应一切顺其自然，随缘随众，合缘和合，悟透缘生缘灭，做到担得起、看得开、放得下，水穷云起、随遇而安。

关于佛缘，星云大师认为，体现大乘佛教根本精神的就是菩萨缘，此即观音菩萨之悲、文殊菩萨之智、地藏菩萨之愿、普贤菩萨之行这四大精神。于此，星云大师的人间佛教之论言简意赅、字浅寓深，有内容，有时代性，既合乎佛陀本怀，又反映人间福报，为当下之所行、大众之所需，乃人成即佛成的生动写照。

星云大师揭示出人间佛教禅净融和之意蕴，此即生活之禅的奥秘。大师指出，这种禅乃为生活中的盐、花、画、禅意人性、禅味人生。禅是生活的体验、生命的情趣，乃自然而然的巧妙、智慧；但生活禅并非远离人寰的神秘，而是普遍存于人心，当为我们的本心。这里，禅的思想是放旷自在，随缘度众，参禅乃悟透即可，而不必说明、道破个中道理。禅者的涵养就在于含蓄超脱、动静一如,既在人世中有超越之境,又可于波动中达宁静之状。

按照大师的理解,禅者心中若没有芸芸众生、若不能在滚滚红尘中心里安然不动,即不能为禅者。所以,禅者就是在人世间有所为、有所不为,就是只问耕耘、而不在意收获。而且,禅并非个我之清高,实乃众人所共享。大师于此特别强调,禅是一法摄百法,万法归一、圆融统摄;禅法就在于共享、共成、共有,禅就是人间佛教。

二、生命哲理

星云大师的"如是说"亦讲透了人间佛教的生命哲理。在此,人生就是一种学习、一门学问,故而需要训练哲学思维、了解人文意境,把握其不去计较的处世哲学。这种生命哲理旨在人之有限生命内涵的无限扩充,追求自然、自在,重视人心、人性。一方面要净化身心,看到自己的内心,听到其内心的声音——此心乃"秋月禅心"、自我真心,如秋月之圆满,似诗境般美好,展示出"万古晴空,一朝风月"的纯净自然本性;另一方面则要庄严世界,把欢喜融和散布到人间,让自我修行在大众、在社会、在生活、在工作中得以实现,和大家一起共享喜乐幸福。对此,大师倡导一种人生的升华,即从小我、经大我而达到无我境界之升腾。生命哲理就是一种"给"的哲学,立意在"舍"而不欲求"得",旨在修福、学道、弘法、利生,追寻永恒慧命。

星云大师把佛教生命归结为三个方面,即教育、文化和慈善。就教育而言,大师指出,有爱的教育、自我觉悟的教育、大学之道的教育,而其细究则包括信仰教育、人性教育、人品教育、人格教育、生活教育、思想教育、自觉教育、佛法教育、丛林教育、磨炼教育等,其教育的目的最主要就是提升人格,以"心"来"受教",觉悟而"教人"。

就文化而论,大师把文化教育视为佛教的慧命,指出文化的力量无远弗届,而文化人的特色就是要有思想、有创见、有能力,文化在此即表现为人的教养,其修行得道之人的生活就是文化。

就慈善而析,慈善体现出博爱胸怀、服务精神。这种博爱胸怀恰如大师所言:"为佛教要有忧患意识,为众生要有慈心悲愿。"放下自我,舍己为人,以柔和谦卑之态而给人间带来温情爱意。而这种服务精神则是以慈悲心、忏悔心、禅定心来美化人生,用爱人间的人情味来像"花"那样成就世界之美,美化人心、净化社会。

因此,人间佛教的生命哲理会启发人以中道来应世,主张在人间行事上要平凡一点、厚道一点、含蓄一点,有圆融处世之妙。对己则须树立君子形象、体现君子人格,达到"净化信仰、修学自觉、落实行佛、圆满道业"之自我健全。这种生命哲理遂彰显出克己利人的贤哲之道,有着兼容并蓄的博大精神,此即生命所要培养的智慧,而这种智慧与慈悲的结合即为"般若"境界。

### 三、文化人生

人间佛教所追求并实践的乃一种文化人生,星云大师的"如是说"非常关注文化问题,认为文化是人类生命的延续及汇合,是历史的开展,是社会支柱的力量。这里,文化与民族命脉、人民生活息息相关,密不可分。

在大师看来,与佛教圆融共构的中华文化,讲求民胞物与的大同世界,是忠恕仁爱、天下一家的文化。而文化乃以人为本、立足于人生。大师指出,只有人才叫"人生",其专指乃是因为人顶天立地,与众不同。但人不可抽象而论,人体现出人与人、人与物、人与事、人与社会的复杂关系,人之理想境界即实现"人和",因为人是群体之在、集众而存,人际之间有着关系因缘,故需讲究人我、社会的和谐,认清人我之间乃同体共生,这种命运共同体的维系需要和合相处,合众同存,相互柔和安忍,各自从善如流,以融和尊重来实现天下一家。

对此，大师认为人应像水之流动那样有着广阔之境，而人我相处则要像跳探戈那样洒脱自在、配合默契、大而化之。立于天地之间的人应有天地境界，其心胸能包容宇宙世界，天地万物都在我心中。这样可从自我的生命至社会的生命，达到光辉的生命、融入永恒的生命。此即佛教的"空无""无我"之境，正如大师所言，"若人欲识佛境界，当净其意如虚空"，证悟我们永恒的生命，流入宇宙大化之中。

所以，人际之间要有生活、思想、语言的交流，有共住、共识、共存的意识，由此方有社会的和平祥瑞，获得人们无止境的快乐。尤其在全球化的今天，星云大师号召人类应该大小共存、天下一家，因而则需做到"对宗教的全球化要互相尊重，对经济的全球化要大小共存，对社会的全球化要各表特色，对未来的全球化要同体共生"。

尽管实现这一目标会有困难，大师却要求人类把困难化为福德因缘，把自我的委屈变成滋润他者心田的甘露，最终实现人类心灵的革新与升华。而这种处世之道就会让人成为一个提得起、放得下的"箱子"，一支美化人生的"彩笔"，一面照破自我、了解自身、看清自己的"镜子"，一根为众服务、燃烧自己、照亮别人的"蜡烛"，一滴滋润众生的"净水"，一尊去恶行善的"佛祖"。为此，人就需要做慈悲、广大、包容、变化的"普门大士"。

星云大师强调，要履行好文化人生，人文是一切学问的基础。为此，做学问要能灵巧觉悟，为修道要能精进笃实，要达到惭愧、忏悔、发心、忍辱、威仪、惜福、恭敬、慈悲这"八学"，把握伦理、道德、政治、财富、宗教、社会、生活、感情、医疗、国际这"十观"。体悟包容各宗教的五乘共法，促进民众生活的坚忍节俭，影响社会道德的因果报应，庄严文学艺术的内涵结构。大师在此高度重视艺术的意义，认为艺术代表着一个国家的文化生命。

艺术为一个国家或民族"美容"，由此而启迪我们亦要"美心"，此即达到慈悲、惭愧、感恩、宽恕之心的内在之美。有了这种"美容""美心"的文化人生，那么我们就能持守好宁静与洁净、守法与守信、惜福与结缘、仁慈与智慧的社会生活规范。

总之，星云大师以其"如是说"而呈现出微言大义、空谷足音的意蕴，其充满生活禅味的"日记"，把自在、解脱、超越、升华之佛法的人间化，以及道悟、禅味生活的书香化发挥得淋漓尽致，对我们体会空无与妙有之境给予了恰到好处的点拨。

的确，佛法无边，无问西东，诚如大师所言，人间佛教及其生活禅道乃是一道光明，能够帮助人世社会树立道德、净化人心、改变风气、止于至善。大师的"如是说"深入浅出，灵秀隽永，反映出大师对其愿力、禅定、慈悲、空无这养心四法的幽雅践履，让我们对水深则静、大智若愚亦有了更为生动的领悟。其生活化、家庭化、人间化的"如是说"不谈高论却多接地气，把有关出世思想、入世理解的佛陀智慧表达得妙不可言、精彩绝伦。

于是，我们可以随大师一道而窥探佛教融和出世与入世的菩萨道，及其为利益众生的大乘思想之堂奥，以其雅俗共赏的学问来让书香布满人间、形成书香社会，而在个人修养上则可以其空无之境来明心见性，超脱外念，回归自我。

《佛光菜根谭》

# 修身养性、开启智慧的"无尽藏"

《佛光菜根谭》是星云大师编写的格言集，里面收录了三千多条诗句短语，内容涉及为人处世、读书治学、修身励志、生活经验、伦理道德、社会、政治、哲学、宗教等方方面面，可谓包罗万象。语句言简意赅，耐人回味，有的让人乍一读来就觉得一语中的；有的看似平淡无奇，可是细想一下，越发觉得言之有理；有的可直接运用到生活之中；有的能从生活中得到验证。这些格言字字珠玑，凝结了大师对人生、社会的深邃观察和理解，可从中获得智慧启发，作为人生的座右铭。

星云大师从年轻时起就聪慧好学，广泛涉猎各种书籍，而且善于思考，勤于著述。为了弘法利生，他特别看重"文字般若"，认为文字著述可以突破时

**邢东风**

日本国立爱媛大学法文学部教授

主要从事中国思想史和中国佛教史的教学与研究。

重要著作：《禅悟之道——南宗禅学研究》《神会语录》《禅宗与"禅学热"》《马祖语录》等。

空的限制，把知识传达给更多的人。因此，平日里一点一滴的零碎时间，都用来读书、思考、写作，经过数十年辛勤的耕耘，日积月累，他的著作远远超过了"等身"。

历经近百年的世道沧桑，星云大师无论对佛法、人间法，都有深刻的理解，又善于将佛法活学活用，用通俗化、现代化、人性化的善巧方便，使佛法融入生活。经典是固定的，生活是复杂多样的，因此弘扬佛法不能只靠经典，还须通过高僧大德的智慧，将佛法精义贯彻到具体的生活情境，从而使佛法为人们接受和运用。

在星云大师的庞大著作群中，《佛光菜根谭》非常特别，它不是一时写就，而是经过长期的点滴积累，其中大多是大师自身的经验之谈，有的则是既有的格言警语。书中没有通常的逻辑体系，话题、语句也显得随机分散，不够连贯，但真知灼见随处可见，例如："为学"与"做人"，如鸟之双翼，不可偏废一方；思想要有活见解，做事须下死功夫；临事须替别人想，论人先从自己想；不急，不急，安全第一！不急，不急，谦让第一！不急，不急，礼貌第一！等等，其中自有大师思想的"一贯之道"。

中国历史上有很多励志书籍，也有不少高僧创作的劝善文、醒世歌之类的作品，其中明代洪自诚的《菜根谭》，是星云大师特别喜欢的一部，所以这部集锦之作也起名叫作《佛光菜根谭》。的确，本书的内容和体例都和《菜根谭》相近似，但它并不是《菜根谭》或古代劝善书的简单模仿，而是内容更丰富，话题更多样，文字表达更顺畅，思想观点则是适合现代文明的"人间佛教"价值观。

佛经有言："佛以一音演说法，众生随类各得解。"大师的格言也是一样，每位读者自然各有领会，即便是同一读者对同一句话，也会因时因地而理解不同。例如："人与人之间，人与宇宙万物之间，都不是可分割的，彼此都是对方的一部分，如能视人如己，则国与国之间，种族与种族之间，自然不会有所冲突；能在异中求同，彼此互相尊重包容，即是同体与共生的美德。"这一段智慧之语，在当下新冠肺炎疫情泛滥之际，面对全球空前的大灾难，犹如一记警钟，极具振聋启聩之功效。

佛教就是一种生命之学，特别重视生命。面对瘟疫，珍惜生命、保障人民群众的生命安全就是最高的义务，政治、经济等其他考量都应服从这个要义；再者，佛教讲因缘、因果，强调彼此依存、相互联系、众生平等，面对病毒，任何国家或个人都不能独善其身，必须通力合作，和衷共济，正如大师所言，"在平等的原则下，共存共荣"。在科技发达的现代，也需要佛教信仰，人要有敬畏，守底线，没有信仰的制约，不遵守伦理底线，科技就可能沦为"假寇兵，资盗粮"。

《佛光菜根谭》一书主要是教人修身养性，提高做人的品质。若依循大师倡导的"做好事，说好话，存好心"，服务社会、利益众生，必能明白"心好命又好，荣华富贵早；心好命不好，一生能温饱；命好心不好，前程不能保；心命都不好，穷苦直到老"的深远寓意。至于该怎么读这本书？那就是：各随自便，不用按顺序，无须抢时间，细细品味，必增福慧。

# 从众生的角度礼赞慈悲

《佛光祈愿文》

**谭盾**

世界知名作曲家和指挥家中央音乐学院硕士、纽约哥伦比亚大学博士。联合国教科文组织全球亲善大使、美国巴德音乐学院院长。

曾获威尼斯双年展艺术终身成就奖·金狮奖、格莱美奖、奥斯卡奖、德国巴赫奖、俄国的肖斯塔科维奇大奖、美国格文美尔大奖等。

《纽约时报》曾评谭盾为"国际乐坛最重要的十位音乐家之一"，2014年被CCTV"中华之光"评选为传播中华文化年度人物之一。

遥远就在身边。

这是2015年5月30日，我第一次拜见星云大师，聆听大师醍醐灌顶开示后，最震撼的感动。

前一天，我正好带美国费城交响乐团到长沙演出，请湖南老乡朋友李自健来听，也想和他聊聊并分享自己将要创作一部有关敦煌的《慈悲颂》歌剧，却因深陷架构迷茫，环绕得转不出来的苦恼，想请他也帮忙出出主意。

可他却说："我没办法给你出主意，因为星云大师今天到长沙。"

我说："怎么这么巧！那我可不可以问问星云大师，说我写不下去了，要请大师告诉我怎么写？"

他说："你明天早上来，我给你安排一个提问。"

记得那天早上，我朋友向大师报告："大师，谭盾有一个问题，他是做音乐的。"

大师说："谭盾，听说过，是做音乐的，我知道他。"

我说："大师，我有一个很困扰的问题。"

"你说。"大师微笑说。

我问："如果要写一部关于'慈悲'的歌剧，关于菩萨的，关于佛陀的，要怎么写，您能告诉我怎么写吗？"

大师答："你这是一个不是问题的问题。"

的确，就一个创作艺术家来说，这不是一个问题，因为艺术家创作，一定要从个人的内心深处的角度去感悟，一定要从非常独立的判断去创造它。

但是，大师当时却跟我说："不要从你的角度去想，你应该从每个人的角度去想，从众生的角度去想，重新构思。"

一下子，我的心豁然开朗，原来这部作品要从众生去想，要从每一个人的角度去想。大师的开示，让我心里有底了。大师还给我题字"菩萨"，我真的好兴奋！

那时，朋友送我一本星云大师著作《佛光祈愿文》，我迫不及待翻阅后，整个人热血沸腾，感叹："要是早十年读到这本书，我不就已经写出来了吗？"

大师的《佛光祈愿文》写得真好，篇篇精彩，字字叫绝，打动人心。每篇祈愿文，在你人生任何一个节骨眼上，无论是喜怒哀乐的任何一种情绪，大师都会提供一个方向，分享一条路。这条路是看不见的，就像丝路一样，但是只要你闭着眼睛去悟它一下，就会突然发现，它是那么明亮地摆在你面前，那么宽敞的一条路。

比如《为受刑人祈愿文》：

慈悲伟大的佛陀！……

他们是一群身陷囹圄的受刑人，

他们在重重叠叠的铁窗下，

无法享受家庭的温暖，

只有无尽长夜的凄凉……

请求您帮助每一位受刑人，

记取往昔的教训；

在嗔恨的时候，散播慈悲的种子；

在仇恨的时候，施予宽恕的体谅；

在疑虑的时候，培养信心的力量；

在失意的时候，提起明天的希望……

我觉得大师对一个失足犯错的人，都可以那么关心，他的这份爱，超越了世间，超越了自然，超越了宇宙。在读这篇祈愿文时，我热泪盈眶。

我以前写过《马可波罗》《秦始皇》《茶》等几部歌剧，但都是从艺术创造的角度，也是从个人的创想角度去创作。我一直想，已经有那么多人写歌剧，为什么还要我去写？我不想重复前人的。我要让所有的人都觉得这部歌剧与众不同。故事叙述的方法不同，音乐风格不同，什么都不一样的新鲜感。

每写一部音乐作品，都是在修炼。我发誓要把《慈悲颂》写出来。于是读了很多书，研究完了，开始动笔。起初，最难的就是结构。愈写到后来，就愈觉得一定要先懂东西方的音乐，然后再看音乐比较学、文学比较学、艺术比较学、哲学比较学、文化比较学，要从这五个方面去琢磨一下到底要从哪里下手。可是愈琢磨到后来愈感到艰难。上万则古印度美丽故事、难以计数的古代音调，甚至还有许多中国民间故事和民歌，错综复杂的架构，我怎么都转不出来。

但是，自从大师跟我讲过以后，我就不一样了。首先，《慈悲颂》的旋律要朗朗上口，最好跟西方的、东方的、过去的、现代的音调相融，大家唱起来比较有亲切感、有亲和力。不要让西方人觉得这个旋律太地域性了，也不要让东方人觉得这个旋律太西方了，也就是说，让它有一种平衡和自然的融和。节奏也不要太复杂，让它能家喻户晓，让每个人都能有感悟。那么，最属于众生的一种节奏是什么？我想就叫同心力、向心力。

《慈悲颂》全剧分为《菩提树》《九色龙》《千手千眼》《禅园》《心经》《涅槃》六幕，每一幕后面都有一段以祈愿文、福音或安魂曲的合唱形式总结故事。其中前三幕结尾合唱，都是从《佛光祈愿文》里面选录和撰创的。大师的祈愿文，是真情流露，是人间菩萨，是未来佛缘。它就像天籁之音，跨越宇宙、种族和生命。

从小到大，我每一次在最最困难的时候，总是遇到最好的老师，但是从来没想到会遇到星云大师。我非常感谢大师让我找到创作《慈悲颂》的灵感，也希望这部作品，可以为中华文化、佛教文化做出贡献，并跟世界分享。我坚信，只要你信自然，只要你有禅悟，只要你相信自己，未来就在我们的身边。

# 诗以言志，诗以道志

**狄其安**

上海大学音乐学院教授

国家一级作曲，荣获上海大学"教学名师"和上海市"育才奖"，对西方现代音乐、中国民族音乐、佛教音乐均有研究。

重要著作：《电影中的音乐》《江浙沪梵呗》《中国汉传佛教常用梵呗》等。

"诗歌"是一种古老的，并且具有韵律的文学体裁，它和音乐有着密切的关系，最早的诗歌基本上都是歌曲的唱词，由于记谱的困难，因此只留下了唱词，唱词就是今日的诗歌。由于曾经与音乐相伴，因此诗歌朗诵时朗朗上口，并且容易记忆。正是由于诗歌的这些特点，因此佛教也把诗歌作为弘法的重要载体，佛经中的"重颂"，就是佛陀用诗歌文体重复与强调经文内容的文学形式。

在佛教传入我国的漫长岁月中，很多高僧都用诗歌形式弘扬佛法，留下了大量的杰作，比如惠能大师："菩提本无树，明镜亦非台，本来无一物，何处惹尘埃。"无门慧开禅师："春有百花秋有月，夏有凉风冬有雪，若无闲事挂心头，便是人间好时节。"这些高僧的诗偈既有弘扬佛法的开示作用，又成为中国文学作品的瑰宝。

中国佛教的泰斗级人物，台湾佛光山开山星云大师不但是一位佛学家，而且也是一位诗人。他创作的诗歌数量非常之多。《星云大师全集》简体中文版的第七十三册《诗歌人间》就是他创作的诗歌专集。

《诗歌人间》中的诗歌不但展现了星云大师的弘法思想，同时也是激励民众树立积极向上的人生观、价值观与世界观。《诗歌人间》中的诗歌文体分为三类，第一类是偈，第二类是自由体诗歌，第三类是歌词。整部诗集由四个章节组成，第一章是《诗集》，第二章是《歌集》，第三章是《人间流行歌》，第四章是《谈人间老歌》。这四个章节的作品展示出星云大师流畅的文笔，同时还具有人生哲理与佛教的义理的内容，真可谓文采斐然，教理深刻。

星云大师弘扬的是人间佛教，"人间佛教"这个术语中包含了两个名词，即"人间"与"佛教"，对于这两个名词大师多次予以阐述，他曾经说道："佛说的、人要的、净化的、善美的。"这就是佛教人间性的体现。大师还曾说："佛教其实就是人间的佛教，人间佛教就是佛陀降诞世间、示教利喜的本怀，佛陀所说的一切法都是人间佛教，人间佛教也就是佛教的全部。"

诵读《星云大师全集》简体中文版《诗歌人间》中的诗歌可以感悟，这些诗歌无不体现出大师激励年轻人奋发向上，以及佛教色空不二的中道思想，散发出对众生的厚爱。以下是本人拜读《星云大师全集》简体中文版《诗歌人间》中的一首作品《一步一脚印》的感悟。

### 《一步一脚印》

一步一脚印，
是我们留下的历史，
是我们努力，努力的成就；

一步一脚印，

是我们奋发向前向上，

向真善美的光荣的痕迹。

世间没有通往成功的电梯，

我们必须一步一步走上去。

一步一脚印，

遵循前人的脚步；

一步一脚印，

为后人引导光明；

一步一脚印，

是我们奋发向前向上，

向真善美的光荣的痕迹。

这首《一步一脚印》是《诗歌人间》第二章《歌集》中的第三首，使用的文体是"自由体"，诗歌的篇幅不长，共有两个段落。第一段为八句，第二段为七句，两个段落并不对称，似乎不很押韵，但是朗读后发现，非常流畅，因为大师把词韵"隐藏"起来了。

这首短诗的内涵是很深刻的，仔细分析星云大师这首诗歌，应该从两个角度加以理解。

第一个是从"人间"的角度，诗歌的内容是鼓励人们努力奋发，一步一个脚印地向前向上奋斗，只有奋斗才能通往成功的道路。诗歌中"世间没有通往成功的电梯，我们必须一步一步走上去"，"一步一脚印，为后人引导光明"等诗句鼓舞和激励着世人奋发向上，并且奉告世人不但今天要努力，而且还要想到为后人留下财富。

第二个角度是"佛教",星云大师是佛学家,是大法师,他的弘法是不可能离开佛教义理的。这首诗歌描写的景象都是动态的,比如诗句中的"一步一脚印""向前向上"等所展现的是动作,是行动与行为,因此是无常的状态。另外诗歌中"历史""是我们""为后人"等诗句表现了过去、现在、未来三个时态。这展现了星云大师的时空完全符合佛陀的教诲,过去、现在、未来实为一体,无有分别。星云大师在《一步一脚印》这首诗歌中把佛教的时空观与现实结合,教导人们"是我们留下的历史""世间没有通往成功的电梯""为后人引导光明",这些诗句充满激情,使人得到生活的正能量。星云大师并非使用机械而教条的教育方式教育世人,而是使用诗歌,用诗歌艺术体现他的教育,这就是人间佛教,在世间,示教利喜。

星云大师不但是一位佛学大师,也是文学家、书法家、慈善家,他最为伟大的是弘扬人间佛教,他把在佛学、文学、书法、慈善的所有的造诣全部用于弘法人间佛教,诗歌的创作就是他用文学弘扬人间佛教的一个平台。星云大师提倡与弘扬人间佛教,实为弘法的方便,这是因为民众对佛教理解的根机是不同的,通过各类民众欢喜的形式进行弘法,这是一种智慧,是一位大师的韬略。《诗歌人间》是一本诗集。他用年轻人,尤其是高学历的白领阶层人士喜欢的诗歌形式弘扬人间佛教,输出的正能量,是人间佛教思想的瑰宝。

《觉世论丛》

# 人间佛教开启"生命权利"新时代

**李向平**

华东师范大学社会发展学院教授

华东师范大学民族宗教与国家治理研究中心主任、全国社科基金学科规划项目评审专家、中国社会学会宗教社会学分会会长、上海宗教学会副会长。重要著作:《祖宗的神灵》《王权与神权》《救世与救心——中国近代佛教复兴思潮研究》《死亡与超越》《中国当代宗教的社会学诠释》《信仰、革命与权力秩序——中国宗教社会学研究》《佛教信仰与社会变迁》《信仰但不认同——当代中国信仰的社会学分析》《中国信仰社会学论集》《文化正当性的冲突》等。

人间佛教是现代世界与华人佛教中最重要的社会运动与文化思潮。星云大师践行的人间佛教发展历程,历经六十年的开创、变革、发展,于今已经在教理探索、理论建构与实践模式等层面,获得了举世关注的成就与意义,拥有了华人社会、全球宗教皆值得借鉴与分享的文明与信仰价值。

四千多万字、一〇八册的《星云大师全集》(简体字版),远绍释迦佛祖圣教大义,近开人生社会不二法门,当为现时代人间佛教最丰富、最经典、最有代表性的宏大智慧结晶,亦为中华佛典大藏增光添彩、画龙点睛。

作为一部内容宏富的现代版佛经,《星云大师全集》集中体现了星云大师回归佛陀本怀,致力于净化人心、服务社会的人间佛教信仰，实为当代佛教丛林中一座叹为观止、敬而仰止的法宝山。它生动活泼地展现了大师文心雕佛的一生、宗教实践的一生、理论创作的一生。六十年的风雨兼程，《全集》的结集能够让经典复活，依法不依人，如同春雨润物细无声一样的走入世界、社会和人心。

贯穿于《觉世论丛》的核心思想之一，即是大师始终强调的人间佛教社会意义，佛教不是神的宗教，不是权威的宗教。人间佛教作为人文主义的信仰，是佛启生权、以人为中心的宗教。尤其是在人类文明历经了君权、民权、人权等时代之后，已经步入了保护生命权利，生命治理的"生权时代"。而人间佛教所开启的生命权利，揭示了人间佛教对于芸芸众生生命权利之践行，充分呈现人间佛教四众弟子生命权利的时代特征。

大师在《觉世论丛》之中指出：佛教当从"民权"进一步提倡"生权"。所谓"生权"，就是对一切众生生存权利的维护，主张一切众生皆有佛性，一切众生皆有生存权利，不容许受到伤害。所以，关怀众生，救度众生，为天下众生服务，是佛教徒维护生权的表现，人间佛教发展意义之所在。

当代社会变迁之中，大师强调的生命权利及其在当代社会的实践与行动，就是人间佛教所开启的"生权时代"及其社会践行方式，即是人间佛教致力于传统与现代的融合，致力于人间佛教之觉悟与解脱，同时也是人间佛教弘法利生的社会践行方式。它们构成了人间佛教的真谛——生命权利与生权时代的平等实现。

为此，如何从保护、体现、高扬每一位公民的生命权利，进而全面深刻地探讨现代人间佛教社会理论、人间佛教与社会的关系，建构人间佛教社会理论体系，实际上就是为当代人间佛教的发展提出了全新的课题与意义。

在生权时代的开启之中，大师特别重视民权，强调人的生命有无比尊严，举凡生存权、参政权、平等权、自由权、财产权、文化权等，均应受到保障。

大师把这些权利统称为"生命权利",而把当代社会特别强调的芸芸众生与生俱来的生存权、参政权、平等权、自由权、财产权、文化权及其时代特征称之为"生权时代"。在此基础上,大师特别强调人间佛教需要关怀众生,救度众生,为天下众生服务,这就是人间佛教维护当时代"生权"的具体表现。

时值新冠肺炎暴发流行于全球,如欲契合当代人心意志,潜心阅读、体验《觉世论丛》中保护、体现、高扬人类众生生命权利的大慈大悲,大师对于无数众生平等共享生命权利的肯定与爱护,世人必当会认为其堪称一绝,是当代人类生命权利史上的最大工程。

当下,《觉世论丛》问世于中华世界,实为契理契机,契合于人间佛教开启的生权时代,并且为当代文明以"人道"与"生权"宗教而践行圆满。

# 从文学创作证悟菩提正道

《无声息的歌唱》《玉琳国师》《云水楼拾语》是星云大师创作于20世纪50年代的三部作品，也是反映大师青年时期对人间佛教探索的代表作。

《无声息的歌唱》曾连载于《觉生》月刊（第十至二十七期）、《菩提树》杂志（第三至七期），时间跨度为两年，后结集出版于1953年7月。该著作介绍了大钟、木鱼、大磬、签筒、香炉、蒲团、烛台、牌位、戒牒、文疏、纸箔、缘簿、佛珠、海青、袈裟、香板、僧鞋、钵盂、经橱、宝塔等二十种法物的仪制和功能，同时对当时台湾佛教现状进行了独立思考，既表达了佛教青年僧侣的苦闷，也吹响了宗教改革的号角，是星云大师人间佛教运动的先声。

《玉琳国师》曾连载于《人生》杂志

**吴光正**

武汉大学文学院教授

武汉大学中国宗教文学与宗教文献研究中心主任、武汉大学中国传统文化研究中心兼职研究员。重要著作：《八仙故事系统考论——内丹道宗教神话的建构及其流变》《中国古代小说的原型与母题》《女生与宗教信仰》《多面向的神仙——永乐宫的吕洞宾信仰》等；主编《想象力的世界——二十世纪"道教与古代文学"论丛》《八仙文化与八仙文学的现代阐释——二十世纪国际八仙论丛》。

（第五卷第二期至第六卷第十期），并于1954年5月出版。这本著作，星云大师透过财色、名位、生死的试炼，描写和呈现主人公玉琳成为国师的修道历程，彰显人间佛教实践者的宗教涵养和宗教人格，同时对人间佛教的核心理念——菩萨道、僧团建设、外缘运作、弘法蓝图等进行了思考。因此，《玉琳国师》在一定意义上可以说是星云大师人间佛教模式的一个雏形或一种愿景。

《云水楼拾语》本为《人生》杂志以"群言"名义开设的专栏，主要报道、评论佛教时事，其中署名"摩迦"的短论，即为当时担任该刊编辑、主编的星云大师所写。编撰《星云大师全集》时，编者以《云水楼拾语》为名，将星云大师此一时期发表在《人生》《菩提树》《今日佛教》等刊物上的杂文、短论、散文、小说、童话结集出版。

《玉琳国师》《无声息的歌唱》中的小说和拟人手法的散文，是星云大师利用文学手法宣扬人间佛教理念的产物。《云水楼拾语》中的杂文、短篇、散文，是他改革台湾佛教的思考，也是对当时如火如荼的人间佛教运动的记录和总结。

这三部作品不仅是星云大师文学才华的初次展现，更是他艺文和文化弘法的先声。这些作品反映了星云大师因应时代需要，利用新文体、新方式弘传佛教的革新思维。

如《无声息的歌唱》采用物语体，站在法物的立场去代替法物说话，不仅建构了一个法物、青年僧、新僧、知识僧共同思考新与旧、正信与邪信的权威叙述，而且融叙事、议论、抒情于一体，既展示了作者的才气和个性，又形象生动地传达了作者的创作意图。

《玉琳国师》创造性地利用小说进行弘法，是一部成功的宣教小说。玉琳国师是一个历史人物，《玉琳国师》有其固有的传说模板和情节架构。为了藉助这个传说模板和情节架构传达其宗教理念和抱负，星云大师模仿了佛传的叙事母题，并在叙事权威的营造、人间情境的描写、宗教意境的设计等层面进行了探索，恰到好处地把握了佛教小说的尺度，探索了佛教小说的表现手段。这些作品出版后产生了巨大反响，好评如潮。《玉琳国师》还不断被改编为戏剧、电影和电视剧。

星云大师透过这些成功的文学创作，不断表达自己改革佛教现状的思考，逐渐形成和奠定通俗弘法、艺文弘法、文化弘法的发展策略，进而凝练出人间佛教的理念。这些理念和策略，让年轻的星云大师慢慢拥有了徒众和信众的基础，为日后佛光山的发展奠定了根基。

这三本早期的文学创作，对于了解星云大师人间佛教的酝酿、发展以及佛光山模式的建构、运作思维具有重要意义。因此，我们可以说，这三部作品是了解20世纪50年代台湾佛教发展的重要文献，是了解人间佛教在台湾落地生根的初期史料，更是了解星云大师艺文弘法、文化弘法的理念形成与发展之重要著作。

# 真佛只说家常

**濮存昕**

国家一级演员

中国文联副主席、中国戏剧家协会主席，曾荣获首届中华艺文奖、戏剧梅花奖以及"德艺双馨"艺术家称号。

重要作品：话剧《李白》《茶馆》《李尔王》，影视剧《鲁迅》《一轮明月》《英雄无悔》。

翻看《星云文萃》一书，又闻女儿说早已读过《玉琳国师》，甚为惊叹。

佛家事一贯庄严，教化正道，而星云大师竟以文艺为术，倾注心力写出如此大部头的小说，用佛教文化作故事，寓教于乐地面对男女信众，而且言情通俗之风格，可读性很强，青年孩子们，包括文艺中老年人一定也会爱读。

我想起了一句话："是真佛只说家常。"星云大师这是放下世人对他的尊崇，平坐于大家面前讲故事呢。故事写得也好，如苏绵工艺，丝丝异色，疏密有度，人物清纯，语言流畅，章节轻快，读来不累。书架案桌枕旁，随手翻来，一眼便看进去了。

我与星云大师有过见面。那是我饰演弘一大师的传记电影在商业放映市场遇到艰难之后，星云大师慷慨资助，还大力推动影碟的发行。那年星云大师来京举办个人的书法大展，在酒店接见了我，鼓励我再策划玄奘大师题材的电影，可惜至今没能完成大和尚的托付。

当我每每念诵星云大师写的《除夕祈愿文》，都在心灵深处产生启迪和激励，增强着我的人生反省，放下悟空的修行力量。我在创办的"濮哥读美文"公众号上，每年除夕夜，都会播放我诵读的星云大师的这篇美文。

我感叹，年事已高的大和尚还在身体力行着弘法精神，用热爱艺术的情怀，笔耕不辍，还支持电影，修行书法，这得花费多少心血啊，实乃不易。反过来想，会者不难，他老人家修行、造诣若江海之阔，随之又敬佩不已。

祈愿星云大师福寿绵延。

# 《星云序跋》一书读后

**刘国昌**

《人民日报》海外版原副总编辑

在《人民日报》工作近四十年，依次在评论部、海外版、教科文部服务。曾任中宣部新闻阅评员，人民网、环球网评论员，北京杂文学会理事，中国新闻培训网授课导师，"老记说事"微信公众号主编等。

重要著作：《飞絮蒙蒙——短论随笔集》《人海浪花——专访特写集》《报纸编辑学讲义》《世象评说》《京腔京韵》《养心之道》《随笔散文》等。

看《星云大师全集》，不可不先读《星云序跋》这本书。

这是读懂《星云大师全集》、深入了解星云大师的"一把钥匙"和"有效途径"。

大家知道，序是写在书前面的话，而跋则是写在书的后面。一前一后，都承担着帮助读者更好地理解图书内容的任务。

很多读者都有读书先读序跋的习惯。有人曾形象地把序和跋比喻为"游园的向导"，足见序跋的作用大矣！

《星云序跋》一书就是这样。

《星云序跋》这本书有三十多万字，所作的序文分为五大类：自序、编著序、本山出版序、徒众序文和外界序文。

在这五大类序文中，星云大师饱含

深情，挥洒笔墨。他依据书的内容不同而作不同的序跋。如有的谈他自己的经历，有的叙与朋友的情谊；有的论人间佛教，有的讲禅之本意；有的写读书音乐，有的议绘画书法；有的说办报方略，有的谈图书出版。内容繁多，不一而足。

从形式上看，有的是正面论述，有的则娓娓道来；有的篇幅较长，有的则点到为止。所谈内容，或给人以写作由来，或给人以背景介绍，或给人以新的思想，或给人以点播启迪。每篇每文，角度独特，文字流畅，堪称佳作美文。

细读《星云序跋》一书，能有许多意想不到的感受与收获。

星云大师是"读万卷书，行万里路"的典范，更是写文章的大家。

他老人家能写长文，也擅短章。时时有不少"见解""思想"跳出，特别是还经常有一些"金句"出现，给人一种美的享受。

笔者在这里摘录些许，与大家分享。

比如关于人间佛教，他老人家写道："什么是'人间佛教'？简单地说，就是将佛法落实在现实生活中，就是注重现世净土的实现，而不是寄望将来的回报。"

再如说禅，他老人家写道："'禅'不是什么玄奥神奇的道理，而是一种如实的生活态度，它教我们在面对现实的生活时，超越虚妄纷乱的五欲六尘，从方寸之间获得更实在的和谐与宁静。"

又如关于读书，他老人家写道："阅读可以让一个人的心跳感应世界的脉搏，中外同在眼前，古今一体悉闻。所以无论如何奔忙，展卷在手，充填我所有行程中的小小空档，册页散发的气息，让我像畅流在香海之中的一条水脉，动力霈然。"

还如办报纸写短评，他老人家写道："每天短评并非易事，必须文思敏捷、眼光独到，才能找到读者开心的题目。其次，必须有博与专兼具的学识、有高而远的见解，下笔行文有创见、有寓意、有建言、有思想，让读者产生深获我心的共鸣，短评才产生意义。"

……

读《星云序跋》这本书，可以更加深入、全面地了解星云大师，还可以欣赏到别具一格的文学般的诸多看点。那饱含深情的叙述，那娓娓道来的口吻，那行云流水的文字，再加上那精心挑选的图片，读起来那真是一种难得的、颇有价值的享受！

# 六、传记类

# 佛教本该在人间

**易中天**

作家、学者、教育家

曾任教武汉大学和厦门大学。许多著作译成外文,在海内外拥有众多读者。

重要著作:《易中天文集》十六卷、《易中天中华史》二十一卷(其中第十四卷为《禅宗兴起》)、《易中天中华经典故事》(其中第五册为《禅宗》)和《禅的故事》等。

六祖有云:佛法在世间,不离世间觉。(《六祖坛经·般若品》)

这是振聋发聩的一声棒喝,也是正本清源的至理名言。因为佛国无苦难,烦恼在人间。佛祖慈悲为怀,要普度众生,不在世间,又在哪里?

佛教,天然就是人间的。

人间佛教,也天然合理。

这就要告诉大家:佛本是人。

佛本是人,我等也是,这就亲切。

亲切的佛陀,可以仰慕,更可以学习。

学习什么呢?

如何悟得无上正等正觉。

这就要告诉大家,原本是人的净饭国王太子,究竟是怎样成为佛陀的。

但,自己觉悟,还不是佛。

佛，自觉，觉他，觉行圆满。

这就还要讲，觉悟成佛之后的释迦牟尼，又是怎样将佛光普照世界，将法雨洒向人间的。

三个问题，构成了佛陀的一生。

星云大师的《释迦牟尼佛传》便正是以此为经线，以其他相关人物的故事和命运为纬线，用通俗易懂又典雅美丽的语言，回答了许多人关心的问题：佛陀为什么是佛陀？佛陀为什么要创立佛教？佛陀创立的佛教为什么是世界性的？

或许，就因为佛本是人，佛教也原本来自人间，然后又回到了人间啊！

星云大师在本书的《序说》中，曾经以开放的态度提出，佛教可以当作宗教来信仰，也可以当作学术来研究。我个人认为，或者还可以当作人生哲学来领悟。这样，不但佛教的信众，便是教外的，也可以阅读这本书了。

我本凡夫，忙于俗务，既无慧根，又欠觉悟，没有资格评论大著。只是因为曾经在扬州鉴真图书馆扬州讲坛讲过课，也曾亲聆大师教诲，敬佩大师慈悲，以人间佛教普度众生，这才斗胆写下心得数语，并赋诗一首致敬：

　　正见世间觉，慈怀普度舟。

　　佛光澄赤县，法雨润扬州。

　　般若当领悟，慧根未可求。

　　南无无量寿，四海共春秋。

# 一代名僧，功德圆满

**吕章申**

中国国家博物馆原馆长

第十一、十二、十三届全国政协委员，中国书法家协会第六届理事，中国书法院特邀研究员，中国建筑文化研究会原会长、高级建筑师。从事书法创作研究三十余年，曾向著名书法家启功、朱乃正等先生学习书法。以"精而造疏、简而意足"的特点而闻名，以"朴实、疏朗、散淡、秀润"的风格而著称。

重要著作：《吕章申书法作品集》；主编《中华文明》《中国古代书法》《中国古代青铜器艺术》《中国古代瓷器艺术》《中国古代玉器艺术》《中国国家博物馆百年简史》等。

《星云大师全集》简体中文版在中国大陆顺利出版发行。《全集》共一〇八册，四千多万言，真可谓洋洋大观也。

愚人有缘为《全集》的学术委员会委员，深感荣幸。认识星云大师，是愚人人生的一大缘也。记得在十多年前，愚人在台北举办个人书法展，原本就不敢奢望能请到大师大驾出席开幕活动，星云大师却突然来到展览活动开幕式现场，并单独接见愚人，给予开示。为感谢大师之厚爱，我斗胆敬赠大师一幅愚之拙作，请大师指点并留念。万万没有料到大师随即回赠赐愚一幅难得之墨宝："禅"。对愚人的书法作品，大师在开幕式讲话中给予了很高的评价。这使愚人受宠若惊，至今难以忘怀也。

《星云大师全集》简体中文版在大陆

出版发行，为中华文化的宝库增砖添瓦，为当今的大众提升中华文化修养，增添了丰富的养料。是值得庆贺的一件文化大喜事也。《全集》内容跨越八十年，内涵丰富，博大精深。古今中外、天文地理、佛法道理、人间正道等无所不包，可谓一部百科全书也。

《星云大师全集》第七十八册，为《百年佛缘1》。愚人拜读后，深深感受到星云大师的缘之广也、大也、深也！有天缘、地缘、历史缘；有人缘、佛缘、社会缘。大师能遇缘，能抓住缘，更能创缘。缘缘相扣，缘缘有缘。缘，成就了大师为一代名僧，功德圆满也！

在《百年佛缘1》中，有一篇文章为《我的人间性格》，大师以二十二则小故事讲述了他做人处事的点点滴滴。这些"小故事"折射出大道理，展现了大师博大的胸襟，智慧的人生，慈悲的心怀。大师一生利他利民，大爱无疆，度人达人，爱惜人才，善解人意，知难知进，感恩感化，以德报怨，设身处地，同情关爱，等等，充分展现了大师崇高的优秀品行和高尚的人性、人格魅力。

自我第一次见到大师，愚人就有一个突出的感受：大师乃鉴真转世也。鉴真大和尚东渡，星云大师也东渡（渡海去台乃其使命也）。鉴真乃扬州人，大师也是。大师的体貌、眼疾都有相似之处。鉴真有规划师、建筑师、工程师的本领，星云大师也是一样有之……

承蒙星云文化教育公益基金会和财团法人佛光山人间佛教研究院厚爱约稿，愚人随意讲了上述之拙见，不妥之处敬请批评指正。

# 一烛光燃千盏灯

**萧灏东**

国际佛光会檀讲师、香港协会理事。参与香港惩教署院弘法布教工作,为在囚青少年及戒毒人士服务。

一烛光燃千盏灯。监狱弘法的意义,就是使光明照遍黑暗的尽处。

日前,拜读星云大师著作《百年佛缘2·我的监狱弘法》一文时,我才得以更深入了解大师多年来在监狱弘法的心路历程。

从这篇文章记述中得知,原来大师早在20世纪50年代,就已走遍全台湾的监狱从事弘法布教了。那段悠悠数十载的岁月中,大师遭遇过许多阻碍、打压和挑战,但他都以慈悲愿力予以克服。其中有不少欣喜与动容的感人故事,更因大师以"给的精神"而使之圆满成就。

从大师的监狱弘法过程中,不同的曲折、各类的情节,一一流露着大师的身教。即使面对不少困难,大师亦坚定弘法的初心,勇往直前的突破,坚持为狱中的"难友"说法。文中,大师有一段回忆,提到他到监狱说法时,常以"各位难友"作开场白。有关"难友"这称呼,大师特别娓娓道出了缘起:这是因为他在年轻时,亦曾无缘无故地遭受牢狱之灾,而那次劫难让他明白狱中囚友心中的悲苦和茫然无助,因而面对委屈和失去自由的心情,他特别能够深刻地感同身受。所以,大师经年累月地投入监狱布教,以佛法为囚友带来正知正见,以信仰为他们建立积极正向的未来。

在普罗大众的印象中,对"在囚人士"总带着刻板印象,认为等同于"坏人"。过去大师也曾被信众忠告,前往监狱弘法可能会带来不好的后果。然而,大师抱持平等的精神,深信佛法是良药,希望一时迷途的人,能走回康庄大道。眼见青年人在囚而失去自由,大师深感可惜。他坚信若眼前的青年能学习佛法,日后必定能再次成为社会的栋梁。

秉承大师的精神,国际佛光会香港协会于1991年成立"佛光之友",是第一个申请前往香港惩教署从事在囚人士更生服务的宗教团体。早年星云大师亲自监督,还曾在赤柱监狱举办三皈五戒法会,与发心的佛子,共结善缘。大师的一片丹心,开启了千余位暂时失去自由的朋友的心。1996年,"莲华分会"负责承接监狱布教使命,继续追随大师慈心悲愿的步伐,设立佛教小组,为在囚人士提供佛法信仰和心灵教育。

我因参与莲华分会,幸运地成为监狱布教的一分子,藉由此因缘,学习大师弘法利生的精神。我负责主持青年院所及戒毒所小组,与青年人分享佛法。小组的主题大多环绕人生的课题,以佛陀的教导为主轴,引导身陷囹圄的年轻人振作精神,积极面对人生的种种,怀抱着信心与希望迎向未来。诸多讨论课题中,大师所提倡的"三好",是他们最受用的锦囊,因为从"做好事、说好话、存好心"做起,不论身处何方,每一个当下都可以修行。

施比受更有福。我加入弘法布教后,自身也在教学相长中不断学习和成长，更从中获得很多的启发。来参与小组的囚友，各自都有着不同的经历、不同的故事与不同的习气。他们人生的改变，也不会出于一时。布教，是漫长的路，亦如他们的人生。也惟有在彼此坚持下，深信一步一脚印，最终必有美好的成果。而大师监狱弘法的意义，就是以佛法燃亮每位学员的"心灯"。

# 富有恒沙界，贵为人天师

读《星云大师全集》第八十册《百年佛缘3·我与赵朴老》一文，不禁想起赵朴老九十一岁时，曾手书一幅大字赠送"星云大师印可"，上面写着"富有恒沙界，贵为人天师"。

我曾长期担任国家宗教局局长，与时任中国佛教协会会长的赵朴老以及星云大师，自有"佛缘"相助，从交往甚多到结为忘年交的挚友，不仅因为要推动两岸佛教交流的职责所系，更因为朴老对星云大师的一往情深所感。

还记得，我刚当宗教局局长不久，朴老就特地给我看过两幅他的诗词墨宝。一是《一九九三年一月二十九日赠星云大师》，缘起是"星云大师来金陵省母，余藉缘南下与师相见，共叙昔年'千载一时，一时千载'之语，相视而笑。得

**叶小文**

第十三届全国政协文化文史和学习委员会副主任

中国人民大学博士生导师。曾任中央社会主义学院党组书记、第一副院长，国家宗教事务局党组书记、局长。中国共产党第十八届中央委员会委员，第十六、十七届中央候补委员，第九、十、十一届中国人民政治协商会议常务委员会委员。

诗两首，奉乞印可"，诗云：

> 大孝终身慕父母，深悲历劫利群生；
> 西来祖意云何是？无尽天涯赤子心。
> 一时千载莫非缘，法炬同擎照海天；
> 自勉与公坚此愿，庄严国土万年安。

另一幅是《调寄忆江南词·一九九四年三月二十日至南京赋赠星云大师》

> 经年别，重要柳依依，烟雨楼台寻古寺，庄严誓愿历僧祇，三界法云垂。
>
> 金陵会，花雨满秦堤，登岸何须分彼此？好从当下证菩提，精进共相期。

朴老是在以诗示我，尽管海峡两岸还处于分离状态，但毕竟是一家，迟早要统一。有佛法就有办法，可以"法炬同擎照海天"；有高僧就有高招，"好从当下证菩提，精进共相期"。

还记得，2004年，当时已久卧病榻的朴老不顾医生劝阻，坚持亲自到香港为佛指舍利赴港主礼，那是朴老最后一次参加公众活动，回来一年竟然就与世长辞了。当时我陪着朴老，会见专程从台湾赶到香港的星云大师。只见二老紧握双手，互相凝视，百般感慨，尽在不言中。良久，朴老才深情地说，医生们都不许我远行。其实我哪里是只为送佛舍利过来，我是要和你见一面啊！闻此言，我感动不已，朴老这是在言传身教开示我，作为大陆主管宗教事务的官员，一定要和台湾高僧以诚相待、深交朋友啊。尽管回到北京后，朴老就再没有从病床上起来，但我每次去看他，他都十分欢喜，谆谆教导我："佛牙何所言，佛指何所指？有了佛陀慈悲、智慧的加持，能庄严国土，利乐有情，祖国统一，民族复兴，世界和平，皆大欢喜。"

朴老九十一岁赠送"星云大师印可"的两句话——"富有恒沙界，贵为人天师"，就是人间"百年佛缘"的生动写照啊。星云大师回忆："当赵朴初居士九十几岁逝世的时候，我不能前去为他奔丧，只有亲自题写一幅'人天眼灭'，托人带去北京，表示哀悼。多年后，我到大陆去访问，在他的灵堂前，看到我写的'人天眼灭'还挂在中间，他的夫人陈邦织女士接待我，带我参观他的故址家园，让我怀念不已。赵朴初居士，这也是现代的菩萨。"一个"贵为人天师"，一个"人天眼灭"。这岂止是"惺惺相惜"感人深，实乃"星星相耀"满目辉！

《百年佛缘》皇皇巨著，"印可"的是"富有恒沙界"；赵朴初与星云大师这两个"现代的菩萨"，见证的是"贵为天人师"。

# 从星云大师朝圣到人间佛教回传印度

**邱永辉**

四川大学国际关系学院教授

中国南亚研究中心高级研究员、道教与宗教文化研究所博士生导师。

重要著作：《现代印度的种姓制度》、《印度世俗化研究》、《印度宗教多元文化》、《印度教概论》（国家哲学社会科学成果文库作品）等。

星云大师在《百年佛缘4·我感念佛陀的祖国——印度》一文中，详细地梳理了他和印度的情缘——即从孩提时代听说印度，到历经四十多年的八次朝圣，从观察和认识印度，到在印度传法的历程。阅读其明快而流畅的文字，犹如从1963年就开始跟随着星云大师朝圣和弘法，大师感念印度和复兴佛教的菩萨情怀，历历在目。

**朝圣与弘法**

撰写于2013年的这份回忆记录，前一部分的主题词无疑是"朝圣"。星云大师十分强调到佛陀的故乡朝拜八大圣地，认为"身为佛子，都应该在有生之年，至少拥有一次朝礼圣地的记录。因为当你踏在佛陀走过的路上，你会觉得泥土特别的芳香；当你呼吸着佛陀祖国的空气，你也会觉得空气特别的新鲜；缅怀历史的陈迹，可以令你道心更加坚固；继承佛陀的慧命伟业，可以令你信心更加坚强；跪伏在佛陀的座前，你会感到佛陀慈光的加被。无明烦恼，可以在瞬间消逝；崇高的人格，可以不间断地升华；人类生命的价值，也可以获得明确的肯定"。

星云大师心中思念的印度，原本"是一个圣洁的地方，是一个佛国世界"。但朝圣之旅的艰难和印度佛教的状况实在让人心痛：印度早已不是佛国，在这个大圣者大觉者——佛陀的故乡，佛教信仰人口不到总人口的百分之一！更让佛家弟子寒心的是，"对许多当地人来说，佛陀的圣地，就是他们讨钱或赚钱的地方，朝圣客就是他们乞讨的目标"。

因此，随着前四次朝圣的结束，星云大师心中越发"悲欣交集，对佛陀的景仰，是无以言之的孺慕情怀，但对印度佛教的衰微，则因伤痛不忍而思奋起"。自第五次印度参访开始，佛光山僧团进入了印度弘法初期，星云大师亲自布置购地建寺，并率领僧团进行宣教弘法。至21世纪初，佛光山在印度不仅已有加尔各答禅净中心、菩提伽耶佛学院和德里文教中心为传法道场，人间佛教回传印度已然进入建寺办学、慈善义诊和文化交流的深耕阶段。现在正处于协调全印度的弘法、反思当下和规划未来的新阶段。

**人间与人性**

阅读星云大师的文字，最让人感动的，始终是那份深厚而永恒的人性。两千五百年前，乔达摩离开王室踏上寻求智慧和悟道之途时，目睹生病、残疾和死亡的景象而深受触动和忧虑不安，也为自己看到的愚昧无知状况而悲伤。佛陀的人生与思想中的基本人性，使得人类生命处于被剥夺和不安全的境地成为他痛苦的根源，也使得他的思想几千年来持续受到关注。

也正是星云大师的平易近人和他在印度的所见所闻——大众极度的贫困、干涸的尼连禅河、在心灵上和人格上受到极大损伤的贱民的生活状况、严酷的种姓制度，等等，使得不平等、痛苦、恐惧、摧残等这些曾经触动过佛陀的念头，也深深地触动了星云大师。

贴近于两千五百年前困扰乔达摩·悉达多的问题——佛陀出家求道之时的忧虑，对于今天的人类社会仍具有现实紧迫性。因此，面对印度这样一个圣洁但在物质上无法保障基本的生活和清洁的地方，面对众多在贫穷线上挣扎的人们，一声声的"苦啊苦"已远远不够。因此，无论是星云大师将慈善行佛作为人间佛教回传印度的必要方式，还是将人间佛教"本土化"作为在印度的弘法目标，都不过是人性在人间，即星云大师和佛陀同样的、深厚而永恒的人性，在印度的呈现。

**任重而道远**

佛教这棵菩提树在中印两个人口大国之间的变幻，造成的现实图景是，今天世界佛教徒的一半多是华人。近现代人间佛教发展的脉络，是从杨文会居士创办金陵刻经处复兴佛教，到太虚大师、赵朴初长者等数位大德的推动，再到星云大师"佛光普照三千界，法水长流五大洲"的全球实践。因此，人间佛教回传印度，是世界佛教发展历史上的一项具有特殊意义的伟大事业。

必须注意到的是，1963 年，时年三十六岁的星云大师第一次到印度朝圣，唱出了"佛陀啊，我终于找到您了"的欢歌；而在 2006 年，年近八十岁的星云大师却在佛陀的故乡发出了"佛陀，您在哪里"的呼喊。在文章的最后，星云大师仍挂念着深受种姓制度损害的印度贱民，"希望佛光重新照耀于印度的土地，为世界和平带来光明"。印度之佛教复兴和人间佛教的弘扬，任重而道远！

**后记**

2020 年新春佳节期间，年过九十的星云大师心系受新冠病毒侵害和影响的大众，不断为抗疫医护人员和民众撰写祈愿文。偏居成都家中，收到星云文化教育公益基金会和财团法人佛光山人间佛教研究院的约稿信，深感荣幸并写下此文，是因为从我与星云大师的结缘直到我撰写《人间佛教回传印度研究》一书，全因印度和人间佛教之故，我也深深地感念佛陀的祖国印度。

# 真诚的告白，殷殷的叮嘱

**李焯芬**

中国工程院院士

现任香港珠海学院校长。曾任美国西来大学校长、香港大学副校长、国际佛光会世界总会副会长。

重要著作：《应当如是》《活在当下》《心无罣碍》《走出困境》《悲智愿行》《爱在当下——家是幸福的港湾》《求索之旅》《心耕》《活好当下》等。

大师弘法七十余载，长于笔耕，内容包括讲经、谈禅、说偈等。讲经、谈禅、说偈，一直是禅宗大德弘法的主要方式。星云大师是近当代弘法特别出色、特别奏效、特别善于启迪人和接引人的一代大德。多年来以文字般若接引了无数大众，这些好书收录为《星云大师全集》，实在是广大读者的福报。大师这些传世佳作，文笔简洁流畅，内容深入浅出，让人读后眼前一亮、大有启发，是追随大师实践人间佛教信众极多的一个原因。

《星云大师全集》之中，成书于2015年春的《贫僧有话要说》，于我有一段特殊的因缘。这本书缘起于当时台湾某些媒体和舆论对佛教产生了一些误解和批评，出于对佛教的爱护和担当，星云大师发表了几篇文章，以厘清大众对正信佛教的了解。文章见报后大受欢迎。大师欲罢不能，结果徇众要求一口气发表了四十篇文章，乃至结集出版。后来，香港佛光道场将这四十讲的《贫僧有话要说》制作成粤语有声书，作为大师九十华诞的献礼。由于我是录音团员中的一员，以此因缘深入研读，务求精确掌握大师的用心，故而感想体会尤深。

《贫僧有话要说》这本书最可贵之处，是生动和具体地展现了大师如何践行他的人间佛教理念，如何把佛教的教理应用到日常生活中去解决各种问题，包括人我之间的纠纷，以及建设佛光山和人间净土过程中所碰到的种种困难。而我们学佛，除了学习佛教的基本教理及经论之外，正需要有大德践行佛法的过来心得经验，作为参考乃至指导，方能事半功倍。

如在第三十一说《我的自学过程》中，提到兴建丛林学院的过程，从钉板模、绑钢筋，都与工人一起工作；丛林学院的道路、龙亭、大雄宝殿丹墀，到后来灵山胜境广场等铺设水泥，更是大师带着当时佛学院的学生，用铁尺一格一格画出来。从中体会到，要建房子得先从搬砖、搬瓦、挑砂石、拌水泥等着手，而不是只在旁边口说动嘴。而这些点点滴滴令人明白，"学习的不只是学问，而且是要具体的实践"。

最令我感动的是第四十说《真诚的告白——我最后的嘱咐》，这是2013年，大师于八十五岁时所立的遗嘱，曾对徒众宣读过。两年后的2015年，再将之作为四十篇《贫僧有话要说》的总结。

大师以"真诚的告白"为题，字字句句，牵挂的是弟子的修持道业、僧团的弘法事业、社会大众的相依相助。尤其有一段"我虽然快要带走了你们对我的尊重，带走了你们给我的缘分，带走了你们对我的关怀，带走了你们与我的情谊，未来我会加倍补偿你们……"在录音室中，读着大师对众生这样的承诺，那由衷的感恩与不舍，至今刻骨铭心。

我与大师的因缘也是始于"建寺"及"文字"。20世纪80年代，大师到加拿大多伦多市弘法，我当时住在多伦多，有幸参与了当地道场的筹建工作。更有幸的是，有机会多次与大师见面，亲聆教诲，大师送了一些著作给我。那时我参与长江三峡工程，以及几项黄河、长江上游的水利工程，需要经常往返加拿大与中国，漫长的旅途中正好细读大师的著作。

所谓文字般若，须对启迪大众、净化人心能起关键作用。佛法藉由纸上的文字，变成指导我们日常生活的智慧，中间有个"感悟"的过程，需要我们自己去思考、去领悟，方能成为我们人生的指南，这也就是从理论到实践的过程。大师不但是一位讲经说法的大行家，同时也是一位伟大的践行者，善于把佛法真理应用到日常生活中去，妥善讲解各种问题和困难。

因为录音的因缘，我得以细读《贫僧有话要说》，益发体会到这本书是大师近八十年践行佛法真理的忠实纪录，再由大师娓娓道来，实实在在地教导我们如何把佛陀的慈悲与智慧落实到日常生活与工作中去，落实人间佛教，既亲切又特别容易让读者有深刻的体会和感悟。这对大众的修行，无疑有莫大的裨益。如今我们有了《全集》，修学的深度和宽度，都大幅增加了，内容也更丰富多彩了，怎能不教人欣喜莫名，雀跃不已？

## 践行恩师教诲，发扬光大佛教事业

我退休后从事过不少兼职工作，但自感最有意义且对我影响最大的，就是参与了《星云大师全集》的编辑工作。之前，星云大师的事迹和宗教思想仅是略有所闻，停留在景仰大师的人生与成就的层面。参与《星云大师全集》的编辑工作之后，捧读大师的文章，真有相见恨晚之感。

我有幸编辑了《星云大师全集》第八十三册《参学琐忆》。在这一册中，大师回忆了他与宗教人士、护法居士、政要人士、企业人士、学界人士、艺术人士、演艺人士和媒体记者百余人的交往过程。大师交游之广大，识人之深，可见一斑。而大师博采众长，也无形中成就了自己。

星云大师在《自序》中说，他年轻

**任毓骏**

《人民日报》高级记者

曾任《人民日报》国际部副主任、《人民日报》驻巴基斯坦首席记者、驻美国首席记者，中宣部新闻阅评组成员。

第一个采访布什总统的中国记者。驻美国期间为《人民日报》《环球时报》和人民网写稿两千余篇。

时曾在焦山见过太虚大师。大师迎面走来，凝视了他一两分钟，只对他讲了"好、好、好"三个字。这三个字使他一生受用无穷。当时就立下志愿，一定要做个好的出家人，一定要好好地弘扬佛法，一定要好好地善待信徒，以此报答恩师。星云大师一生提倡"三好运动"，鼓励大家实践"三好"。这些都与太虚大师对他连说三个"好"字有着直接关系。

在《参学琐忆》中，星云大师将对太虚大师的回忆文章列为卷首，可见他对太虚大师的尊敬。太虚大师（1890年至1947年），浙江海宁人。曾任中国佛教会常务委员，著书《菩萨学处》，成为佛教僧信修学佛法的范本。太虚大师终其一生，为佛教的复兴做出巨大贡献。他提出：教理革命，重在自利利他的精神，增进人与人之间的互爱互助；教制革命，改进僧伽制度，培育出真正能主持佛教的僧团；教产革命，寺产为十方僧众所共有，为培育僧才、兴办各种佛教事业之用。

纵观星云大师今生今世所作所为，一直不忘恩师的教诲，一直在践行"三好"。他鞭策自己"好好"地端正言行，"好好"地用功读诵经典，"好好"地弘扬佛法，以此兑现对恩师的承诺。

星云大师一生除了践行"好好"，还继承并发扬光大了太虚大师的宗教理想。早在1938年，太虚大师在欧美各地弘法时，就一再倡导成立"世界佛教学院""世界佛教联谊会"。当时由于缺乏人力财力，难以实现。但太虚大师"佛教国际化"理念深深植根于星云大师心中。在因缘成熟后，星云大师于1978年在美国成立了"国际佛教促进会"，筹建西来寺。之后，相继在美洲多地、欧亚多国筹建了三百多座道场及佛教事业组织，大大加快了将佛教推向国际化的步伐。

1946年，太虚大师在为佛教人员训练班授课时讲道："我们要建立人间佛教的性格。"星云大师说："这句话给我很大的震撼。"从此，星云大师就把太虚大师"人间佛教"的理念铭记在心，并以付诸实践。他创建的西来寺成为弘扬佛教的基地，先后主办过世界佛教僧伽会、世界佛教徒联谊会、世界佛教青年学术会议、世界显密佛教会议、国际禅学会议等。他还派遣许多僧众到世界各国留学，以促进国际宗教交流。他说："这些弘法的方向，皆是在实践太虚大师所提倡的人间佛教，使佛教人间化、大众化、普遍化、国际化。"

青出于蓝而胜于蓝。星云大师践行恩师太虚大师的教诲，提倡"三好运动"，把弘扬人间佛教作为终生努力方向，进一步发扬光大了佛教事业，使自己成为一位更有成就的高僧。

# 七、书信类

# 再忙都要读书

**刘爱成**

《人民日报》高级记者

曾任《人民日报》驻泰国及美国首席记者、《环球人物》杂志首任总编辑。

重要著作：《人在华南》、《人生三百岁》、《单身女人》（译著）。

《星云书信1·大师写给传灯学院徒众的信》

鱼雁交流是星云大师与教内外往来互动、弘法度众的重要方式之一，尤其是在早年电信交流不发达的年代。大师说他一生所写的信件超过数万封，有的已经遗失，保存下来此次收入《全集》的仍有三大册，其中《星云书信1》有一章专门收集了大师给传灯学院徒众的信。大师创办"传灯学院"是通过书信方式对弟子进行函授教育。因为佛光山在世界各地建有很多道场，加上大师本身繁忙，很难面对面对弟子言传身教，只能靠写信指导。

从1992年到1994年，大师仅为指导、鼓励徒众学习就写了二十多封信。在信中，大师首先是要弟子们多读书，告诉他们"再忙都要读书""寺院总是忙碌的，但不管多么忙，书总还是要读的"。并规定他们每天必须至少抽两小时读书。

怎么抽时间呢？大师让他们善巧利用时空："任何零碎的时间，不论是清晨、午后、饭后、睡前，都要善于安排把握。"

此外，大师还指导他们读书方法。比如关于精读，大师说值得精读的书，要限时读完，但不是每一本书都值得精读，甚至可以放弃整册精读的念头，也可以几本书合并阅读，有利于资料收集，偶获触类旁通心得。边读边做笔记或眉批，注重研读所得。要学会做笔记，采用"笔记卡"，眼前觉得重要的，马上记下来。有摘要、释义、引录、批语、参考资料和来源出处，然后进行分类收集。

大师说，读书以勤、熟为功效，以用心下手为实际。勤于思考，深入精研，自然产生思想头绪。有效读书不只是记忆与背诵，须加上想象、组织、归纳、分析与实用。

阅读大师的这部分书信，觉得大师虽是对其弟子说的，也是对我们普罗大众说的，我至少有两大收获：

**一、知道在目前的环境下，读书依然非常重要。**

现在网络时代，信息非常发达，我们每天沉迷于手机、微信和阅读快餐中，甚至走路、开车都不忘看手机、微信，却很少看书。总觉得现在手机和网络信息既快又多，推给你的各种知识常识应有尽有，该知道的都已知道，没有必要再去从书本索取；再说电子信息充满，令人目不暇接，也确实没有时间再去看书；甚至年轻人已经不习惯捧书本、读纸质文字了。其实这些易碎信息、零碎知识，远不能替代书本知识及其作用。

星云大师在信中对徒众说："我深为不读书者感到可惜。""我以为读书是求得知识的必要过程，它是做人明理的锁匙，是自我心灵的探险，是点燃知识的火种，是般若智慧的泉源。"他进一步告诉徒众，读书的感受如果达到黄山谷所言"三日不读书，便觉面目可憎，言语乏味"，便能进入个中三昧（止息杂念，心神平静）。因为读书是我们文明生活中所共识的一种乐趣。

大师还说，你们不是常见西方人士随时随地人手一册的情景？以色列家庭中可以没有餐厅，却不能没有书房，而佛教中的藏经楼，与大雄宝殿、斋堂同等重要可贵。

正因为担心大家在信息时代远离书本，大师数午前就提出要办人间佛教读书会，先在具有数百万信众的国际佛光会推行。刚开始组织读书会确实有难度，很多人不愿参加，但后来在觉培法师的精心策划和用心推动之下，读书会一个接一个成立了，现在国际佛光会在全世界有两千多个读书会。每次举行读书交流会时，大家都心得满满，有的增长了知识，有的提升了文化素养，有的提高了个人素质，改掉了身上的恶习，甚至有的还治好了自己的心理疾病。生活有书香。读书，也是大师给大家指出的另一条修行路，如此你会收获满满，乐趣多多。

**二、不仅要读书，还要读人。**

大师在信中说，对于读书，不要认定读白纸印字的书本才是读书，读"人"、读"生活"、读"社会"，也是一部大作。因为书本可提供我们概念，生活才是我们的内容，这般融通境界才是最终结果。

对于"读人"，大师曾一再要弟子们多亲近善知识，虚心向高人请益，从他们身上学到知识。同时要学会观察人、要在众中、了解社会。一句话，要增加在书本以外的知识和阅历，并要多思考。"在每日生活中，要思考于清晨……""在任何地点，无论车上、灯下、室内、户外都适宜我们去记忆思考。"其目的是寻求"活见解"。

大师这一生，没有上过正规的学校，但他靠自学，读书、读人、读社会，勤于思考，有活见解，成为一代大师。他的般若智慧，除了佛法指引，更源于他的博学多识，从而写出四千多万字的巨著《全集》。

读大师《全集》，犹如见大师，每册读来，都会有意想不到的收获。

# 润物无声，行化无痕

**裴勇**

北京奋迅文化机构创办人现任《原佛》辑刊主编、北京大学宗教文化研究院特聘研究员，国家宗教事务局原副司长。

重要著作：《宗密判宗说研究》（收入佛光山《法藏文库——中国佛教学术论典》出版）、《中国现代学术经典·杨文会卷》（编校）、《佛教征服中国》（译著）等。

展读《星云大师全集》第八十五册《星云书信2》，看到各界写给大师的感谢函，只觉真意绵绵，随处感动深深。

近二百封信函，上至政要名流、社会贤达，下至贩夫走卒、乡村小童，皆因大师给予的帮助、鼓励和启导，而心存感激，而心开意解。那种感激溢于言表、发自真心。那种醒悟迷情顿断、如释重负。大师给人的帮助，有财施、法施、无畏施，不舍一法。大师给出的施与，无我相、人相、众生相，一无所求，所以能润物无声，行化无痕，深深感动着每一个人，为每一方土壤的每一个生命打开了广阔的天地和光明的心地。大师的一言一行、一举一动，让世人体味到了佛法的智慧和慈悲，赢得了世人对佛教的尊敬和信心！

东海大学学生庄秀子、石慧莹、陈树伟等，感谢大师的星云奖学金助其完成学业，改变人生；《灯海》主编周肇南先生感谢大师，因受《星云禅话》智慧的启发，帮助他不畏困难，努力把刊物办好；已故著名作家江南遗孀崔蓉芝女士感谢大师对她全家人前后的关照；茗山长老感谢大师多次资助金山祖庭殿堂修复；一诚长老、叶小文先生感谢大师牵线并团结全台佛教界，成功迎请佛指舍利赴台供奉，以及成功举办首届"世界佛教论坛"做出的巨大努力和贡献；美籍华人黄融福一家因大师祝福而喜悦流泪；美国人Joyce Renge感谢大师创办西来寺，为其提供了一个学习佛法的地方；谊光防治艾滋组织涂醒哲先生感谢大师帮助解决办公场所；单国玺枢机主教感谢大师赞助天主教慈善机构五百万元等；广西桂平蕉树小学师生感谢大师捐资修建学校；曾是受刑人的刘佑诚感谢大师在监狱布教让他认识佛法获得新生；陕西山区留守儿童王兰等感谢大师资助夏令营，让贫困小学生得到帮助并开阔视野；台湾中科小学学生张荞雨感谢大师在九·二一大地震时，关怀他们并资助学校重建……大大小小，点点滴滴，一桩桩，一件件，在在处处，不胜枚举。大师随时随地，随缘随心，不分信仰、不分族群、不分阶层、不分地域，广助众人，恩施普济。真是慈悲遍天下、大爱满人间！

这让我油然想起大师的佛光四句偈：给人信心、给人欢喜、给人希望、给人方便。这正是星云模式人间佛教的生动写照，而大师就是践履这"四给"的第一人、带头人、领路人。"给"正是大师慈悲心的发露、平等心的展现、菩提心的彰显。

在我印象里，大师始终秉持无我智慧，以众为我，忘我无私。他常说：智慧没有烦恼，慈悲没有敌人。他深悟心、佛、众生三无差别。在他心中众生一律平等、没有人我之分，所以他对任何人都能一视同仁，包容摄受。

在与大师多次的接触和交流中，我印象最深的是，在每一个场合，老人家的目光和言语总能照顾到哪怕是最不起眼的一个人，关切地跟他嘘寒问暖，甚至见过一面、说过几句话，他都能记住这平凡一员的名字，每每令在场人心存温暖，感动落泪。若不是发自内心的关切、若不是毫无差别的平等，无法做到这一点。

我还记得，有一次，海峡两岸佛教梵呗演出结束，大陆团员离开佛光山，那天下着大雨，大师不顾年事已高，站在路边与每一个走过的人挥手告别，直到走得很远，仍然看到大师还在挥手致意。

最令人感动的是，大师在首届世界佛教论坛召开前摔断了四根肋骨，在尚未痊愈的情况下，为了不负大家的期望，给更多人以欢喜和信心，仍然忍痛坚持参会。很多人没有注意到坐在台上的星云大师，表情非常严峻，那是一种忍痛之状，是一位八旬老人在用毅力坚持着。

还有一次，第二届世界佛教论坛在台北闭幕，参会人员从无锡转场赴台，大师不顾身体虚弱，视力模糊，坐轮椅在机场关口等候大家，握手欢迎每一位的到来，那种真诚、那种关怀、那种忘我、那种广大，令所有人无不感叹动容。大师的这种慈悲、大师的这种精神，怎能不让人生起信心、尽享欢喜、获得方便、迎来希望！正因为如此，我们才必然会看到：

佛光普照三千界、法水长流五大洲！

# 星光云水，照润众生

《星云大师全集》第八十六册《星云书信3》的《大师写给信徒的信》篇，共收纳了1968年至2016年，近五十年间的六十九封书信。展卷恭读，就像大师站在面前，慈眉善目，面含微笑，对着我们娓娓道来，不胜亲切，不胜温暖，让人不自觉地就会油然生起欢喜，生起信心，生起愿力。

大师文字般若的力量洋溢在这些书信里，那热切的关怀，那真诚的赞美，那深挚的说理，使得书信里的个个文字都有了生命，都带有了大师怦怦的心跳，在抚慰着我们，在引导着我们，在召唤着我们。这是大师的信语，更是大师的心语。

这些信件都是因人因事，机感而有，正显示出了大师说法的特点，即不尚玄

**李虎群**

中国政法大学哲学系副教授，主要研究领域为中国传统文化暨艺术之核心价值的切身体认、学理研究和传承应用。

重要著作：《国学讲要》《儒佛之道与现代社会——以马一浮和太虚法师为中心探讨》《让生命走向圆满：太虚大师的世界》。

谈，而重实效，一一都从自己的亲证和心田自然流出，没有任何本本主义和教条主义的痕迹，所以才如此亲切有味，机趣盎然，能直入我们的内心深处，照亮我们的黝黯，滋润我们的焦渴。

所以，读大师的信，第一紧要的事就是要"读"，就是要"听"，就像进了音乐厅，放下一切成见，完全沉醉在大师生命律动的美妙音乐里，这样，我们的生命就会被大师的生命所唤醒、所感发、所提升。

有了这样的"闻"业的修持，接受了大师的潜移默化，自然会心向往之，欲罢不能，会反复品读大师的书信，从而进入到"思"慧的功夫。此时，大师的文字已不止是美妙的音乐了，更似一栋宏伟的建筑，精美瑰丽，一字一句如同一砖一瓦，无不是那建筑的有机的一部分，无不现出那建筑的精美，当体全真，字字珠玑。大师在用生命诠释着慈悲心：他平等对待一切人，他关心呵护一切人，事无巨细，靡不作答，字里行间，情透纸背。大师是真心真意地希望人人过得好，希望这个世界好，所以时时处处与人为善，成人之美。有了这样的慈悲做人，就有了大师的智慧做事。

星云大师为了弘法利生，一生奔走，可谓是位"大忙人"，但我们总能看到大师忙而不急不躁，忙而从容闲适。大师宣讲的佛法是"讲"出来的，但更是"行"出来的。书中"给佛光精舍大众的一封信"（二〇七页）详细记录了大师"朝朝共佛起，夜夜共佛眠"（二〇八页）的西来寺闭关生活，使我们得以近距离看到大师关房里的繁忙生活，但大师的日常依旧是井井有条，安闲欢喜。大师说："在生活里，忙中有闲，闲中有忙，忙忙闲闲，闲闲忙忙，这实在是人生最幸福的事。"（一九七页）这不正是六祖惠能大师所说"佛法在世间，不离世间觉"的生动写照吗？这不正是大师努力倡导的"佛教生活化"的具体示现吗？大师这种"忙闲哲学"，正是现代人繁忙焦躁心灵的最好启迪。

书中有四封长信，语重心长，属于第一义悉檀，尤其应该沐手敬读，细细领受。这四封信分别是：1986年大师驻锡美国西来寺时写的"给信徒的一封信"、"西来飞鸿"（一、二），以及1994年"给佛光会会员的信"。

"给信徒的一封信"回顾了佛光山自开山以来近二十年筚路蓝缕的点点滴滴，感人肺腑，催人泪下。信末"不为生气种兰花"的禅话，多么发人深省，我们仔细涵泳，就能实现大师所说的"把佛法的正道，应用在日常生活之中"。（一九九页）

"西来飞鸿——贺托钵行脚功德圆满"这封信，大师非常详尽地记录了佛光山僧众信徒托钵行脚的法会盛况，现场立体地呈现了佛陀金口所宣的"以我功德力，如来加持力，及以法界力，普供养而住"的诸法实相，并总结道，"佛光山，不是一个人所能成就的，这都是仰仗三宝加持、佛教信徒和社会大众所共同的成就"，从而要求大众"光荣归于佛陀，成就归于大众，利益归于社会，功德归于信徒"。（二二四页）这里体现了星云大师对佛光山人间佛教事业的深刻洞见。

"给佛光会会员的信"，则把佛光会员四句偈"慈悲喜舍遍法界，惜福结缘利人天，禅净戒行平等忍，惭愧感恩大愿心"的意义做了言简意赅的说明，方便每一位佛光人融入心中，时时谨记，如理修行，福慧双修。

经过由"闻"发心，由"思"明辨，我们就会落实为"修"。书中信件指示了各种修学方法。大师信中说，"佛是什么？'佛'好像光。'法'像什么？法像水"；我们若能仔细体味大师的法号，不正是星光和云水吗？佛陀夜睹明星而彻悟，佛陀出世，"如大云起，充润一切，枯槁众生"（《法华经》）。我们称念星云大师的法号，闻思大师的志愿德业，落实为实修，人生就会被照亮、温暖、成熟，生命就会实现解渴、洗涤、生长。（二二六页）

星云大师再三指示"佛法不是用来谈玄说妙的，佛法是应该用来指导生活的"（二〇〇页），让我们遵循佛法和大师的指引，走出人间光明的道路。

# 八、日记类

# 佛陀安住我心

**张静之**

星云文化教育公益基金会秘书长

曾任中南民族大学教师、《环球时报》首任广告发行部主任、《人民日报》华南新闻事业发展中心主任、《人民日报》所属《国际金融报》副社长、人民网副总裁、首都女新闻工作者协会副秘书长。

《海天游踪》是星云大师1963年6月至9月，随"台湾佛教访问团"到泰国、印度、马来西亚、新加坡、菲律宾、日本等地的参访游记。大师将一路所见、所闻、所思详实地记录下来，是非常宝贵的历史资料。这本见闻纪实，距今虽有半个多世纪，但读来仍颇感新鲜，意味深长。尤其是书中他对佛陀故乡印度的描写，字里行间无不显现出大师对佛陀的无限敬仰、爱戴以及对佛教深入骨髓的虔诚。

大师对佛陀故乡圣地的向往，可以说是梦寐以求。在前往访问中，困难重重，但他初心不改："印度是佛陀国土，那里的一草一木对我有着美丽的吸引力。别人或许动摇了到印度来的念头，但我的信念一直没被动摇。"他觉得自己身为佛弟子，不能到佛陀的圣地朝拜，会遗憾终身。

踏上印度国土，大师沿着佛陀的足迹去追寻。"佛陀您在哪里？"这个大大的问号在他的脑海里已存很久。他在写《释迦牟尼佛传》时，就曾无数次被佛陀的大慈大悲感动得热泪盈眶。为了在佛陀的故乡寻找佛陀，他匍匐在菩提伽耶的金刚座前，徘徊在雪山的苦行林，在佛陀说法的地方膜拜，寻找佛陀的声音……

来到佛陀成道的菩提伽耶，当他见到高约一百七十余米的伽耶塔顶时，他写道："多年来梦魂依绕着的圣地，一旦真实地出现在我的眼前，我什么都不去想，那时，即使叫我立刻去死，我也心甘情愿。"

在那荟郁葱茏的菩提树下，目睹庄严神圣的金刚座，他激动不已：这不是佛陀当初夜睹明星而成正觉的地方吗？"啊，我何幸，我到了佛陀成道的地方！"他拜倒在金刚座上的佛像前，五体投地地顶礼。

为了寻找佛陀说法的灵鹫山，因人生地不熟，费了好一番周折。车到山下刚停稳，他就第一个往山上跑。在攀登的路上，他停下脚步向灵鹫山礼拜。登上峰顶，他对那里的一草一木满怀深情，景物历历记在心中："正峰顶上，是一平台，约数十万丈……上面有砖房遗迹。"此刻，他想起佛陀当年在此讲说《法华经》时，那百万人天的盛况。他徘徊在灵鹫山，不忍离去。

为了尽快赶到佛陀初转法轮度五比丘的鹿野苑，他饿着肚子、忍着干渴，不顾疲惫连夜乘车，夜行一百二十英里。

站在佛陀当年说法的台前，他看到一大片古道场遗址，碎瓦颓垣，处处皆是，悲感交集。

来到佛陀涅槃的娑罗双林圣地，在大涅槃塔前的一座殿宇内，有一尊丈六金身的佛陀涅槃像，侧身屈腿，吉祥而卧，非常逼真，好像佛陀真的睡在那里一样。他伏在佛像前，虔诚顶礼，不禁热泪盈眶，甚至想要大哭一场！

在灵山，他感慨："为了感激佛陀的恩惠，为了我今日已到过灵山，我誓愿今后更加努力、精进，从事弘法利生的工作，佛法重兴的责任，就在我们僧伽的双肩。"

在佛陀涅槃的娑罗双林圣地，在佛像前，他痛哭流涕，想起古人诗句："佛在世时我沉沦，佛灭度后我出生；忏悔此身多业障，不见如来金色身。"他感慨：佛陀涅槃了两千五百年，我们固然无法见到佛陀真正的金身，但想起今日法运垂秋，我们作为中国佛教徒，不能寄佛偷生，要发大心荷担佛陀家业，立大愿振兴佛陀的圣教，否则就对不起佛陀！

大师对自己所到之处的细腻描述，也把我们带回到两千五百年前的佛教圣地，跟随着他一起游历、朝拜，也仿佛看到了佛陀的身影，听到佛陀说法的梵音。

"佛陀，您在哪里？"读到这里，我觉得大师找到了答案：佛陀在大师的心里。而我也找到了另一个答案，大师出家八十余载，为何能一直以"一天当五天用"，从不歇息弘法度众、推动人间佛教，也是因为佛陀和佛教事业在他心中！

事实上，大师撰写此书的本身，就是他在履行佛前许下的诺言，为振兴和弘扬佛陀圣教而竭尽全力。不说他不顾旅途疲劳，不论他在何时何地，就说他如何忍耐炎热的天气，坚持写作，就是一个证明。"这样的日子，像在蒸笼里一样，使人闷得透不过气来，简直有度时如年之感。"为了让自己能感觉好一点，他用毛巾擦干净一块水泥地，然后伏在地上写海外日记。

《海天游踪》文字洗练质朴，如行云流水，引人入胜，常常使人有身临其境之感。大师在飞机上、汽车里以腿当桌，伏在地上写出的游记，不仅让我们学到了知识，开阔了视野，也让我们看到了大师为弘扬佛陀圣教忍辱精进的奋斗精神。他的精神将激励更多的读者为理想，为美好生活，不负韶华，砥砺前行。

# 去西方传法

2007年，美国上映了一部观众评分甚高的电影《这个男人来自地球》(*The Man from Earth*)。主人公约翰不会老死，从旧石器时代晚期一直活到现在，有一万四千岁了。他在世界各地活动，曾在印度见到佛陀，非常欢喜佛陀的讲说，并冥思苦想，几百年后回到故里，继而潜入罗马帝国。他不喜欢古罗马这架巨大的杀戮机器，于是起身前往近东，开始"以现代形式传播佛陀的教义"，其"哲学教义是带着希伯来口音的佛学：善、忍、义、爱"。后来，他被称为"基督"。

这部电影虽然是科幻性的，但其中的细节并非臆想。基督见过佛陀并接受其教义的故事乍听之下不可思议，但它是人们反思轴心时代中东文明和印度文

**冯文丹**

《星云大师全集》编辑
北京大学历史系博士。
重要著作：《话说中国历史系列丛书》之《春秋战国》《三国两晋南北朝》等。

明关系的成果，至少反映了现代西方人的共识：宗教之间会发生交流，基督教不应将其他宗教视为"异端邪说"，信仰的多样性应得到尊重。这个共识在当前世界经济秩序发生危机、民族主义抬头的时刻，将有消弭偏见、避免分裂之功，尤其值得强调。

这个共识也是星云大师的一贯主张，他说："世界上最美好的事，不外'融和'，融和国家、民族、学术思想……凡事有了分别、大小，就不能心平。"交流孕育着活力，融和意味着新生。佛光山与世界各国的宗教界各派别保持着良好的关系，在世界各地广设别院和道场。

1990年11月，星云大师等赴美欧参访，先后来到美国、英国、荷兰、比利时、法国、瑞士、列支敦士登、奥地利、南斯拉夫诸国，并在日记中记下了自己的见闻和观感。大师说："这趟欧洲之旅让我对风俗民情的看法，有了更深一层的认知，感受到我们不要只做个观光的过客，而应发心到欧洲开疆拓土，为渴望佛法的众生服务。"这个发心真是宏大，令人动容。从时代背景来看，在海外传播佛法，可能受惠的不仅是渴望佛法的众生。

著名历史学家许倬云说：整个世界，处处呈现的情绪乃是虚无和冷漠，这成为人类当前文明的主要象征。虚无和冷漠，无助于重建终极关怀。如果终极关怀也不过是一片空白，我们不知道人为什么活着，也不再问人如何跟别人相处，当然也更不知道整个宇宙与"人"的关系在哪里。没有这些重要议题，也不在乎如何回答，我们的人生就没有了方向，也找不着真正活在世界上的意义，更无法解决生和死的困扰。这个时候，以人为镜，勤加自省，通过儒家伦理与佛教智慧来构建基于交互人际的网络，从而重建人的尊严与生活自信，是扭转文明缺陷的方案之一。

在社会面临危机的时刻，人们往往从传统中寻找救治的资源。自佛教创立以来，两千五百多年间佛法传播于四方，根据环境不断演进，保持着旺盛的生命力。我们相信，佛教可以贡献于西方社会者多矣，星云大师和佛光山的事业可谓前程广大矣。

# 解行并重，理事圆融

**成建华**

中国社会科学院研究生院教授、博士生导师

中国社会科学院哲学所学术委员会委员、研究员，东方哲学研究室主任，东方文化研究中心主任，东方哲学博士后合作导师；国际儒学联合会理事、中国宗教学会理事。主要研究方向为印度哲学、佛教哲学。曾多次荣获中国社会科学院、哲学研究所优秀科研成果奖。重要著作：《佛学义理研究》、《梵动经译注研究》（英文版）、《东方哲学史》（合著）等；译著《世界名人谈佛教》。

《星云日记3》收集了星云大师自1990年12月1日至1991年9月15日期间的日记。拜读日记，如聆听星云大师将一件件往事娓娓道来，令人欢喜赞叹，不禁对星云大师为法忘我的精神肃然起敬，同时深感他为创立佛光山道场，历经千辛万苦，为佛教发展和道风建设呕心沥血，操碎了心。这部洋洋洒洒几十万字的日记，关于"三坛大戒"的记述，虽然比较零星，但细细品来，无不透视出星云大师事必躬亲的认真态度和求真务实的行事作风。

其中，1990年12月6日（星期四）的记述，涉及三坛大戒的内容，主要是关于心平法师提议拟在佛光山传授三坛大戒。消息一经传出，吸引了成百上千的佛子前来报名受戒。为办好这次殊胜的传戒活动，星云大师召集全山职事，集思广益，在广泛听取汇报并征集意见后，决定次年三月择吉日传授三坛大戒。

根据大师1991年1月4日（星期五）的日记，为配合此次三坛大戒的圆满举行，佛光山上的所有工程都在紧锣密鼓地加速施工进度。大师特别强调，此次三坛大戒，是"今年的重要行事之一"。在大师的精心策划和筹备下，举世瞩目的佛光山三坛大戒，用时仅仅三个月，取得了超预期的圆满成功。这次传戒法会的意义，正如星云大师所说："在传统中树立的新风格，为一群未来的佛门龙象，授以完整的行解生活训练。"

所谓三坛大戒，即是在特定的时间内设立传戒坛场，延请大德高僧依次分别传授沙弥（尼）戒、比丘（尼）戒和菩萨戒。三坛大戒是大乘佛教特有的受戒仪式，与南传佛教传统略有不同。在南传上座部传统里，只传授沙弥戒和比丘戒，而没有传授菩萨戒一说。这是大小乘佛教设坛传戒的根本区别。传授三坛大戒的目的，就是要秉承世尊遗教，光大佛陀戒法，荷担如来家业，绍隆佛种，续佛慧命。因此，依据我国佛教传统，凡立志出家者，必须受足三坛大戒，方被公认为合格的大乘出家人。

星云大师认为，"三坛大戒：比丘（尼）戒的戒法，常要求人这个不可以，那个不可以，属消极性的持戒法；菩萨戒则属利益有情，在凡事皆有规法下积极地为善。中国的戒律不可停顿在消极的戒律，要提升到积极的戒行中，才是传持戒法的目的。"足见星云大师的人文佛教情怀和除弊立新的人间佛教境界。

翻开日记，星云大师的崇高精神风范，无不跃然纸上。给人印象特别深刻的是，他那解行并重、理事圆融、治教兴学、始终如一的特点。比如，在创立佛光山道场，兴办各级别院、精舍、佛学院、综合大学以及佛光山文教基金会等方面；又比如，在举办各类佛学讲座，为弘扬正教，培养一批又一批佛学研究与对外交流人才方面，处处在在，体现了星云模式的风格特点。

培养人才，始终是星云大师办学兴教的重要方针。他在日记里写道："弘扬佛法重在人才，因'人能弘道'，人才的发掘除教育的栽培外，慧眼识人，不容忽视。"中国佛教协会会长赵朴初居士，生前与星云大师在推动和践行"人间佛教"上高度一致。他们一个在大陆，一个在台湾，再续太虚大师夙愿，兴利除弊，复兴中国佛教。在培养人才方面，赵朴初居士亦指出："当前和今后相当时期内佛教工作最重要、最紧迫的事情，第一是培养人才，第二是培养人才，第三还是培养人才。"他们不谋而合，认为培养人才是中国佛教生生不息，可持续发展的原动力；惟有培养人才，充分培养人才，中国佛教才有复兴的希望，才有走向世界、面向未来的气魄。

加强人文交流，秉承"请进来与走出去"的战略，是星云大师扩大佛教对外交流的另一个重要特点。他在日记里写道："青年学子要常利用参访云游的机缘来放大自己的眼光、心胸，不要做井底之蛙。"显然，大师要求年轻学子，要不断开阔视野，拓宽心境，勇敢大胆地走出一条正确的学佛之路，真正肩负起佛教要面向世界、面向未来的崇高使命。

智者顺时而谋。佛光山自创建以来，在星云大师的英明领导下，上下一心，攻坚克难，各项工作开展得井井有条，活动办得有声有色，影响远及海外。正如他在日记里所说，佛光人的工作信条是："给人信心、给人欢喜、给人希望、给人方便。"如今，从佛光山到海外弘法、传戒及演讲者不计其数，遍布世界各地。

大道至简。星云大师不愧为当代最具国际视野和长远眼光的人，在他身上时刻体现着一位伟大宗教领袖的大格局和大智慧。他数十年如一日，致力于弘法利生事业，推动佛教走向世界，并取得了卓越成就。他是这个时代的楷模，更是佛教前进道路上一盏指路的明灯。

# 感受经典的力量

这部日记有万水千山,古今中外,有天南地北的人,各种各样的事,称得上一部百科全书。无论什么人,从事什么工作,遇到什么困惑,都能在阅读中找到答案,获取力量。助我思考,赐我智慧,给我快乐,这是我读了《星云大师全集》第九十册《星云日记4》的深切感受。

为便于读者阅读,每半月成章,每章摘有精华语录。我甚至认为,只要将其中的一句付诸行动,人生也许与众不同。这部日记,无疑是《星云大师全集》中文简体版一〇八册中极为闪耀的一卷。对于这本日记原著,我实难有更好的推介语,惟有至诚地讲出我的感受:读吧,这才是原汁原味经典。

对于经典,任何解读都远不如阅读

**史江民**

供职于人民网

曾任人民网编辑,获中国新闻奖。

重要作品:《国之少年初长成》《一位导弹司令和一个大国的标志》等。

原著感受深刻。因篇幅所限，仅摘录其中数句曾引我深思、让我反省的金句。

"个性"是要让大家都能接受才好，要在团体中为人所接纳才是"个性"。见人一善，要忘其百非。不为不如意事所累。人赞人，出伟人；僧赞僧，出高僧。真正会办事者，坏事都能办成好事。若执着己见，好事都会变成坏事。

君子爱财，取之有道，而且要用之有道。不当用的钱，固然一毛都不应花；当用之财，则应万金不惜。我感觉对金钱的"拥有"很辛苦，倒不如"享有"运用金钱的快乐。钱是与大众结缘的，钱用了才是自己的。

忙碌，是现代人生活共同的现象，忙碌造成了社会的繁荣，但是也带来了焦虑紧张、疏离冷漠等副作用。做到忙而不盲、欢喜自在，除了要生活正常、心胸开朗外，还要有一套禅定的功夫，在忙碌中善用零碎时空，执简驭繁，调配群我关系，关怀他人。事忙人不忙，人忙心不忙。借事炼心，但不管多么忙，书总是要读。

真正的闲，是心头上超然物外的闲。若心中无所住着，不计较人我得失，就能安住于清闲的生活中，而不被生活所羁绊，就可以做到能忙能闲、能动能静、能早能晚、能饱能饿、能进能退、能有能无……无所不能。

对于读书，不要认定读白纸印字的书册才是读书，读人、读生活、读社会的书，也是一部大作。忙碌的人生需要"床头书"。"床头书"可以给人安定、启发的作用，也可以放松心情，有休息或消除疲劳的作用。读万卷书，不如行万里路。

一个懂生活的人，一定要像云一样，过得自由自在。不要被名缰利锁自我束缚、自我设限、自我封闭，要有行云流水般任逍遥。心同流水净，身与白云轻。

　　我不是一个喜欢改革的人，我很保守，但是当典章制度不合时宜的时候，我就要勇于除弊，革故鼎新，而不能因循窠臼，积非成是。该承担时，应有当仁不让，舍我其谁的勇气。

阅读大师日记，我常常琢磨其中的某一句话，不由自主反观内心，似乎有所感悟。大师仿佛就在我身边，我甚至听到了大师的声音。

每次读完星云大师的一部著作，在很长的一段时间，我都会陷入其中，常常想起其中的某一句，可以消除我的困惑，指导我的行动，可以与朋友们分享。读这本日记，我与过去有着同样的感受。这正是经典的力量。

了解大师，就去读他的文字。走近大师，就来读他的日记。

# 心怀度众慈悲愿，身似法海不系舟

**董岩**
北京大学博士后
研究领域先后涉及历史、文学与哲学。

这是一本思路达观、圆融透彻的慧世语录。

《星云日记5》，收录了星云大师1992年6月16日至12月31日的一百九十九篇日记。

以《人生的层面》《梦中说梦》《竖穷三际》等十三个篇章，将他多年来弘法利生的缩影生动呈现：讲经、座谈、会友、演讲、开示、主持皈依典礼、接受采访、海外弘法……

大师的勤奋与辛劳远远超出了我们的想象。他不眠不休经常写作到凌晨两三点，却最早出现在佛堂；短短一个多月里，奔波于四大洲十多个国家和地区，自带泡面从一个会场赶赴下一次演讲，平均每天行程一百六十公里。

苦行僧的生活，大师却甘之如饴。

他说，弘法是家务，利生是事业。

这一年，大师六十五岁，佛光山开山二十五年。

僧腊五十三的大师，静身远俗却不忘人间。一生服膺于"给"的哲学，总是给人信心、给人欢喜、给人希望、给人方便。比如帮助急难病困的旧友新知，出面为孙立人将军遗孀料理后事，等等。他还专程为车祸罹难家属开示，看到大家难过，大师也跟着难过，对于"我们的孩子哪里去了？如何化解思念的苦"这些疑问，他不厌其烦，一一解答。为的是让人们了解"因、缘、果"的关系，扫除心中阴影，少些痛苦。其慈悲之心跃然而出，令人动容。

日记还记录了大师的数次讲演、座谈和开示。立身熙熙攘攘、利来利往的纷繁世界，他谈心讲缘，说空论有，娓娓道来，淡然朴素，却暗藏玄机，意蕴深厚。大师说，修行要有平常心，不忘初心，不失正念。他说，心是一个人的主宰，善恶之心常在一念之间，只要心中有主，外界环境便无法动摇自我。他还发起"把心找回来"的活动，让人们把失落的爱心、慈悲心、孝顺心、公德心找回来。

他纵谈妙论，真言迭出，尽显机智与渊识，耐人寻味。比如："忍，不但是力量，还是智慧。""凡事不一定要将希望寄托于未来，当下即是。""处事者，不以聪明为先，以尽心为急。智慧，是人生的透视，是微妙的颖悟，是经历的结晶。""成见愈少，生命愈宽广。""做人要有大丈夫的豪志，智慧可以不及人，但慈悲不可不及人。""无常很好，让我们有机会改善现实，应好好珍惜。"

然此等大觉悟者的智慧和境界是从苦和忍中修来的。

大师生逢乱世，十二岁随母去南京寻父，却在栖霞寺出家，二十三岁至台湾。可谓行脚四方，阅尽人间疾苦。1967年佛光山开山，大师以此为基点，在世界各地建道场、办佛学院、捐建佛光希望学校、创办文化机构……力将佛光大爱、欢喜与慈悲惠及世界，广利人天。

大师提倡人间佛教、生活佛教。他出家而不避世，主张给人快乐、拔人痛苦，鼓励僧俗不忧不惧，精进奋发。他说，佛教的复兴不在寺院的多少，不是僧数的有无，而是在佛教教育的普及。教育的方法在于先度后教，先信后悟，先福后慧，先修后学。

毋庸置疑，大师的佛学思想延承了中国传统哲学的精华，杂糅各家的精髓，并赋以时代的精神。

欢喜观便是其一。

大师家境苦，生活苦，修行亦苦，却满是欢喜，是欢喜的苦行僧。我们不禁会问，大师的欢喜从何而来？他答，从内心而来，从思想中来，从相处里来，从感恩中来，从勤奋里来。《般若波罗蜜多心经》说，照见五蕴皆空，度一切苦厄。本性乐观的大师说，学佛不是受苦，学佛是解除烦恼，增长智慧。

鼓励大家做好事、说好话、存好心的大师，欢欢喜喜，毫无保留地将自己的人生投入到无限的普度众生中。他说，将此深心奉给佛教，过一个随缘的人生。

去过佛光山的朋友不会忘记那扑面而来的欢喜和周到。僧俗一见面，说的是"吉祥"；大师写"一笔字"，常写的是"欢喜人间"。他说，我们到人间来，不是为了烦恼和斗争，是为了欢喜、友爱、融和。

他的人间佛教自然而然地散发着清明、吉祥、积极、包容的气息，充盈着自在、喜悦和爱。

被炎世灼烤、踯躅于人生未明之时，读一读他的书，聆听肩负时望、"以无为有，以空为乐"的一代宗师，不由得心生欢喜，满怀感恩，甚而物我两忘呢。

# "人间性"与星云大师的期刊编辑理念琐谈

新冠肺炎疫情期间，有幸收到星云文化教育公益基金会惠赐的《星云日记6》(收录星云大师1993年1月1日至7月15日的日记)，捧读之际，受益殊深！书中的文字对疫情带来的种种焦虑与不安，具有很好的平复作用。增广见闻，开启心智，一向是我听闻、阅读大师言语文字最强烈的感受。

星云大师在1993年4月11日的日记中，曾自述对文宣工作的重视："我一向重视文教工作，对文宣工作之推展不遗余力，盖因文字般若能启迪人心，开发智能，其影响超越时空，无远弗届。"其实，以文字传承文化是中华文明亘古以来的传统，而文字般若，或文字禅，也一直是中国佛教重要的修行法门，星云大师则让文字般若，有了更为丰富的

**周广荣**
中国社会科学院世界宗教研究所研究员
《世界宗教文化》编辑部主任、副主编，中国社会科学院佛教研究中心副主任。主要从事佛教语文学与后期印度佛教史研究。
主要著作：《梵语悉昙在中国传播与影响》、《世界佛教通史》第二卷《印度佛教（西元七世纪至二十世纪）》等。

内涵与表现。大师勤于笔耕,皇皇一〇八册的《星云大师全集》即是其文字禅的外化。

作为从事期刊编辑工作的学人,《星云日记6》中有关期刊编辑工作的记述,对我颇具吸引力与启示性,而期刊编辑工作也是大师弘扬其文字般若的一部分。回顾大师出家后的大半生光阴中,可以看出他在弘扬、践行佛法的历程中,对期刊编辑工作倾注了很大的心力。

早年在大陆时期,大师就曾主编《怒涛》(月刊)等。到台湾后,又主编《人生》(月刊)、《觉世》(旬刊)、《普门》杂志等。从其编辑期刊的经历来看,大师真算得上是资深的期刊编辑。

大师在1993年6月7日的日记中,总结佛光山在文化教育上取得的成绩时,特别提及他创办的《觉世》与《普门》:"每月三期传播新知的《觉世》已发行近一千三百册;每月一期的《普门》在佛教界被公认为一流的,在社会上也为多数人赞叹!"

《觉世》(旬刊)创刊于1957年4月,星云大师为首任总编辑,当时确定其宗旨为"发扬固有文化,光大佛教教义,觉人救世,辅国安民",其内容除报道海内外佛教界动态外,又致力于宣扬佛教教义。在星云大师及其徒众努力下,这份杂志逐渐成为传播佛教消息的主要媒体,在海内外有很好的影响与口碑,是目前发行数量最多、弘扬佛法收效最大的中文佛教刊物。谈及编辑《觉世》(旬刊)时,大师认为,一份成功的杂志要具备四个方面的特点,即可读性的内容、是非性的看法、新闻性的报道、趣味性的小品。

《普门》杂志(月刊)创刊于1977年,最初是杂志版的《觉世》(月刊),两年后更名为《普门》杂志。普门,意为无量门,取观世音菩萨普门示现,普遍为一切众生开启慈悲方便之门义,其办刊宗旨是普遍化、大众化、生活化、文艺化、通俗化、趣味化等"六化"理念。后来这份杂志又因应大师促进佛教学术的发展与汇通、回归佛陀本怀的人间佛教理念，2001年1月又创立《普门学报》（双月刊）。2016年1月复刊，更名为《人间佛教学报·艺文》（双月刊）。新版的《人间佛教学报·艺文》除了学术性的专文以外，还有散文、小说、报告文学，甚至漫画等各种文学体裁，其宣扬的理念是"佛说的、人要的、净化的、善美的"，也就是所谓的人间佛教。

藉《觉世》《普门》编辑理念的前后变化，可以推知星云大师通过期刊弘扬佛法、推行文字般若，经历过一个大众化、学术化，到最后超越于大众化与学术化的人间化阶段。这恰如大师一贯强调的："我们所做这一切，都是为了弘扬人间佛教，人间佛教是回归佛陀的本怀，是当今的成就，是世界的光明。在历史的长河里，今日的佛教是要来整合统一各家各派的佛教都是人间佛教。"（《人间佛教学报·艺文》发刊词）

关于大师所弘扬的人间佛教理念，不管是大师本人，还是佛学研究界，都已经有丰富且深入的阐发。理解了人间佛教的内涵，也就能理解佛光山的弘法事业何以如此蔚然壮观，佛光山的文教事业何以如此兴旺发达。大师自述其人间佛教观云："把佛陀看成是人间的佛陀，佛教是人间的佛教，这样佛陀的教化影响才能广、才能大，在虚空之中，一能生万，万生无限，无限归一。"（《人间佛教学报·艺文》发刊词）在我看来，大师所说的"一"即是人间佛教的"人间性"，这是大师弘扬佛法的立足点与根本，也是大师藉期刊弘扬其文字般若的体与理。

正是有了"人间性"这一"硬核"，才使得大师成就其"多元人生"，获得圆明之智，能够与时俱进，精勤不已，以种种善巧方便，融摄教内外众生，致力于人间佛教的弘化事业，诸如弘法建寺、安僧办道、创办学校、成立协会、养老育幼、救济孤苦、社会服务等，不遗余力地推进佛教"四化"（制度化、现代化、人间化、国际化），使佛光山焕发出熠熠光辉，照亮世间与人心。

祈愿已纳入《人间福报》"宗教版"的《觉世》与新版的《人间佛教学报·艺文》，在新的历史时期给人们带来更多的光明与温暖。

《星云日记7》

# 佛艺弘道，翰墨因缘

2019年6月11日，南京图书馆举行《星云大师全集》简体版新书发布会，九十三岁高龄的星云大师亲临现场。活动中，我观看大师的《我的写作因缘》，内心为之震颤。大师从最初写作的些许累积，到后来能洋洋大观，集成《全集》，厥功至伟。通过文字般若，可以感受到大师内心的光明柔软和坚韧前行的力量。

《星云日记7》，记录了星云大师1993年7月16日至1994年2月28日的行历与思考。这期间，大师在世界各地弘法，用他自己的话说，是每每以飞机为床，"东游西荡"，行旅匆匆，戴月披星，与各界人士交流，以巧智慧心和方便法门接引大众。

星云大师倡导佛教与艺文结合，强

**尚荣**

南京大学哲学与宗教学系副教授

南京大学中华文化研究院中国书画研究院秘书长、国家双创示范基地文创平台美术产研中心负责人、南京市青年美术家协会主席。从事传统文化研究与教学，专业领域为禅宗、宋明理学、汉传佛教文化艺术、江苏古代雕塑艺术，专于禅意书画及当代雕塑艺术的创作与研究。

重要著作：《中国佛教艺术100讲》《圆融之境——澳门雕塑》，译注《四十二章经》《坛经》《心经·金刚经·坛经》《了凡四训》等。

调对佛教宝贵遗存的研究、整理以及保护，同时重视当代佛教艺术研究的创作与扶持。佛教与艺术一直是紧密相连的，艺术属于佛教五明学术中的工巧明，是佛教度众的法门。大师在日记中提到："佛教有很好的资源，如文学、艺术、音乐，都可以成为度众因缘，可是一直少有人应用，只知道从消极上强调无常、无我、苦、空的认知，如此没有人间性又消极封闭的观念，注定了佛教在各处的贫困和衰落。"

大师殷切希望佛教与艺文能够紧紧地结合在一起。他认为佛教经典真义要靠文学的辅助来发扬，佛教徒也不要将梵呗唱诵当作自己修行的功课，而是要将佛教音乐的效果用于弘扬佛法之中，要创作创新适合大众需求的佛教音乐。

本册日记，令人印象最深刻的是，大师特别着墨了组织义卖、筹建佛光大学的心路历程，以及"一笔字"的翰墨因缘，并藉以阐述他对佛教与文化艺术关系的独特思索，和高远擘画佛光山文化事业之发展。

星云大师说："创办一所大学是我多年的心愿。"在他的理想中，佛光大学是一所结合社会、世界的综合性大学，能够与英国的牛津、剑桥，美国的哈佛、耶鲁，日本的驹泽、大谷等大学相媲美，致力培养悲智双运、行解并重的人才。为设立佛光大学，大师将自己收藏的近百幅书画悉数捐出，更藉由书法"用笔写出一所大学"！

通过翰墨因缘，星云大师与大众、艺术家结下不少珍贵的"佛光缘"。他在日记中记述："有许多信徒、佛光会员、督导，甚至徒众都非常希望我能写字送给他们，有的人为了得到我的题字，纷纷乐捐佛光大学。如果写字能够带给大家欢喜，我是十分乐意以字与大众结缘。"

这趟环球弘法之行，星云大师所到之处，无论巴黎、伦敦、瑞士、多伦多，大众争相请他书写墨宝留作纪念。大师题字往往因人而书。性情温和、谈吐高雅的题写"慈悲般若";安心工作、学有所成的题写"安住定慧";心善性平、支持他人的题写"无生法忍";接引大众、成果斐然的题写"永建功勋";默默工作、利人利他的题写"芬陀利香";不发脾气、任劳任怨的题写"平静自在"……大师说:"凡是肯给人的、肯服务于人的、肯助人一臂之力的、肯与人结缘的、肯给人欢喜的,那才是佛教真义。"大师这么教育人,自己也是这么做的。

我回忆起,2014 年,大师曾于佛光山传灯楼接见我,谈话间让我观看"一笔字"书法,还手书"尚贤荣华"墨宝相赠,巧妙地嵌入我的姓名,并解说与勉励我"崇尚贤能,荣耀中华",令我心生欢喜又惶恐不安,只能"虽不能至,心向往之",这是我亲身体验大师以书法结缘和接引大众的智慧与践行。

星云大师说:"事实上,写字对我来说是兴趣,是学习,也是修行。我没有练过字,也没有老师指导过我的笔法,只是凭一时的承担,怀着给人欢喜的心情,随喜随缘地写过佛七的标语、上山的路牌、法会的布告、殿堂的对联以及信徒生日、佛化婚礼的贺词等,四十多年累积下来的经验,竟然引起我写毛笔字的兴趣。"

众所周知,从 2009 年开始,星云大师因视力问题,写字时只要中途停顿,就会看不清,抓不准笔画而难以下笔,以致他不得不一气呵成。这一书写过程极为困难,要助手先压住白纸,指出下笔处,他再沾饱墨,在三十秒内,一挥而就,形成了独特的"一笔字"书法,浑厚朴拙,天地大美!

专业书家认为:"大师的字从落笔、运笔、收笔,个中的横、撇、捺、点,皆合乎书法的规矩,实在是写得好极了!"他们赞叹大师的书法有一种无笔无锋、无经营位置、无势无骨、无点划结构,但却神采非凡,气韵流畅,法象自然,适眼合心的境界之美。大师则说:"我的字不好看,人老了也不好看，那么给人看什么呢？看我的心，心看不到，但我的字是用心写的。"

星云大师所书写的"一笔字"是人们心灵真正需要的，不属于一般书法艺术的审美意义，而是"给人信心、给人欢喜、给人希望、给人方便"的佛光山四给精神之体现。他用"一笔字"书法推动落实"人间佛教"的实践，让佛教的慈悲与智慧，透过文学、艺术、音乐、教育等方式得以弘扬，让中华文化的精神内涵在世界各地发光。

# 世界佛学会考——给众生带来欢喜的考试

《星云大师全集》第九十四册,是《星云日记》的第八册,记录了大师1994年3月1日至10月15日的各项活动和思想感受。虽然这段日记涉及的内容只有半年多的时间,但却十分丰富。如果让我一定要从中凝练一个话题,那就是——教育。

现代人一提起"宗教",往往想到的是教会、教团组织;但中国传统的"教",是"教化"之教,也就是一种教育,是有觉悟的人(比如孔子、老子、佛陀)对普通人的教育启迪。古人对宗教的这种理解,可能更符合宗教的本意。宗教最重要的内容并不在于富丽堂皇的宗教建筑、庞大的教会组织,而是对人的教育、升华。大师在《日记》中说,经常有人劝他不要办教育,"因为教育事

**张雪松**
中国人民大学佛教与宗教学理论研究所副教授
北京大学佛教研究中心兼职研究员
重要著作:《法雨灵岩:中国佛教现代化历史进程中的印光法师研究》《唐前中国佛教史论稿》《佛教"法缘宗族"研究:中国宗教组织模式探析》《中华佛教史(第一卷)》等。

业不但费心力，纵使有一些成果，也无法立竿见影"，但大师回顾自己一生几十年的努力，就是办教育。

佛教教育与世俗的知识培训、教育并不完全相同。讲法能让"顽石点头"的六朝高僧道生大师说："入道之要，慧解为本。"而中国禅宗开山祖师菩提达摩则说："入道除了'理入'还有'行入'。"大师在给佛光山丛林学院学生讲话时强调，教育分为两方面："一是生活教育，二是思想教育。"可以说是深谙了"祖师西来意"。

佛教教育的内容，一方面是义理思想，另一方面是生活实践。《日记》中提到大师来南京给母亲过生日，"母亲亲自切了块蛋糕给我，平常不吃甜点的我，为了不让母亲扫兴，也就不计较了"。本有糖尿病的大师去吃蛋糕，这本身便是一段值得参究的公案。《日记》中这样言传与身教的公案很多，值得我们细细体会。

一说到教育，我们很容易联想到考试。中国有一千多年的科举传统，古代要正式出家也得通过"试经"。1994年7月31日，佛光山组织了规模空前的"世界佛学会考"，大师在《日记》中提到："此次会考，全球五大洲计有七十二个国家，两百多个考场同步举行，使用中、英、日、韩、德、法、俄、西班牙、葡萄牙、马来西亚十种国家语文应考。今年报考人数大约有二十万人，年龄由六岁至九十岁，学历由幼儿园到博士都有，三代同堂，全家报考的也相当多。"甚至还有数以千计的服刑人员在监狱参加世界佛学会考。

作为读者，看到这些，可能只不过把它当成是一组报表数字，但数字背后却有许许多多辛苦的努力。其实，不要说在这么多国家和地区弘法宣传和组织考试，就是把这么多地方跑一遍也不容易。

大师在《日记》中提到，4月27日大师将飞往日本，前一天名古屋机场发生空难，两百六十四人死亡，大家都心有余悸，但大师说因为有前"机"

之鉴，所以不必改变行程。除了交通安全，前往世界各地的长途旅行也让人十分疲倦，大师"经常在台湾洛杉矶两地来回，单趟就得飞十几个小时，如果中途转机，就耗去一日一夜"，这还不算飞机误点与时差带来的困扰。所以说，当我们看到"世界佛学会考"十分风光傲人的数字统计，应该想到每个抽象数字的丰富内涵。

从20世纪70年代起，马来西亚就举行佛学会考，香港地区也有中学生的佛学会考。那么佛光山的"世界佛学会考"有什么独特之处吗？

世界佛学会考，不像古代的科举、现代的高考，不是选拔的考试，也不是资格准入的考试，而是一种社会教育，是一种吸引人而不是淘汰人的考试。世界佛学会考不是难为人的考试，按照语言和题目难易程度分成不同等级，方便不同国家、不同年龄段的人群参与考试；还为阅读有障碍（不识字）的人士、行动不便的人士提供"听读"考试和"无障碍"考场。放榜时，在台湾《联合报》等各大报章媒体上公布考试优异者的名字，并提供不同额度的奖金，"有的人一生都没上过榜，却因佛学会考，看到自己的名字，用铅字印在报纸上，引为毕生最大光荣"。

读过《儒林外史》的朋友可能对考试的"可怕"深有体会，但"世界佛学会考"却是一场令人"考得很欢喜、考得有意义"的考试，因为从本质上说，"世界佛学会考"本身就是对佛法的一种言传与身教，是广义佛教教育、教化的有机组成部分。

# 谈圆融精神

**纪华传**

中国社会科学院研究生院教授

中国社会科学院世界宗教研究所研究员、博士生导师，中国社会科学院佛教研究中心常务副主任，中国宗教学会传统文化与宗教专业委员会主任，内蒙古师范大学兼职教授、佛学研究院执行院长。主要研究方向为禅宗、中国佛教、近代佛教史等。

重要著作：《吉藏二谛思想研究》《中峰明本与元代禅宗》《禅宗与中国佛教》《安上法师生平与著述》《明清鼓山曹洞宗文献研究》《世界佛教史第六卷汉传佛教（十九世纪中叶至二十世纪）》等。

从《星云日记9》开篇《独木不成林》《自我与大众》，便处处洋溢着大师"心怀度众慈悲愿，身似法海不系舟"的无我与悲愿，体现出大师兼容并蓄的人间佛教思想，其中的核心就是平等、包容、尊重、融和的圆融精神。

大师圆融精神第一个特点是平等，这是人间佛教的重要思想与内涵。大师认为："佛教的事理平等、性相平等、自他平等、怨亲平等、生佛平等最为究竟。"今日的世界不能和平，就是因为不平等，"惟有平等，才有真正的和平"。而平等的前提是世人皆有佛性，虽然众生的根性或有不同，但是其佛性都是平等的。例如在针对南非的种族纠纷问题时，大师认为这是世界上重大困扰之一，佛教的平等观可以开发他们的佛性，懂得彼此尊重、和谐。

第二是包容，这是"促进人类和平的良方"。"有容乃大"，如果没有包容异己的雅量，就不能体会因缘和合的佛法，也就不懂相互依存的真理。大师认为，人生有很多缺陷，"只要是懂得生活的人，自然就会欣赏缺陷美"，甚至对待恶人，也要"包容谅解、角色对换、欣赏对方、感恩对方"。大师从包容不同性格的人，到包容不同观点的文章，进而达到"包容世界"。

第三是尊重，这是人与人和平相处、共存共荣的前提。大师认为，人要和平相处，必须互相尊重，所以提出了"你有我无、你大我小、你乐我苦、你对我错"的人间佛教用语。人与人相处应当有适当的尊重，尽量给予方便，而不是要去同化，如果世人能够依此实践，必然受益无穷。只有彼此尊重，才能互相欣赏、互相赞美，才能和谐相处。

第四是融和，这是平等、包容、尊重的结果。大师一生都倡导融和，融和性和包容性都是佛光山的十大性格之一。大师认为，不但文化要融和，人种也要融和；不但国家和国家之间、民族和民族之间要融和，宗教与宗教之间也要相互尊重、融和。

大师人间佛教的圆融精神，具体内容体现在三个方面：

### 一、"以众为我"与团体融和

大师倡导："要将自己的心随顺大众，融入团体里，才能成就自我。"世间真理是众缘所成，体悟自己是众中一个，离开"众"就不能成型了。正如大海不择细流方能成其大，大师也说："一个人要有未来，要有前途，群我关系一定要相处融洽。"

### 二、佛教界内部的融和

大师主张"僧信平等"，提倡僧俗融和："佛教是倡导平等的宗教，不仅人与人之间平等、众生之间平等，众生与佛也是平等。僧团中，'四河入海，同一咸味;四姓出家,同为释姓.'就是破除种族歧视的平等制度之落实。"(《佛教丛书·仪制·问题答问篇》)大师一生都提倡"佛教大小乘要融和,南北传要融和,上座部与大众部要融和,僧众和信众要融和,藏传和汉传要融和,禅与净要融和"。呼吁佛教要"团结、统一、动员、交流"(《觉世论丛》),才有远大的未来。所以,在大师看来,不管是入山修道的苦行者,还是弘法传教的热心人士,以及奉持五戒十善、六度四摄等佛法,甚至只要能信仰,能对于社会有贡献的,都认为他是人间佛教的信者、行者。

### 三、提倡宗教与宗教之间的融和

大师认为,不同的宗教信仰都具有安顿人心与促进和平的社会功能,因此宗教之间应当彼此包容、彼此尊重,建立"同体共生"的关系。他说:"宗教与宗教之间要融和,如天主教、基督教和佛教,虽然理念不同,但彼此的教友,还是能很友善地融和在一起。"大师身体力行,与不同的宗教保持良好、和善的关系,不遗余力推动宗教对话,共同致力于世界和平。

正是由于大师人间佛教的圆融精神,才能消解大小乘乃至不同宗教信仰之间的差异与冲突,从而将佛陀的教法在世界各地不同时空因缘、因不同众生的根性而流传的不同形态,统摄在人间佛教之中,真正回归到"佛陀的本怀"。

# 《佛光大藏经》在中国大藏经中的地位

拜读《全集》第九十六册《星云日记10》，翻阅到星云大师一再提及出版《佛光大藏经》事宜，掩卷而思，勾起我忆及《大藏经》历史以及大师立志编一部经过专家点校的佛教大藏经之尘封逸事。

佛教自东汉经西域传入中土，翻译佛经成为弘扬佛教首要的事业。到了唐代，佛教发展到一个新的高峰。高僧辈出，鸠摩罗什、玄奘、义净等大师翻译了大量佛经，使中国佛教文献大放光彩。

汉文大藏经是汉译佛教典籍的丛书，内容包括经（佛陀的教导）、律（戒律）、论（佛教教理的阐述），以及汉文佛教典籍及相关文献。汉文大藏经的发展过程，经历了写本、刻本、近现代印刷本和数据化四个时期。

**龙达瑞**

美国洛杉矶西来大学教授

中国社会科学院研究生院博士，曾师从黄心川先生。1996年至1997年，哈佛大学世界宗教研究中心和哈佛燕京学社访问学者。2009年和2020年获得普林斯顿大学资助，对该校东亚图书馆珍藏的大藏经进行研究，曾三赴波兰亚盖隆大学调查《永乐北藏》。研究方向为佛教大藏经。主编 *Chinese Buddhist Canons in the Age of Printing*, London; Routledge（2020）。

中国佛教雕刻的大藏经始于宋朝开宝四年（公元971）至太平兴国八年（公元983），世称《开宝藏》。雕版完成后，刻版运到汴京开封，收藏在太平兴国寺，刷印本分赐给各地大寺院。日本沙门奝然获得一套，带回日本。以后印本陆续传入契丹和高丽及西夏，他们分别以《开宝藏》为底本，刊刻了《高丽藏》和《契丹藏》。

中国历史上，兵燹、天灾人祸和各种社会动乱，众生心性崩坏，法难中佛教经典被毁。从宋以来，中国朝野刊刻了二十多种大藏经。这些大藏经可分为两类：朝廷刊刻的官藏和民间刊刻的藏经。官刻大藏经在收集佛经方面做得较好，编纂者按先前的某版本，尽量收集齐全，但对读者的需要考虑比较少。地方寺院因皇家赐予一套大藏经而荣耀。僧人化缘修建藏经楼并立碑，赞颂皇帝颁赐大藏经的功德。大藏经给寺院带来了荣誉，僧人供奉于藏经楼，不轻易示人。偶尔做法事或晒经时，寺院才将大藏经呈现在世人面前，作为膜拜的圣物，以致佛陀原本欲透过其教导、净化人们心灵的功能无法发挥。

民间刊刻大藏经远非易事。一般是在佛法衰落时代，僧人和信徒痛感佛法不兴，高僧大德号召信众鼎力襄助，集资刊刻大藏经。参与者多是有地位的官僚与乡绅。此群体文化程度相当高，他们刊刻大藏经是让佛法久住人间。至于大藏经的读者是否需要点句，却很少考虑。僧人对大藏经也是深锁藏经楼，普通人难有机会阅读。

现代人阅读古典佛经时，遇到了不少困难：佛经的数量惊人，足以使初学者感到畏惧；佛经是古代僧人用古汉语翻译过来的，现代人阅读古汉语的能力几乎是一代不如一代；古代印刷的大藏经多无句点，读起来困难很多。

星云大师立志编一部经过专家点校过的佛教大藏经。自1958年起，倡印每月一经，将古刻版佛教藏经用现代印刷方式，加以标点、分段，并作注释，以辅助读者理解经文义理，冀望佛典能普及众生。1977年，大师成立

"佛光大藏经编修委员会",从事修藏工作,"为我中华文化,续佛慧命,点无尽之藏,开般若之华,让佛光普照寰宇,使法水长流九州"。

大师发起编纂一部经过专家点校的《佛光大藏经》,包括以下十六藏:《阿含藏》《般若藏》《禅藏》《净土藏》《法华藏》《华严藏》《唯识藏》《秘密藏》《声闻藏》《律藏》《本缘藏》《史传藏》《图像藏》《仪志藏》《艺文藏》《杂藏》。

永明法师指出,《佛光大藏经》中的《图像藏》《艺文藏》部分,是历代各版藏经中所未曾收纳的,可以说是深具开创性、前瞻性及时代意义。

《佛光大藏经》与传统的大藏经有着显著的差异。它是为中等和高等读者服务的桥梁。点句的问题是十分头疼的问题,任何错误的句读将导致对佛法基本教义的误读。这样的错误有时连著名的佛教学者也无法避免。学者们都知道这个问题十分重要,可是愿意花力气作点校工作的人很少。

古代学者深知点校书的艰难。"校书如扫落叶,随扫随有",无人能毕其功于一役。不亲自参与点校,很难体会其艰辛。当年日本《大正藏》编辑者对大藏经做了点校句读,方便读者,但错误甚多,不断有学者质疑。《佛光大藏经》编纂委员会从开始编修大藏经的第一天起,就不计较得失,扛起了这项吃力不讨好的工作。他们利用多种版本的佛经,进行校勘。回顾四十多年的漫长岁月,朝斯夕斯,焚膏继晷,无间寒暑,这种精进精神值得大书特书。

《佛光大藏经》是中国大藏经发展史上,第一部旨在以普通读者为对象的大藏经。它是以民间的力量编纂的。从这点来看,《佛光大藏经》不同于其他古本大藏经。它不像《永乐北藏》或《清龙藏》,经版深锁宫廷,皇帝垄断刻印大藏经的功德;它不像《嘉兴方册大藏经》,其普及大藏经的努力令人敬佩,而真正普及到民间却十分有限。《佛光大藏经》的目的十分明确,就是

"现代人人能读，读而易解，解而能信，信而易行"。随着纸本和数据化的大藏经的普及，佛法通过大藏经而延续和广为流传。因此，星云大师及《佛光大藏经》编纂者的贡献是要载入历史的，也是一部令世人赞叹的现代佛教大藏经。

《星云日记11》

# 佛光山不拘一格的"师徒时间"

在拜读《星云日记》时发现，星云大师每到一个道场，都会抽出专门的时间与徒众进行"师徒时间"。即星云大师与每一道场的徒众进行面对面的座谈、交流，其主要内容在《星云日记11》，1996年4月9日的日记中可见一斑："一、报告要有具体落实的内容，不要光是表面陈述；二、须先准备好要提出的问题，免得泛而无章；三、对弘法、道业、学业各方面提出实际遇到的困难。"

也就是说，从徒众这方面讲，至少要向星云大师做出有具体落实内容的报告，要提出事先准备好的问题以及在弘法、道业、学业等方面实际遇到的困难。从星云大师这方面讲，"为人师者，要传道、授业、解惑"。

星云大师对教育尤其是佛教教育有

**李建欣**
中国社会科学院世界宗教研究所研究员
中国社会科学院《世界宗教研究》副主编，中国社会科学院研究生院博士生导师。
重要著作：《印度宗教与佛教》《印度古典瑜伽哲学思想研究》等。

他自成体系的看法："佛教本来就是一种教育，依各层次需要分有家庭教育、社会教育、宗教教育、生活教育、思想教育……教导我们如何求真、求善、求美，以提升自我的精神领域。"（第三一三页）并且按照他的设想分层次地付诸实践。

"师徒时间"是星云大师关于佛光山僧伽教育的一种独特的制度设计，而他对僧伽教育其实还是抱有很大的期待和远远超出讲堂传授这一单一教育方式的认识："让师生除了在课堂上，也可以在园林、山边、树下上课；除上课外，用餐及休闲时间，师生也能生活在一起，从人格的自我树立建设做起，以重视生活教育、品德教育为主。"（第一九四页）

这不由得让人想到亚洲第一位获得诺贝尔文学奖的印度诗人罗宾德拉纳特·泰戈尔（Rabindranath Tagore），于1921年在圣蒂尼克坦（Santiniketan）所创立的国际大学（Visva-Bharati）所提倡的教育方式："我们要建的理想的学校，应当在远离城市嘈杂声的碧树成荫的广阔天地，教师在和睦而静谧的环境中备课和授课，学生在那里学习和成长。如果可能的话，学校开辟自己的菜地、果园，解决自己所需的粮食。学生可以干农活、养牛，解决牛奶和奶油问题。课余时，可以去田园、菜地劳动，浇水、锄地。这样他们不仅可以同大自然结合起来，而且还可以学会实际的东西。在适合的季节，可以在树下上课。学生可以和老师、同学边散步边交谈，进行学习。晚上休息时，可以搞文娱活动，讲故事，讲史诗。如果学生犯了错误，就按古代的办法自我反省。"（转引自刘国楠、崔岩砺：《泰戈尔的教育思想》，载《南亚研究》1983年第1期，第八十七页。）

"师徒时间"的交流对象是僧众，他（她）们离开了世俗家庭，跟随自己的宗教导师过一种宗教生活。相当于印度教徒四行期中的第一个阶段"梵行期"。《摩奴法典》规定人的一生分为：幼年学道（"梵行期"）；长而持家("家住期"),求财肆欲;携妻、子或单身隐居,亲证梵我合一("林住期");最后老而学道出家("遁世期")。

"梵行期"是指少年时期离开自己的父母和家庭,选择跟随一位精神导师"古鲁"(Guru),告别以前的世俗生活,展开新的生活,经历一个新生命的成长。要求与自己的导师一起生活,一起学习,学习"吠陀"等各种知识,一般为十二年。在《星云日记11》中,我们会看到类似的、恰切的说明:"学佛就是要过一种新生活、新生命的生活方式。若不放弃旧有的观念,不服从真理、伦理,就很容易走偏了。"(第四七九至四八〇页)"要将自己过去未入佛门时的'自己'甩开,重新把'自己'活回来,过新生的生活。"(第四八〇页)

不但对佛光山的僧众,对社会大众也一样,每个人不但有一个自然的、生理的生命,同时还有一个精神的生命。我们不但要照顾到自己生理生命的健康、成长,更要十分关注自己精神生命的成长;我们的生命不但要经历一个自然的、生理的过程,更要经历一个精神的过程。这就是我拜读星云大师日记所获得的重要启示。

# 九、佛光山类

# 随喜人间

**郑固固**

《人民日报》海外版港澳台版原主编

《人民日报》赴台驻点首发记者，海峡两岸关系研究中心原特邀研究员，北京联合大学台湾研究院原特邀教授，中宣部新闻阅评组成员。

《星云大师全集》第九十八册《话说佛光山1》，是全书特辟佛光山系列的前半部分，由《开山篇》和《人事篇》组成（《寺院篇》另册单行），详细记录了佛光山五十年来筚路蓝缕的发展史。

因为有长达十年在台湾驻点采访的缘由，我去过佛光山不下六七次，多为陪同初次到台湾慕名参访的友人。但为了赶行程，每次都来去匆匆，逗留个把小时，斋饭也未曾讨扰过一次，可谓走马观花，浮光掠影，仅仅留下规模宏大、法相庄严的印象。那时总想，下次吧，下次要多留些时间仔细瞻仰，甚至应该安排专题采访。明日复明日，明日何其多。就这样，一直到我退休，也未能如愿。

因缘不断，再续无相。此次有幸参

与《星云大师全集》在大陆出版的编辑工作，使我有机会详细了解佛光山，认知星云大师和他提倡的人间佛教。

1967年，佛光山开山。经过半个多世纪的艰苦努力，佛光山从无到有，一个无人知晓的荒僻野山变成了世界闻名的佛教丛林。还在世界各地陆续建了三百多个寺院道场，五所大学以及幼儿园、初中、高中，兴办了报纸、电台、电视台和各种文化机构，出版多种期刊和大量书籍。成立了篮球队、棒球队、足球队、体操队、乐团、歌咏队、梵呗团等，佛光山俨然是一个门类齐全、阵容庞大的佛教文化王国。

令人赞叹敬佩的是，星云大师非凡的记忆力。五十多年来那么多大大小小、形形色色，包罗万象的事与人，事中有人，人中有事，他都清清楚楚明明白白一一记录在案：购地、规划、设计、建造、经费、衣食住行乃至与当地村民关系，凡此种种，无不囊括。虽则巨细庞杂，这些记录却并非一本流水账，它处处浸含着星云大师的佛教主张、人文思想、价值坚持，同时也反映出大师本人的眼界格局和鲜明个性。

令人赞叹敬佩的是，星云大师初心不改的坚忍不拔。大师生于忧患，长于困难，喜悦一生。他是伟大的佛教推广的践行者。他特别爱说的一句话："日日难过日日过。"为了佛教事业的发展，尽管道路坎坷，荆棘密布，充满艰险，大师却不畏不惧，泰然豁达，从不计较人生的酸甜苦辣、赞誉或毁谤，展现了信仰的坚定和智慧。

令人赞叹敬佩的是，星云大师接地气的佛教观。他认为佛教是高尚的，但不是高高在上的，主张"在生活中修行，在食衣住行中修行，在艰难困苦中修行"。他记载的佛光山点滴故事鲜活动人，笔下的人物活灵活现，充满喜怒哀乐生活情趣。大师认为佛教是普门大开，"上与君王同坐，下与乞丐同行"，佛陀面前并无高低贵贱之分，揭示了大师人间佛教普世平等的人文情怀。

令人赞叹敬佩的是，星云大师时时处处感恩的慈悲心。他对帮助过佛教的人念念不忘，每每称赞不已，无论是已故佛教革新派领袖太虚大师，还是五十多年来无数的供养人、奉献者。大师还专辟章节，隆重介绍心平和尚以下三十五位佛光山比丘、二十位佛光山师姑和三位佛光山教士，如数家珍，着力称颂他们的虔心奉献、劳苦功高。

星云大师并不是一味地做好好先生，他的是非观非常鲜明。他坚决反对"台独"，坚称自己是中国人。他对于台湾社会上的污泥浊水深恶痛绝，多有批判，对于佛教内部颟顸保守状态爱之深责之切，尤其对某"佛教会"一些人官僚腐败、自私狭隘、排斥异己、打击同道的行为予以严正揭露和抨击。

深深感谢这次机会，与其说是参与编辑工作，倒不如说更像是一次学习体验的过程。虽然我不是佛教的皈依者，但我愿按星云大师所倡导的那样：做好事、说好话、存好心。

# 传奇史话徐徐铺展

《星云大师全集》第九十九册《话说佛光山2》的《寺院篇》，是从全球佛光山精选出七十座具代表性的分别院及禅净中心的创建和运作史。由星云大师口述其亲自指导与经历的过程，犹如一幅当代画卷——善缘与大愿的巧遇带来的惊奇，慧质与毅力推动的坚持，在平静的画笔下徐徐铺展，惟有参与者才深知宏伟背后的艰辛，庄严雅致乃由心血汗水凝成。

精选出的七十座寺院中，分布在台湾的有二十七座，不论在北区、中区、南区，我率多走马观花，屡次访问的只有台北道场、宜兰兰阳别院，但新北市永和学舍尤值一叙，它是由孙张清扬女士遗宅重建而成。张女士被大师誉为"五十年来优婆夷第一人"，堪称女中豪杰，对佛教界贡献极大，一生识人无数，

**邓子美**

江南大学宗教社会学研究所教授、所长

中国宗教学会理事、兼任四川大学宗教学博士生导师。以中国近现代佛教研究、运用社会学理论方法研究佛教著称，在海峡两岸发表出版论著百余。

重要著作：《太虚大师新传》《星云大师新传》《二十世纪中国佛教》《超越与顺应：宗教社会学视野下的佛教》《当代人间佛教传灯录》等。

然而在"山"头林立的台湾，晚年的她为何独舍私宅给佛光山？遗产捐赠宗教界可谓司空见惯，若愿细究此一传奇的逸事，或许更能解答人们对佛光山尚存的许多疑虑。

佛光山分布五大洲的众多寺院，大师描述了四十三座。虽然不少寺院的住持或职事我都见过或交谈过，但除多次前往香港佛光道场与加拿大多伦多佛光山外，尚多遗憾未能亲身走访；但即便常去的道场，每次也都有新感触。

与佛光山本山远离喧嚣，宜于学习、清修不同，五大洲具有代表性寺院大多位于著名大城市，如纽约、伦敦、巴黎、东京、圣保罗、布宜诺斯艾利斯、悉尼、马尼拉、加尔各答等，或其附近，因为它们需要接近最广大的不问肤色、不分国族、讲着不同语言的人群，担负着大师所说的"人生旅途的加油站""世界佛教的枢纽带""两岸沟通的缓冲区""东西文化的交流所""艺术瑰宝的博物馆""精神食粮的百货行""生活教育的学习处""慈悲爱心的发射台""宗教融和的欢喜地""人间净土的踏脚石"等功能。

显而易见的是，佛光山道场与我走访过的中国大陆、东亚、南亚的绝大多数佛教寺院不太相同。各地建筑外观，采因地制宜。最具特色应属伦敦佛光山哥特式建筑、台中惠中寺巴洛克式建筑，要问各别因缘，说来话长，静待各自参访一探究竟。

佛光山众多寺院多不失大汉唐寺院的恢宏气势，它们的共同精神，很难以一句话概括，或许用"大师思想的物化"庶几近之。因为它们体现了大师的思想——传统与现代的融和，既源于传统又高于传统，既出于现代又脱俗于现代……

这本书的前半部为大师口述《佛光山比丘尼篇》，与《寺院篇》堪称绝妙组合。如果把寺院所办事业喻为骨架，信众喻为血肉，那么，这些比丘尼正是佛光山分别院及禅净中心的灵魂。书中讲到近五十年来台湾比丘尼群星灿烂，其中有我熟悉的"慈济"证严上人、"弘誓"昭慧法师等，不过如果他们像一颗恒星带几颗行星，佛光山比丘尼则正如一团星云。

大师对山上近百位比丘尼的秉性脾气和擅长如数家珍，我虽与慈惠法师、慈容法师、依空法师、永固法师、满莲法师、满纪法师、妙凡法师、妙士法师等多有交往，但对他们仍然缺乏深入了解。不过就我所认识的而言，这百位外的比丘尼并非就不优秀，只因数不胜数，大师只能从略。

佛光山比丘尼秉性各异，不过他们之间的共同性好像还没人提过。就我肤浅印象，大胆地用一个"缠"字概括。他们都很会"缠"，百炼钢化为绕指柔，做任何事不屈不挠，被他们"缠"上的事非成不可，"缠"上的人非被折服不可。

善缘并不罕见，但为何不约而同聚拢佛光山？读完这本书，我找到了线索——原来被大师无限广大的悲心、愿力感召，回报着大师蕴蓄中道智慧的巨量包容。然而善缘与大愿的巧遇，还需执行力将之化为现实。建设、运作分布全球道场的执行力哪里来？大师依恃的是他亲自栽培，有意识锤炼的比丘、比丘尼团队，自然也依靠着信众，则不消多说。

美人迟暮千古一辙，英雄孤单患在后继无人。百年树人，难育成材且不离弃。当代海峡两岸家族企业为富家子女难成才而操碎了心，又恰逢少子老龄化时代，有人成才就足感欣慰，但"富二代"好不容易成才继业，也许又会离弃父兄创业的良善宗旨，这更令人痛彻心扉。美国东西海岸创造出不少"独角兽"企业，尽管可依赖专业的"猎人头"公司与严酷的市场"经理人"遴选机制，然创业的一代想物色到称心的二代，谈何容易？古来成难败易已成"宿命"，世上谁能跳脱？

阁上尽收眼底的佛光山全球伟业，耳畔回响起往日到佛光山道场，偶然传来比丘尼窃窃私语："师父怎么说怎么说。"就在刹那，我明白了，大师已培育了后继有人、源源不断的僧团。我长吁一口气，不禁赞叹：大师智慧无人企及！

# 一部划时代的佛门清规

**李继武**

陕西省社会科学院宗教研究所所长

陕西省社会科学院研究员、长安佛教研究中心主任、西北大学玄奘研究院兼职教授、中国宗教学会理事、陕西省宗教局专家库专家。主要研究方向为宗教史学和宗教制度。

重要著作：《公民与社会》、《以戒为师——律宗及其祖庭》、《一阳来复——陕西道教三十年巡礼》、《太白山宗教文化考略》、《敕修百丈清规》（校勘）等。

佛陀圆寂时，弟子们急切询问将来以谁为依止，佛陀明确地告诉大家，当"以戒为师"，由此可见，在佛陀寂灭之后，佛陀制定的戒律制度便是佛教信众根本的依止之所。

佛教传入中国后，如何理解和遵守佛教的戒律制度，依然是现实而又艰难的问题，该问题也时时困扰着中国佛教的发展。毕竟佛教戒律是西元前5世纪印度佛教僧团的管理制度，将其应用于一千多年之后的中国佛教，自然会有诸多的戒律条款因社会环境的变化而无法适用，尤其在僧团和寺院的日常管理方面出现了严重的不适应，但中国佛教界囿于宗教戒律的神圣性而不敢轻易改动。

唐代中后期，禅宗的百丈怀海禅师看到原有的佛教戒律制度，已经严重羁绊中国佛教的发展，便将佛教戒律的精神与中国儒家礼制文化相结合，另行创制了一套中国特色的佛教寺院管理制度，名为清规。因佛门清规既能体现佛教戒律精神，又能很好适应当时的中国社会，是佛教戒律与中国文化结合的产物，得到了中国佛教界的高度认可，所以清规面世之后便很快风靡全国佛教寺院，逐渐成为中国佛教寺院管理的主体性制度。同时，佛教清规也是佛教适应中国封建社会的时代性产物，从其产生之后，在不断地调整修改中适用于整个中国封建社会。

随着中国封建帝制的结束，长期依附于封建社会的中国佛教也面临着生死存亡的转捩点。在太虚大师提出建立"人间佛教"的革新理念之后，一大批佛门龙象进行了各种尝试，其中星云大师经过几十年的不懈努力，终于创立了以台湾佛光山为总部，遍布全球五大洲的佛光山"人间佛教"，这不仅为面临巨大危机的中国佛教踏出了一条现代化的生路，同时也为中国佛教开创了走向世界的国际化新局面。

在佛光山人间佛教众多的创举之中，最为重要的一个方面就是重新创立了一套完整系统的《佛光山清规》。这套清规既是佛光山人间佛教对其信众的管理制度，又是对星云大师七十多年弘法创教活动的凝练和提升，同时也是对佛光山开创人间佛教活动完成的阶段性总结和宣告。

佛光山人间佛教是中国汉传佛教向现代化转型的代表和典型，而《佛光山清规》又是对佛光山人间佛教实践活动的制度化总结。因此，《佛光山清规》代表着中国汉传佛教完成现代化之后制定的一部清规范本，是新的历史时期形成的中国佛教组织管理制度，其与历史上流传下来的任何一部佛门清规都有着本质的区别，因为它代表了一个全新时代的全新佛教文化，其具有如下三个特征：

**第一,《佛光山清规》具有很强的思想性**

《佛光山清规》不仅仅是一部寺院管理制度,亦是星云大师人间佛教思想理论在宗教实践中的总结和制度化。在太虚大师提出人间佛教理念后,尚未形成一套系统的人间佛教思想和理论来供大家学习,更没有成功的实践案例来供大家参考借鉴。星云大师的人间佛教思想,是在其六七十年的弘法实践中探索总结而得。因此,《佛光山清规》完全是一部用制度的形式体现佛光山人间佛教精神的制度体系,在《佛光山清规》的条文款项和字里行间处处渗透着佛光山人间佛教的味道。

**第二,《佛光山清规》内容具有明显的时代性**

虽然《佛光山清规》沿用了佛教传统中的"清规"来命名,但究其具体内容,从内容到形式都是一部完全现代化的宗教组织管理制度。在《佛光山清规》中,即使依然沿用着一些传统清规中的名称词汇,诸如"住持""两序"等,但究其具体内容则与传统清规中的用意完全不同。《佛光山清规》在整个组织架构和职事设置方面,彻底抛开了传统清规的框架,而是根据实际情况的需要重新设计了组织机构的内部架构。除此之外,更为明显的是《佛光山清规》以适应当前的时代潮流为基本向度,在采用现代制度文明和时代需要方面,做出了明确而彻底的回应。在《佛光山清规》中,"民主原则"的贯彻执行、"男女信众"的平等对待,出家在家信众在佛教组织中的有机结合等现代特征极为明显的理念,都能在《佛光山清规》中得到明确的体现,这反映了《佛光山清规》对时代问题的积极回应。

**第三,《佛光山清规》的结构体系具有很强的科学性**

研读整个《佛光山清规》的结构体系就会发现,虽然整部清规内容庞杂,涉猎广泛,凡是与佛教组织、活动及信众有关事宜,从宏观宗旨到细微举止,都有相应的条文予以规范和指导。整部清规从"总章程"到各部"组织制度""活动制度""行为规范"等方面的设计非常科学合理，整部清规给人以纲举目张、粗细相宜、有条不紊、界限分明、用语规范、概念清晰的感觉。从中可以看出在《佛光山清规》制定过程中，不仅吸收和彰显了现代文明理念，而且充分借鉴和采用了现代法学文化成果，使人感受到规则带来的秩序之美，这与传统的佛门清规不足之处形成了鲜明的对比。

本文认为，《佛光山清规》将会与《百丈清规》一样，成为中国佛教史上又一部具有划时代意义的佛门清规。虽然中国佛教各方面的力量，都在尝试和探索中国佛教的现代化问题。但是目前来看，佛光山人间佛教的道路已然走在了时代的前列。作为一个成功的范例，《佛光山清规》将会成为中国佛教制度建设中的重要蓝本，为当代中国佛教组织管理制度的建设，提供重要的借鉴和参考价值。

# 十、年谱类

# 圆满的佛学人生

**何建明**

中国人民大学教授

中国人民大学"杰出人才计划"特聘教授，主编《中国地方志佛道教文献汇纂》等。先后担任国家哲学社会科学基金会重大攻关项目《中国地方志佛道教文献汇纂》和多卷本《中国现代佛教史（1912年至今）》首席专家。

重要著作：《佛法观念的近代调适》《澳门佛教》《人间佛教与现代港澳佛教》《近代中国宗教文化史研究》等。

年谱是历代人物传记的一种体例。从传主的出生那一年起，逐年较详细地记述传主的所言与所行。当然，年谱这种传记形式也有多样性，如有年谱简编与年谱长编之分。年谱简编，是指简要记述传主历年的主要言行。年谱长编，则将传主放在其所经历的历史和社会、文化背景，逐年记述传主的所言与所行及其社会影响。

收录于简体版《星云大师全集》的《星云年谱》两大册，千页左右，显然不能称为年谱简编，但是，也不能称为年谱长编，因为没有多少社会历史背景的交代，而主要集中记述星云大师出生之后的前九十年生涯的主要经历及其所言与所行，当然包括佛光山僧团和国际佛光会的主要事迹。

星云大师曾将自己的一生规划为"人生八个时期",即第一个十年(一至十岁),成长的人生;第二个十年(十一至二十岁),学习的人生;第三个十年(二十一至三十岁),参学的人生;第四个十年(三十一至四十岁),文学的人生;第五个十年(四十一至五十岁),哲学的人生;第六个十年(五十一至六十岁),历史的人生;第七个十年(六十一至七十岁),伦理的人生;第八个十年(七十一至八十岁),佛学的人生。八十一岁之后为"圆满的人生"时期。事实上,"佛学的人生"与"圆满的人生"都属于"佛学时期",只不过,"圆满的人生"是"佛学的人生"的更高阶段,也是人生圆满的最高境界。

对于一位出家僧人来说,其年谱最值得读者关注的,首先是他的出家因缘,其次是他的成长道路,第三是他的弘法利生的成就,第四是他一生学佛行佛的特征。迄止1996年的《星云年谱》第一册之记述,包含大师的出家因缘、成长道路以及弘法利生成就,因此展现了他大半生学佛行佛的主要特征。

**不断开创佛教史新的里程碑**

佛缘深厚的星云大师,在出生不久,就按当地习俗并在外婆的安排下拜了一位庵堂的比丘尼做师父。外婆有位妹妹是比丘尼,他曾被外婆带到那位"师公"的庵堂住过一个月。四岁起,他随外婆开始茹素,学会背诵《般若心经》。十二岁,正逢1937年12月"南京大屠杀",他跟随母亲前往南京寻找因经商失联的父亲途中,一位栖霞寺知客师接引,在因缘具足下选择出家。

出家后,星云大师在栖霞律学院学习多年,并到常州天宁寺等处参学。对他后来革新佛教思想产生重大影响的,是进入太虚大师闽南佛学院学生东初法师主持的镇江焦山佛学院就读以后。当时,负责闽院教务的芝峰法师和大醒法师也在那里授课。1946年,太虚大师在上海创办宣扬佛教革新思想的

《觉群周报》。当年夏天在焦山佛学院举办中国佛教会会务人员培训班，太虚大师和茗山法师、尘空法师亲临授课。大师后来多次回忆说，正是从那时起，他认识到佛教未来的希望就在于要革新，要走太虚大师所开创的现代人间佛教之路，并坚定了"为了佛教"的信念。

1949年，星云大师因组织僧侣救护队而来到台湾。初期弘法过程中并不顺利，但是他致力于佛教改革复兴的愿望始终非常强烈，利用主编《人生》杂志、主讲"台湾佛教讲习会"等文教弘法的机会，积极宣扬人间佛教、探索佛教的革新之路。虽遭"中国佛教会"中保守派的打压，但是他"为了佛教"的信愿毫不动摇。受邀至宜兰弘法，他开创了弘法队、歌咏队、儿童班等弘法新形式，并撰写《释迦牟尼佛传》《玉琳国师传》等大量作品宣扬人间佛教，大力推动"佛教艺文化、电影化"。

有了宜兰的弘法利生基础，星云大师越来越自觉地认识到培育年轻一代的弘法人才是最急迫、最重要的事情，于是他到高雄寿山寺后，就积极地开办佛学院，以培育新型佛教弘法人才为己任，将佛教革新和复兴的希望寄托于年轻一代佛教人才的身上。但是寿山佛学院远远不能满足求学心切的年轻佛子们的需要，1967年，机缘成熟，他决定在高雄大树乡一片荆棘丛生的荒山上，规划和开辟自己理想中的佛教革新和复兴的大本营——佛光山。这，无疑是他开展佛教革新和复兴事业的转折点和重要标志。

佛光山建设的第一栋建筑，就是代替寿山佛学院的东方佛教学院。这一年，寿山佛学院第一届学生毕业，为佛光山的未来建设准备了重要的人才基础。同年，佛光山举办了第一届大专佛学夏令营，并首创儿童星期学校。也是在这一年，星云大师领导佛光山僧团制定了佛光山宗务委员会组织章程。自此，佛光山成为有制度、有组织的现代教团，开创了佛教革新和复兴运动的历史新篇章。

从年谱中不难发现，从 1967 年起，星云大师领导的佛光山弘法利生事业不断开创台湾佛教史乃至中国佛教史和世界佛教史上的许多第一次的里程碑：

1977 年，成立《佛光大藏经》编修委员会，以全新的现代形式编辑出版《佛光大藏经》；

1978 年，首开佛教界在台北"国父纪念馆"举行为期三天的佛学讲座之先例；

1979 年，在台北"国父纪念馆"举办佛教梵呗音乐会，将佛教音乐首次带入最高殿堂；同年在台湾"中华电视公司"制播《甘露》节目，首开佛教电视弘法之先河；

1988 年，西来寺在美国洛杉矶落成，开创了汉传佛教在欧美地区弘法的历史新篇章；

1991 年，西来大学正式开学，国际佛光会中华总会成立，设立欧洲第一个道场——巴黎道场；

1992 年，国际佛光会世界总会成立，南美洲第一个弘法道场巴西如来寺成立，南非国会议长来佛光山邀请到约翰内斯堡建南华寺，等等。

在这许多历史性第一的开创和发展过程当中，星云大师契理契机地适应时代发展需要的慈悲和智慧，也在他和佛光山僧团及教团僧俗的不懈努力中得到充分的展现。

**中国佛教文化复兴与繁荣的重要标志**

《星云年谱》第二册虽然只涉及大师从七十一岁以后的二十年，但其文字分量与第一册记述星云大师前七十年事迹的分量相等，一方面说明大师进入"佛学的人生"之后，佛光山的弘法利生事业不断取得举世瞩目的辉煌成就；另一方面说明以佛光山教团为代表的台湾佛教，已经成为现代中国佛教文化复兴与繁荣的重要标志。

1997年,星云大师进入七十一岁高龄,迎来了佛光山开山三十周年。从这年起,佛光山进入全球国际化新阶段,迈出历史性的步伐,开创一页页划时代的斐然成果:

**举办跨国、跨宗教界活动**

1997年,国际佛光会举办的"国际佛教青年会议",共有二十个国家和地区的六百多位代表参加;举办"一九九七年祈求世界和平法会",佛教、天主教、基督教、摩门教、伊斯兰教等两千多名世界宗教人士共同祈愿祝祷。

**首次阐述"佛光学的意义"**

星云大师在首度举办"佛光学论文研讨会"时指出,"'佛光学'是大家三十年来融合古今所共同创造的现代佛教,其中的内容、意义、精神、方法,大大小小都将传统与现代融合在一起,都值得我们去深思研究"。也就是从这个时候开始,形成了作为"佛光山佛光学"最具特色的"集体创作""制度领导"的全新管理模式。正如星云大师后来一再表明的那样:"佛光山以人间佛教的信念凝聚众人,僧团教团的成长,是每个人'发心'慈悲、奉献自己的心力,集体创作而成,不是任何一个个人的力量能单独完成。"

**从"封山"开启新阶段行动**

1997年,星云大师亲自主持"封山"典礼,并开示"佛光山'封山'的意义与缘起",强调这是佛光山届满三十年已完成阶段性的开创任务之后,走向新阶段的一项标志性行动——国际化、制度化、现代化、艺文化。

**全方位推展全球宗教与文化交流**

1997年,星云大师应邀到梵蒂冈,与天主教教皇若望·保禄二世进行世纪性的宗教对话;与伊斯兰教清真寺教长拉曼特利会面;前往新加坡国立体育馆举办佛学讲座,吸引了五万人到场聆听,开创了该国首度举办大型佛学讲座的先例；亲临主持日本临济宗大阪佛光山落成典礼；应德国文化部之邀请，佛光山梵呗赞颂团到柏林文化中心举办佛教音乐会，打开了佛光山以佛教音乐在欧洲弘法的大门。

**佛光山制度向外输出**

1998年，佛光山举办第一届"台湾佛教寺院行政管理讲习会"，两百多个佛教团体参加，标志着佛光山的制度化建设开始向全台湾输出经验；同年，星云大师联合斯里兰卡长老及柬埔寨僧王，共同发起于印度菩提伽耶传授"国际三坛大戒"，期以恢复印度及南传佛教比丘尼教团，有二十多个国家和地区的戒子参加，成为世界佛教史上首次跨越种族、区域和法脉传承的戒会，是星云大师和佛光山的制度化、国际化建设的重要标志。也正是在这次活动中，星云大师获得藏传佛教喇嘛贡噶多杰仁波切赠予的佛牙舍利一颗，成为后来建造佛陀纪念馆的重要因缘。

**弘法革新取得重大突破**

1997年，佛光卫视电视台（今人间卫视）举行开台典礼；《佛光大辞典》的电子版和最能反映传承印度大乘佛教传统的《佛光大藏经·般若藏》正式出版发行。

**开创海峡两岸弘法利生事业新局面**

1988年，星云大师与中国佛教协会会长赵朴初同时受邀参加泰王普密蓬六十华诞庆典，两人就如何促进两岸佛教之间的团结和交流，共同发扬人间佛教等达成默契。1989年，应赵朴初会长邀请，星云大师率领"国际佛教促进会大陆弘法探亲团"一行五百余人到大陆访问交流，打破两岸佛教界四十年的分隔，极大地促进了近代太虚大师所倡导的人间佛教理念。

2006年，星云大师应邀到长沙岳麓书院发表演讲《中国文化与五乘佛法》时，说："中国有五千年的文化，儒、释、道的发展也有近三千年的历史，我个人在历史的长河中，也稍许有些微愿：'志在国家统一，行在佛教复兴'。"从那年起，佛光山积极参与或合办由大陆中华宗教文化交流协会举办的历届世界佛教论坛。

2005年，佛光祖庭宜兴大觉寺重建，2015年大雄宝殿落成；2008年，扬州鉴真图书馆落成，并开启"扬州讲坛"，每月两次，邀请国内外知名专家学者讲演佛学与中国文化；2015年，上海星云文教馆、北京光中文教馆揭牌启用。

2015年以前，星云大师每年多次往返海峡两岸，积极参加大陆佛教界和各道场的弘法利生与文化交流活动，以及北京大学、中国人民大学、南京大学、武汉大学、山东大学等许多大学的学术交流活动。可以说，正是星云大师明确认同"人间佛教"和"中华文化"，使得佛光山的佛教革新与复兴事业，成为近百年来中国文化振兴、特别是中国佛教文化振兴的一个重要组成部分。

# 十一、影谱类

# 在这里，点亮心灵的灯光

**徐忆农**

南京图书馆研究部（国学研究所）主任

全国古籍保护工作专家委员会委员。担任国家重大项目《中国古籍总目》子部主编暨《总目》编委、国务院公布《国家珍贵古籍名录》评审专家，参与国家标准《汉文古籍特藏藏品定级》起草；主编《江苏艺文志·无锡卷》（增订本）；任《四库全书存目丛书》《四库禁毁书丛刊》《芸香阁丛书》《中华医藏》《中国珍贵典籍史话丛书》等大型项目编委。

重要著作：《活字本》《中国古代印刷图志》等。

2019年6月11日，《星云大师全集》简体中文版新书发表会在南京图书馆隆重举行，大师亲临现场，与各界嘉宾共同为《全集》揭幕。作为南京图书馆的联络人员，我有幸参与接待大师的工作，近距离看到了大师慈祥和蔼的笑容。时至今日，那令人难忘的情景，还常常会不由自主在眼前浮现。

《全集》是大师一生的智慧结晶。我有幸受邀针对《佛光山图影1》撰写一篇读后感。该书由"佛光普照"和"佛光祖庭"两部分构成，收录了高雄佛光山和宜兴佛光祖庭大觉寺各时期图影，以及大师著述中的相关文字摘录。由于各种因缘，这两处佛光圣地我都有幸去参访过，留在脑海中的印象非常深刻。

大师在全集《自序》中表示，关于

"人间佛教"这个名词，其实说的就是"佛教"。佛陀是人不是神，佛陀说法是对人而说，名之为"人间佛教"也是理所当然。人间佛教并不是哪一个人、哪一派的，是全佛教的宗要。正如著名学者楼宇烈先生所云："大师的人间佛教弘扬的是佛法的正知正见、中国佛教的人本精神。"因而我们可以看到，在佛光山佛陀纪念馆菩提广场上，八宗祖师陈列在前方。而象征南、北传佛教融合的金佛，安稳地供奉在金佛殿内。

佛教重视传承。大师说，我想把六朝圣地、千佛名蓝的南京栖霞山分灯到台湾，让栖霞山的香火不断，为此作了一首偈语："摄山栖霞寺，分灯到台湾；佛光永普照，法水永流长。"并在佛光山的普贤殿外题名"栖霞禅苑"，以作为纪念。

大师认为，佛光弟子心中要有根。大师的实际祖庭为江苏宜兴大觉寺。宜兴大觉寺始建于南宋咸淳年间。民国初年，由临济宗第四十七代弟子志开上人担任住持。1938年，星云大师在南京栖霞寺礼志开上人为师，成为临济宗第四十八代传人。大师传承临济宗法脉，属中国佛教大乘八宗之一的禅宗。达摩传法中国，禅法代代相传，传至六祖惠能，繁衍了沩仰、临济、曹洞、云门、法眼等五家禅宗，称为一花开五叶，五家中最盛的就是临济宗。

原宜兴大觉禅寺于南宋兴建、清朝重修，但毁于兵燹，旧址在宜兴溧阳南部白塔山，遗址无存，独留三块石碑。1989年，大师回到宜兴礼祖，立志要复兴祖庭。经宜兴市政府及多方的努力，大师祖庭在宜兴西渚镇得以易址重建，大师把它命名为宜兴"佛光祖庭大觉寺"。

2019年5月，我应满纪法师邀请，从南京乘车到宜兴佛光祖庭大觉寺，为《佛光大藏经》编修培训班学员讲授中国文字、文言文词汇与语法课程。佛光山以文教起家，有一件很重要的事就是编印《佛光大藏经》。大师感于古版藏经过于艰涩，其中讹误又多，期盼编纂一套能"给人懂"的藏经，从

1977年至今，四十余年不辍。为加快进度，特开办藏经编修培训班，招募有志者共同参与编纂工作。《佛光大藏经》为救世之良方，治心之圣典，能为此项千秋大业贡献微小的力量，深感荣幸与欢喜。授课之余，和这里的法师们一起过堂用斋，又全方位参观了寺院，现在细读大师《佛光山图影1》的《佛光祖庭》部分，仿佛回到那段美好的时光。

星云大师协助重建宜兴大觉寺，寺中建筑全为无障碍空间设计，各项设施都体现出"以人为本"的人间佛教精神，而且不收门票，普门大开。沿途设有石桌、石椅、卫生间等公共设施，不管是散步、休憩、亲子同乐、户外教学，都可以让人悠游其间。

自古以来，寺院本来就具有浓浓的艺术气息，宜兴大觉寺的塑像绘画，诗文书法，乃至寺院建筑的雕梁画栋之美，都令人心生宁静祥和。置身其间，聆听晨钟暮鼓、磬鱼梵唱，带给人心灵的净化、思想的启发。与此同时，传统寺院非常重视自然生态的保护，宜兴大觉寺的建筑与山林融和，不破坏森林环境，不侵犯自然资源，都是与万物同体共生的表现。只要你有一点灵犀禅心，即可从大自然的花草沙石里，感悟"一花一世界，一叶一如来"。

"春有牛首，秋有栖霞，雨花红叶，回首难忘。"这是大师赞美南京的诗句。大师青少年时期住过十二年南京城，对南京有着深深的眷念之情。大师在南京购置了一栋房舍供给母亲居住，名为"雨花精舍"，现在成为佛光山在南京的一个文化服务站。同时，为回报南京的滋养恩泽，由佛光山负责重建南京天隆寺。

自2015年由汉学研究中心、南京图书馆、中国国家图书馆、佛光山文教基金会联合主办的"玄览论坛"，在佛光山成功举行之后，每逢农历十二月初八"法宝节"，妙霖法师等大德都会安排雨花精舍或天隆寺义工，为南京图书馆送来大师的一笔字春联墨宝，以及寺院精心熬制的腊八粥。图书馆员工非常珍惜大师的春联墨宝，每年张贴后皆会永久收藏。而大家品尝过腊八粥后都赞不绝口，并深感福气满满，美好欢喜。

　　大师认为，佛教文化为中华传统文化的重要组成部分。大师毕生致力于弘扬人间佛教，就是向世界传播中华优秀传统文化。楼宇烈先生在大师《全集》推介序中说，大师一生秉承人间佛教之理念，以佛教服务于社会、人类，造福于当今世界，言语无华，润物无声。今天，当我们观赏和阅读大师《佛光山图影1》时，就可以与大师接心，进而读懂人间佛教，点亮心灵的灯光，使人格获得升华，为创造祥和安乐的社会贡献力量。

# 大师心海的无尽意象

**张新鹰**

中国社会科学院佛教研究中心研究员

中国宗教学会顾问、中华炎黄文化研究会理事。曾任中国社会科学院世界宗教研究所副所长、中国社会科学院计算机网络中心主任、中国宗教学会常务副会长兼秘书长、全国台湾研究会理事。

重要著述：《中华大藏经（汉文部分）·续编》副主编。

　　两千多年前，佛教传入中国，寺院道场随之散布华夏，且逐渐成为佛教中国化的显著标志。人能弘道，道赖人修，"弘道""修道"，无不与"道场"密切相关。建设道场，兴旺道场，洵属佛门头等大事。

　　时光流转至今。2019年，九三高龄的星云大师向世界宣告："一甲子以来，我奔走呼吁，在海内外建立的寺院已不止三百座。"这些道场，构成佛光山"分灯普照，五洲竞弘"的全球传播系统的主干，从一个侧面代表着中国化佛教走向新一轮国际化的进程。

　　作为《星云大师全集》第一〇四册《佛光山图影2》的《分灯弘法》图集，就用精选的四百九十二帧照片，并引用星云大师的解说等资料，多角度地反映了佛光山一百七十七座分院、别院的风貌，其中包括中国台湾地区六十六座、港澳地区三座，外国一百零八座（亚洲七国三十六座，美洲七国三十九座，欧洲十国十四座，大洋洲二国十一座，非洲三国八座）。一册在手，一组佛光山道场的世间群像连同编者的匠心一起，令人遍览无余，由衷赞赏。

有人说如今是一个"读图时代"，语意中包含着对当下公共阅读风气趋于浮躁的无奈。然而，翻开《分灯弘法》，读者看到的是一幅上下数十年、纵横千万里的全息影像。静态的道场建筑和动态的历史画面，与《全集》的文字撰述仿佛没有作者的分别，而是不一不异，相映生辉，都充满来自大师心海的无尽意象。"读"这样的图，这样的"读图"，能够收到超越文字、言外取意的效果，却与"浮躁"无涉。

面对厚重的图册、缤纷的图影，读者、信徒们可以感受到星云大师对于建寺功德有着与无数佛弟子同样矢志不渝的夙愿和追求，不但可以对这些清净庄严、法度规整的寺院愈加生起"此是行慈悲喜舍者住处，此是正法正念者住处"的尊崇，更能耳目一新地领悟到：这些由星云大师带领佛光人不畏艰辛建起的道场，原来是架设在历史与未来之间的桥梁，承载、传输着大乘佛教菩萨道借助星云大师和佛光山贡献给这个世界的宝贵财富，也是佛教中国化结出的时代硕果——"人间佛教"。而帮助世人认知中华文化与"人间佛教"特有的殊胜因缘，正是《分灯弘法》与整部《全集》一脉相通的意义所在。

我们知道，星云大师为佛光山订有四大宗旨：以文化弘扬佛法，以教育培养人才，以慈善福利社会，以共修净化人心。不管在台湾还是海外，对于星云大师来说，"以文化弘扬佛法"就是将佛法与中华文化水乳交融，使"人间佛教"精神作为中华民族优秀文化的有机蕴涵而得以发扬光大。这一点，体现在佛光山的国际道场尤为引人注目。

《分灯弘法》图集里，给我们留下最深印象的，不外乎一帧帧照片传递出的这些道场自然洋溢的中华文化气息。

佛光山在海外新建的道场，外观几乎都保持中国风格，轩敞大气，美轮美奂；如果是受到原有建筑样式局限的就地改建，也一定要在立面装修和内饰陈设上突出中华文化元素。可以确信，华人信众走进这里，对中华历史文化形态的亲近感和自豪感将会伴随佛弟子的恭敬心油然而生——这里就是华人呵护文化认同的场所、维系文化归属的场所；外裔人士被吸引到这里，连同参与规范化的汉传佛教活动，接触书法绘画等中国传统艺术，必然会增益对于中华文化的了解和情愫——这里就是"民族交流文化的场所"、推动文明互鉴的场所。不难想见，当读者看到非洲人甚至都在学习用汉语念诵佛经的镜头，怎能不在领略佛法魅力的同时，为中华文化无远弗届、运化无形的影响而感慨万分！

此时此刻，人们再记起星云大师的话语："我在五大洲建寺，就是希望透过佛教，给当地人带来更充实的精神生活。"这些"弘法的根据地"，使"人间佛教"从各个层面"融入了他们的生活里，深入到每个家庭，拓展到社会的每个阶层，进而影响到全世界"，情不自禁会为大师的宏大愿心和所创造的当代奇迹而叹服、而策励。这样的结果，是星云大师人格力量的成功，是"人间佛教"历史事业的成功，又是中华文化光荣使命的成功，因此，也意味着《分灯弘法》编者意图的成功。值得欢喜，值得祝贺！

**后记**

行文及此，不能不想起我自己与星云大师三十多年的交往经历。1989年3月，我在《世界宗教资料》季刊发表中国大陆第一篇介绍星云大师和佛光山的文章，并且在当月大师首次造访中国社会科学院的时候送到他的手上。孰料大师读后大加赞誉，随即推荐给《香港佛教》杂志，以《星云大师与台湾佛光山》为题全文转载。此后，我未再公开写过关于大师和佛光山的专文，《星云大师全集》所附《专家学者看佛光山》中也未收录那篇拙作。但是，大师从不曾忘记我的"首介之劳"，也十分尊重我身为教外学人的客观定位，不管我到台湾还是他到大陆，只要有机会，总要邀我见面叙谈，顾念备至。2014年，我居家疗养骨伤，大师特寄一笔字墨宝"化世益人"表示慰问。2019年，大师出版病愈后首部著作《我不是"呷教"的和尚》，将我与楼宇烈、方立天、赖永海三位教授并提，称为"我的善知识"，还说"我都把他们当作老师"。这委实令我惶恐莫名，感愧良深！所以，日前收到撰写"《分灯弘法》读后"的邀约，自觉于情于理，无可推辞，便不揣浅陋，觍颜应命。然键盘响处，字数很快超限，却好像刚刚开头。不得已，暂且打住，只留一句收笔，以代万般谢忱：

祝愿星云大师与佛光山韶华永驻，功业长存！

《佛光山图影3》

# 数点梅花天地心，是则名为报佛恩

**孙霞**

北京师范大学中国古典文献学博士，编审

长期从事文博领域的编辑出版工作，曾获得第三届中国出版政府图书奖、全国古籍优秀图书奖等。

重要著作：《佩文斋书画谱》（点校整理本）、《72件中国最有意思的书法》。

2020年的春节有点不寻常，由于新型冠状病毒的肆虐，人们禁足闭户，举国上下像是被按了暂停键一般。在这一特殊时期，收到了友人寄来的一本《星云大师全集》第一〇五册《佛光山图影3》，便沉下心来认真拜读。

这本书的主要内容分为《薪火相传》《慧炬映辉》两章共计十六节，用数百张照片，配以简短的文字，以星云大师为首的佛光山人近半个世纪以来，兴学兴教、弘扬佛法、传播文化、造福社会的善行义举，简洁明了地呈现在读者面前。

初次阅览，我心想，这不过是一本文字精简的影集类图书，有何令人"惊艳"之处？！然而，当我静心地认真反复阅读数遍之后，被书中丰富而深刻的内涵所震撼，油然升起感佩之情！

作为一位出家人，星云大师在他九十余年的生命历程中，虽遭逢大时代的种种考验，但初心不改。他以佛陀为导师、为道路，以"弘扬人间佛教"为职志，做好事，说好话，存好心。他开创了佛光山，在世界各地创建近三百余个道场，建立国际佛光会，会员超过百万。为了弘法，他行脚路程一年大约绕地球两圈半，平均每天旅行一百六十公里，甚至有一个月内足迹遍行四大洲十多个国家和地区。

大师一生奉行"以退为进，以众为我，以无为有，以空为乐"的人生观，以出世的思想做入世的事业，尤其重视教育。

佛光山自1967年开山起，星云大师便定下"以文化弘扬佛法，以教育培养人才，以慈善福利社会，以共修净化人心"的弘法宗旨。其中"以文化弘扬佛法"列为四大弘法宗旨之首，可见大师对文化的深刻理解和重视。

"百万人兴学运动"，是星云大师于1996年以众筹的方式发起的，呼吁百万人一人一个月台币一百元，连续三年，集合一百万人的发心和力量一起办大学。这个活动发起后的二十多年期间，大师带领佛光人在全球创办了佛光、南华、西来、南天和光明等五所大学，还兴办多所中小学和幼儿园，如普门中学，均头中小学，台南慈航、慧慈、小天星幼儿园等。在大陆，还捐建了一百余所佛光希望学校。

在佛光大学的校园里，坐落着绵延长达一千多米的一面石质碑墙，上面刻着"百万人兴学"人士的功德芳名；墙边，则坐落着一座"百万人兴学纪念馆"。这一墙一馆，见证了百万人以"蚂蚁雄兵"的方式兴学助教所造就的现代教育史上的奇迹。

爱迪生曾说："教育之于心灵，犹雕刻之于大理石。"教育与文化对人的影响力量，在这本图影书中随处可见：有心存大愿，发心承担复兴佛教，刻苦修行的僧伽；有以行动护持筹建佛光大学，香港演艺圈的大团结；有"月饼兴学"持续逾十五年的板桥讲堂；有各地展开资源回收，捐资助学的快乐义工；有全家大手牵小手欢喜投钵捐善款的普通民众；有弘扬中华文化的世界各地的中华学校，也有"活到老、学到老"的社区大学；有每周开往台湾各偏僻乡镇，嘉惠万名儿童的"云水书坊——行动图书馆"，也有遍布五大洲的"生活有书香"读书会；有莘莘学子学有所成的毕业典礼，更有群贤毕至的学术研讨会；有盛况空前的万人音乐会，也有以音乐赢得共鸣和友谊的"人间音缘"征曲比赛……这一帧帧图影，让世人看到了"把智慧留给人间，把成果留给时代"的无量功德，正所谓"桃李不言，下自成蹊"。

　　星云大师有言曰："《楞严经》有云：'将此深心奉尘刹，是则名为报佛恩。'我将我的深心奉献给教育、文化、慈善事业，也算是我报答佛恩于万一了。"掩卷思之，这本《佛光山图影3》就是星云大师此言的最好实证，也是以大师为首的全体佛光人示教利喜愿心的真实记录。它一定会感召更多的读者和广大民众，以星云大师的那种"尽其在我"的精神，加入到兴学兴教、传播文化、造福社会的善行义举的队伍中，"使每一个人都自动地去兴学，都自动地去好学，都自动地帮助人好学，以造成一个好学的中华民族，保证整个中华民族向前进，向上进，进步到万万年"（陶行知语）。

《佛光山图影 4·馆际交流》

# 文化生命，缘源不绝

"个人生命有限，文化生命无限，由文化牵起的'缘'，期能持续推展更多文化交流的缘分，创造和谐、和平、和乐的世界。"

《星云大师全集》第一〇六册《佛光山图影 4·馆际交流》"篇首"中的这段话，读来让我心灵激荡，感慨万千。

三十多年前，身为一名落魄迷茫的旅美青年画家，在洛杉矶喜获星云大师的赏识、厚爱、力助、指引，脱离生活困境，坚定前行目标，从而摸索着走上了一条"以画载道，行道天下"的艺术之途，圆了一个又一个"艺术梦"，更结下了遍及五洲四海的"文化缘"。这一切的一切，都离不开慈悲伟大的恩师——星云大师！

几年前，"李自健美术馆"的建成，

**李自健**

著名旅美画家，李自健美术馆馆长

1993—2013 年二十年间，于六大洲三十个国家与地区举办七十二次以"人性与爱"为主题的油画环球巡回个展，坚持以现实主义油画艺术创作与公益性全球巡回展方式，弘扬"人性与爱"普世价值，传播中华民族文化精神，促进中外文化艺术交流，享誉国际。2005 年，于比利时，荣获欧洲拜占庭"圣·约翰骑士勋章"，同时册封为爵士。2006 年，于中国南京国际和平论坛，荣获"国际和平特别贡献奖章"。2018 年 3 月，于法国巴黎，荣获联合国全球公益联盟文化（艺术）骑士勋章金质奖章。2016 年 10 月，独资建成现代化公益民营美术馆——长沙李自健美术馆，获英国伦敦世界纪录认证机构现场认证为"全球最大的艺术家个人美术馆"。

则让我能将更多的文化所牵之"缘"在这座艺术殿堂聚集、播撒，践行星云大师不遗余力推广文化交流的悲心宏愿！

人生幸运，如今，我们夫妻已是追随大师近三十年的皈依弟子。在过去的岁月里，无论身处何地，我们都能沐浴到星云师父慈爱的光芒，我们总能有机会拜见师父，聆听教诲。几乎每一次海外"巡展"归来，我们都会向师父汇报；师父欢喜，总是赐给我们最宝贵的肯定与支持。我在台湾三大公立美术馆、佛光缘美术馆等地先后举行的七次油画个展，日理万机的师父曾六次亲临画展现场剪彩，祝贺开示。我感慨自问，这个世界上，还有哪位艺术家有如此"福报"。

"世界需要爱心"，这是大师于1992年洛杉矶，我人生首次个展时所赠墨宝，一直鞭策、激励着我坚持以"人性与爱"的油画艺术，通过全球巡展，与世界交流，和众生结缘。

2013年5月，我自主自费走过世界六大洲三十个国家和地区的"人性与爱·李自健油画全球巡展"，在中国国家博物馆举行最后一场谢幕大展。星云大师力排诸多困难，亲临博物馆开幕现场，开示、剪彩，亲自将我们这场持续了二十年、特立独行且深具意义的艺术行动画上了圆满的句号。

大师一生，不遗余力地推动文化的发展，倡导多种文化、艺术的广泛交流。大师不知亲手牵起了多少文化之"缘"，促成了多少文化盛事，带给人世间多少感动与精彩！

从1988年起，佛光山陆续在亚洲、欧美、大洋洲地区创办二十七个佛光缘美术馆，经年举办各项展览，与全球艺文界人士结缘，并和海内外美术馆、文物馆、博物馆进行馆际合作。2016年，大师与中国国家文物局签订五年合作计划，将展览主题从佛教延展到文化、艺术、民俗等，更深化了海峡两岸中华文化的交流。正是得益于大师馆际交流的影响与激励，我萌发了创建一座美术馆的宏愿。

2014年春天,我和妻子丹慧专程到佛光山拜见星云大师,我们要向师父报告一个重大喜讯,一座由我们夫妇倾其所能、独资建设,总面积达两万五千平方米的现代化公益民营美术馆,终于即将破土动工,并将于近期在家乡长沙隆重举行奠基仪式。这一喜讯令大师欣慰法喜。这正是他老人家曾经的肯定和期勉,才让我们有了面对未来的巨大力量和勇气。此时,面对双目几近失明,手足不便且身患感冒,端坐在轮椅上的八十八岁高龄的师父,我们夫妻恭请星云大师为美术馆奠基动土的夙愿,却怎么都无法说出口来。现场沉默,慈悲的师父,像是猜到我们的心结,突然一句:"我去长沙!"大师一言惊到了在场的每一个人,更让我们夫妻感动万分、幸福无比!

2014年5月31日,长沙湘江之滨一片未开垦的风水宝地上喜迎一场文化盛典。现场彩旗招展、人声鼎沸。欣闻誉满天下的当代高僧星云大师亲临奠基,湖湘百姓为争睹传闻中的一代名僧,从四面八方,蜂拥而至。一片欢呼声中,轮椅上的星云大师在潮水般的大众簇拥下,手持红绸铁铲,培上了象征性的第一铲吉土,为未来即将诞生的艺术殿堂开建奠下基石,现场一片沸腾,呼声迭起。

此时,手持铁铲,站立于大师身旁的我与妻子丹慧,已激动得说不出话来,面对刻着"李自健美术馆"的建馆基石,四行热泪从我们两张脸上淌下。

慈悲伟大的师父,没有您的厚爱、加持,我们的事业怎能走到今天!无比的感恩!弟子不会让您失望,未来建成的美术馆,一定会如您所愿:以"美术馆"之缘,推动更多文化交流之"缘"。缘源不绝,生生不息,让生命力无限的文化艺术,在未来这座圣洁的艺术殿堂里,释放出魅力无限的光芒。

# 举世瞩目的佛光山全球弘法

**杨曾文**

中国社会科学院世界宗教研究所教授、博士生导师

中国社会科学院荣誉学部委员，曾任中国佛教文化研究所所长。重要著作：《日本佛教史》《唐五代禅宗史》《宋元禅宗史》《佛教知识读本》《中国佛教史论》《当代佛教与社会》《佛教与中国历史文化》《中国佛教东传日本史》《隋唐佛教史》《中国佛教史》第一至三卷（任继愈主编）等；主编并参与撰写《当代佛教》《日本近现代佛教史》《中国佛教基础知识》；校编《敦煌新本六祖坛经》《新版敦煌新本六祖坛经》《神会和尚禅话录》《临济录》《菩提达摩四行论》；学术论文两百七十三篇，译文三十六篇，序跋等五十一篇。

2019年《星云大师全集》一〇八册简体中文版由中国外文局下属单位新星出版社出版，收录了星云大师的各种著作，包括经义、论丛、教科书、演讲集、文丛、传记、书信、日记等丰富内容。从中可以全面而系统了解星云大师自1949年到台湾以后的艰难传法经历，特别在1967年创建佛光山之后，以佛光山为中心开展的丰富多彩、规模宏大的弘法利生、建寺安僧，创办美术馆、图书馆、出版社、佛教院校、普通大中小学校，成立国际佛光会，面向世界开展的传法活动。全书图文并茂，受到海峡两岸社会各阶层的广泛关注，在宗教界和文教界、学术界产生很大反响。

《星云大师全集》第一〇七册《佛光山图影5》，第一个篇章是《全球弘法》。

回顾佛教在古印度创立、发展，到传入南北各国成为世界性宗教，皆离不开传教弘法。孔子云："人能弘道，非道弘人。"《法华经》有"广宣流布"的词语，皆向人们提示：包括宗教在内的任何文化形态皆要靠人来弘传。中国佛教正是经过历代高僧大德和广大僧俗信众的弘传、适应时代和社会的"中国化"创新过程中发展起来的。

回顾七十年来，在星云大师的带领下，佛光山教团从无到有，不仅在台湾传法、兴文办学、发展社会慈善事业等方面取得巨大成绩，而且在开展海峡两岸佛教和文化学术交流，在面向世界各国的弘法方面也取得举世瞩目的成绩。据笔者所知，佛光山已在五大洲建立超过三百多所弘法道场，在七十多个国家或地区建立两百多个国际佛光会的分会。

在图册三百三十八页载录的四百八十九幅黑白与彩色照片、摘录自星云大师著述及相关报道的文字中，向读者展示了佛光山在海峡两岸乃至全球开展的内容丰富、生动活泼的弘法活动的情景和取得的巨大成绩。

图像大体以佛、法、僧和弘法、信众修行的次第排列，从不同视角展示了佛光山在恭迎和奉安象征佛真身的舍利、恭迎法门寺佛指舍利及举办盛大隆重的祈安法会，在两岸和世界各地举行纪念佛诞节、佛陀成道日的群众性庆祝活动，以及报道佛光山平日在各地授戒、持戒和开展各种形式的传法、修行活动，全方位展开了佛光山走过的不平凡历程。

星云大师备尝艰辛创建了与时代相适应的佛光山教团，倡导贴近社会民生的人间佛教，探索"以传统精神为根本，辅以现代的方式为权巧"，将有着古老历史传统的佛教融入经济、科技和文化高度发展的现代社会；强调修持佛法"不是个人的了生脱死，而是全方位的弘法利生"；发下兴隆佛法宏伟誓愿："佛光普照三千界，法水长流五大洲。"大师带领佛光山的僧众，灵活运用各种易于为民众接受的方法，将佛教广泛地推向社会，拥有超越民族、性别、年龄乃至国别的广大僧俗信众。在开展讲经和弘法、禅修、念佛、抄经、朝山等活动中，引导信众践行人间佛教，确立"先度生，后度死"的生死观，怀抱"弘法是家务，利生是事业"的使命感，坚持"文教为主，慈善为辅""以出世的精神，做入世的事业"，致力于改善人生，福利社会；创造性地推行佛法的国际化、社会化、艺文化、本土化、现代化、人间化、事业化、制度化、未来化……这一切，在这册图像中皆有生动的反映。

笔者长年从事佛教历史研究，与星云大师和佛光山不少法师相识多年，与佛光山有过多次印象深刻、值得回忆的交往，并参加过佛光山举办的学术交流活动。从星云大师和佛光山弘法取得的成功经验中，进一步体会到中国佛教必须适应时代和贴近人生，坚持中国化的方向，才会源源不断地蕴育生命活力，才会有光明的发展前途。

# 十二、附录类

# 入经藏之门径，了佛理之津梁

*《读藏指导：佛经表解》*

**洪修平**

教育部"长江学者"特聘教授

南京大学特聘教授，南京大学东方哲学与宗教文化研究中心主任，哲学系宗教学系教授、博士生导师。曾先后主持国家社科基金项目、教育部哲学社会科学研究重大课题攻关项目、教育部社科基金规划项目和江苏省社科基金项目等十多项课题。重要著作：《禅宗与精神分析》《中国宗教史》《禅宗思想的形成与发展》《中国禅学思想史》《中国佛教文化历程》《肇论注译》《中国儒学文化大观》《国学举要·佛学卷》《中国佛教文化历程》《中国儒佛道三教关系研究》等。

佛、法、僧是佛教三宝，其中的"法"，即佛陀向人们宣说的各种教义教法。广义的佛法，也包括后来发展起来的各种佛教义理。佛法的内涵十分丰富，号称"八万四千法门"，大致可归为教、理、行、果四大类。其中的"教"，指佛教的全部典籍，包括经、律、论三藏；理，是指佛典中所阐明的佛法之义理，既包括佛陀所宣说的种种教法，也包括佛弟子及后世宗师、历代学者对佛之教法的阐述；行，指依佛理而修行，包括各种解脱人生痛苦的途径和方法；果，即修行圆满所证得的涅槃解脱之果。

"因教显理，依理而行，由行而果"十分形象地描述了教、理、行、果的内在联系，表明佛教的全部教理学说，都是围绕着如何通过信奉佛法而修行从而获得解脱这一根本目标展开的，这种解脱论，与上述教、理、行、果相应地，又可归纳为信、解、行、证四个要素。信，即信仰佛教的教义学说；解，即解悟佛教义理和佛法大义；行，指依教理而修行；证，即修行而证得解脱圣境。由此可见佛教的教义学说在整个佛教中的重要地位。

佛教的根本目的在于求解脱，这种解脱必须在宗教实践中才能实现，但从理论上论证解脱的必要性与可能性，并对实践的方法和修行的结果做出说明，这既是佛教的一大特色，也是佛教的宗教实践必须有正确理论指导的根本要求。由此决定了阅读佛教经典的重要性。

然而，佛教典籍浩如烟海，三藏十二部经，博大精深，种类繁多，卷数上万，名相繁复，哲理深奥，从何入门？如何入手？对于初学者，难免望而生畏，即使是专研者，了悟不同经典的佛法要义也非易事。近日拜读《星云大师全集》简体中文版第一〇九册《读藏指导：佛经表解》，顿时眼睛一亮，初读之余，深感真乃入经藏之门径，了佛理之津梁，作为读藏的指导，值得一读再读。

首先从形式上看，此书就颇具特色。打开全书，是折叠式的一幅长卷，将精选的三十一部佛典（最后一部是作为附录）的"表解"一一呈现。捧在双手上，平摊在书桌上，令人叹为观止。由于是页页相连，故每一部经典的"表解"无论长短，都能首尾连贯，得到整体的展示。

而作为每部经典的"表解"，就是用列表的方式、用简明扼要的语言来清晰地揭橥与此经相关的重要内容，包括经题、异名、译者或作者、出处、缘起、主旨或大意、内容组织、名相研究、观念厘清、功能教化、法门修持、重点或特色、考证、异译、古注、今注、影响、参考资料、研究问题，等等。根据不同的经典，内容各有侧重，并用精心勾画的线条将这些内容和要素串成一个有机的整体，使人读起来一目了然，对理解全经的要义，起到了提纲挈领、方便导读的重要作用。

再从本书所选经典的内容上，亦可见得大师的独具匠心。全书从《四十二章经》开始，以《大乘起信论》结尾。众所周知，《四十二章经》是第一部汉译佛典。此经的译出，标示着中国佛教的开端。而《大乘起信论》究竟是译自梵本，还是中国佛教学者的撰述，迄今仍有不同看法，但此书因与中国佛教重心性的特色相契合而对天台、华严、禅、净土等中国佛教各宗派有深刻的影响，这却是事实。从《起信论》被认为是中国人的撰述这一点，也正可说明《起信论》与中国佛教的关系之密切。在一定意义上可以说，《起信论》开启了中国佛学发展的新阶段。

中国佛教渊源于印度佛教，又秉承佛陀本怀而发展了佛教。中国佛教、汉译佛典在世界佛教史上，具有不可取代的重要意义和地位。对人心佛性的关怀、对佛教伦理的阐发，特别是人间佛教的理论和实践，都是中国佛教对世界佛教的重大贡献。本书所选的内容，也体现出了星云大师对中国佛教特点的关注，以及一直以来对人间佛教的大力提倡和推动。

例如，本书所选的佛典，既有中国佛教心性论重要理论之源的《胜鬘夫人经》《大乘起信论》，也有大众喜闻乐见、在中土广为流传并产生深远影响的《金刚经》《般若心经》《维摩诘所说经》《观世音菩萨普门品》和《佛说阿弥陀经》，还有与中国传统伦理精神相契合的《父母恩重难报经》《盂兰盆经》。通览全书所及的佛教经典，一定会对中国佛教的特点和精神以及"人间佛教"有更深更全面的理解，真正体会到星云大师所说的"追本溯源，人间佛教就是佛陀之教"。

本书所选篇目切近人生和人间是一大特色，而"表解"则通过化繁为简、纲举目张的方式，以线条连结的方式，把深奥的佛义和繁琐的名相概念之间的复杂关系，简明扼要地勾勒出来，以帮助人更好地把握佛典要义，有着画龙点睛、直契人心的良好作用。由于既有方便引导，又提出了可供研究的问题，既有简捷明了的提示，又有异译和古今之注等的说明或考证，因而此书不但适合初学者入门之用，也是欲进一步深入经藏的重要帮手。

行笔到此，不禁想起了明代蕅益大师的《阅藏知津》，其"序"中曾提到，希望"藉此稍辨方位，俾未阅者知先后所宜，已阅者达权实所摄，乂持者可即约以识广，文持者可会广以归约"。对照视之，《读藏指导：佛经表解》庶几可达矣。

# 《星云大师全集》出版琐记

**彭明哲**

新星出版社总编辑

曾供职于某大学，凡十年。20世纪90年代末转行出版，先后任职于海南、团结、东方诸出版社。策划并主持《世界文明史》《民国学术名著》《红藏》等大型出版工程。

晚清张之洞有言："凡有力好事之人，若自揣德业学问，不足过人，而欲求不朽者，莫如刊布古书一法。其书终古不废，则刻书之人，终古不泯。"诚哉斯言，今之出版，一如古之刻书也。传圣贤之学术，启世人之困蒙，亦不朽之事业。

《星云大师全集》之出版，就是不朽之事业。

佛曰："法不孤起，仗境方生，道不虚行，遇缘则应。"

余虽不敏，却于惜福一事最为注重，怕负了佛恩，负了大德，故自始至终，全身心参与《星云大师全集》出版之全过程，亦了却吾出版之宿愿，幸莫大焉。

大师乃当代高僧，众所钦仰。吾们惟高山仰止，而心向往之。当年幸得满观法师及赖师永海先生指引，多次面谒大师，亲聆教言。后曾于岳麓书社出版《星云日记》（四十四册），于东方出版社出版大师总监修之《中国佛学经典宝藏》。凡此种种，是对大师之景仰，更是尽一个出版者之本分。

真正全面了解大师之人生事业，始于出版刘爱成先生之著作——《人生三百岁——星云大师传奇》，进而得识星云文化教育公益基金会秘书长张静之女士。

静之者，吾之同乡也。风华尔雅，聪慧敏行，巾帼不让须眉也。得静之照拂，凡大师往来大陆，我均能随行面谒。2016年，大师九十华诞，吾应邀观礼，亦获赠《星云大师全集目录初编》。

出版《全集》之愿望，早已暗存于心。藉与静之同行回京之机，便将出版《全集》大陆简体版之构想，与静之商量。又另撰文字，请静之面呈大师。此为《全集》出版之初心也。随后近一年里，吾虽关注佛光山之动态消息，然一直不得要领。2017年5月16日，《星云大师全集》繁体版在台湾高雄佛光山首发，大陆出版界亦闻风而动。

2017年9月8日晚九点，静之从佛光山传来电话，问及新星还有无《全集》出版之意愿。我没问缘由，没说二话，一力应承。随即致电远在香港之谢刚社长。

当年任职新星时，即曾埋下出版《全集》之伏笔。或成竹在胸，或当机立断，谢刚社长之做派也。三言两语，我们即将合作意向、操作规程敲定。2017年9月20日，朝阳公园，健壹公馆。新星出版社与星云文化教育公益基金会正式签署著作权出版合同。尘埃落定，花落吾家，我心畅然。签约后即国庆长假。

10月4日，静之传来消息，大师非常重视《全集》大陆出版事宜，已从台湾专程飞来佛光祖庭大觉寺，10日要听取简体版之工作汇报。

10月6日，我从长沙回京。闭门一日。7日，完成编辑凡例。8日，与静之、光胜等一同完成编辑细则。10日，抵大觉寺。

吾等之努力与高效，赢得大师及慈惠法师赞许：整理规划，颇为完善。

大师亦为《全集》之编辑指明方向与原则：一切以出版为原则；遵循大陆出版管理规定；精校精勘，确保品质。接下来之事，按理当是顺理成章、按部就班进行即可。

然个中欢喜与艰苦，不足为外人道也。而今想来，既惊心动魄，又感动莫名。或繁简之变通；或两岸用词遣句之差异；或人名地名翻译之不同；或台湾地区领导人之称谓；或图片及往来信札人物之辨识……

校书如扫落叶，旋扫旋生。一遍二遍三遍，乃至十余遍，反反复复，校样如山。可谓斤斤计较，字字用心。沟通、协调、权衡、索隐。定疑似，决是非。近三年之时间，可谓"焚膏油以继晷，恒兀兀以穷年"。无春夏，无节假，日日有规划，天天有目标，不完成不得休息，乃至梦中醒来，亦能查漏纠偏，有如神助。心事如一，念兹在兹。《诗》云：战战兢兢，如临深渊，如履薄冰。编辑同人不敢忘者也。

今功德圆满，吾有深谢焉。

一谢静之，谢谢静之组建的编审团队，谢谢吾社之同人，是他们敬业辛劳，确保《全集》之编校品质。

一谢学术委员会之诸位先生，是他们博学与专业，为《全集》之编辑释疑解惑。

一谢佛光山诸位法师之指导襄助。

谢谢所有为《全集》出版帮助之人们。谢谢。

大师梵行卓绝，佛学精深，弘扬人间佛教，宣导"三好""五和"，推动佛教之制度化、现代化、人间化与国际化。其功巨伟，影响绝大。

我赞同余秋雨先生所说：对佛教前途产生喜悦的憧憬。在台湾，星云大师所开创的佛光山几十年来致力于让佛教走向现实人间，走向世界各地的宏大事业，成果卓著。

"佛光普照三千界，法水长流五大洲。"在当今世界，以宗教家身份，影响民众以亿万计，从台湾到大陆，从中国到世界，除却星云大师外，难有第二人。

2019年6月11日，南京，南京图书馆，《全集》新书发布。

平日聆听大师之开示讲言，总是旁征博引，妙语连珠，深入儒释道，纵横百家言。听众无不豁然开悟，欢喜赞叹。而这一次，这一次，这一次大师目有慈泪，语难成句，惟有感谢连连。与会者无不动容。

大师之盛德，《全集》之价值，编撰之过程，设计印装之匠心，诸贤之述备矣。余之记，粗且略也。仅涉《全集》出版之缘起，诸君察之。

《星云大师全集》一○八册，洋洋四千万言。典雅庄严，盛德盛业。展卷如对活佛，收卷如在目前。

《全集》必将载入史册。

《全集》可以不朽矣。

**编者的话**

# 启迪智慧的钥匙

2019年,《星云大师全集》简体中文版问世,被楼宇烈教授誉为一部了解中国传统文化和佛学的百科全书。为了让广大读者更好地阅读这套卷帙浩繁、包罗宏富的一〇八册《全集》,特别邀请了一百位专家学者针对每一卷来为我们导读。

这一百位来自海内外的作者,年龄横跨老中青三代,专业涵盖学术界、传播界、文艺界、政界、佛教界。先睹为快的他们,敞开心扉,与星云大师的威德懿行和心声教诲"相印",用简洁的文字勾勒书中的精髓,分享自己的感悟,导引读者看见大师、走近大师、认识大师及大师的"人间佛教"理论和实践。

这本书不仅仅是《星云大师全集》的读后感,更是一百篇对中国传统文化与佛教发展史认知的"答案"。每位学有专长的作者,分别依照《全集》十二类撰写其感悟,从第一册《六祖坛经讲话》到附录的第一〇九册《读藏指导:佛经表解》,从多元的角度和层面,与大师著作进行不同主题的"交流""接心"。沉甸甸一册在手,呈现在您眼前的是多种多样的心得感悟,字里行间,就像一滴滴晶莹的水珠,反射出大师给予的智慧与力量。

这一百篇回响书写方式包罗万象、精彩纷呈:有的引经据典,有的层次井然,有的缕析诠释,有的直指核心,有的旁征博引,有的直抒胸臆,有的追忆历史钩沉……他们见解独到,畅所欲言。为便于集中阅读,特结集成《此岸彼岸——〈星云大师全集〉读后》,期望能作为《星云大师全集》每卷的导读,给读者一把把"启迪智慧的钥匙",帮助大家打开《全集》这套百科全书的大门,跟随大师从此岸到彼岸。

图书在版编目（CIP）数据

此岸彼岸：《星云大师全集》读后/星云文化教育公益基金会编. -- 北京：新星出版社，2021.11
ISBN 978-7-5133-4683-2

Ⅰ．①此… Ⅱ．①星… Ⅲ．①佛教－中国－文集 Ⅳ．① B948-53

中国版本图书馆CIP数据核字（2021）第197260号

## 此岸彼岸：《星云大师全集》读后
星云文化教育公益基金会 编

**责任编辑**：孙立英
**责任校对**：刘 义
**责任印制**：李珊珊
**装帧设计**：阳洪燕

| 出版发行 | 新星出版社 |
| --- | --- |
| 出 版 人 | 马汝军 |
| 社　　址 | 北京市西城区车公庄大街丙3号楼　　100044 |
| 网　　址 | www.newstarpress.com |
| 电　　话 | 010-88310888 |
| 传　　真 | 010-65270449 |
| 法律顾问 | 北京市岳成律师事务所 |
| 读者服务 | 010-88310811　　service@newstarpress.com |
| 邮购地址 | 北京市西城区车公庄大街丙3号楼　　100044 |
| 印　　刷 | 北京雅昌艺术印刷有限公司 |
| 开　　本 | 660mm×970mm　　1/16 |
| 印　　张 | 25 |
| 字　　数 | 316千字 |
| 版　　次 | 2021年11月第一版　2021年11月第一次印刷 |
| 书　　号 | ISBN 978-7-5133-4683-2 |
| 定　　价 | 108.00元 |

版权专有，侵权必究；如有质量问题，请与印刷厂联系调换。